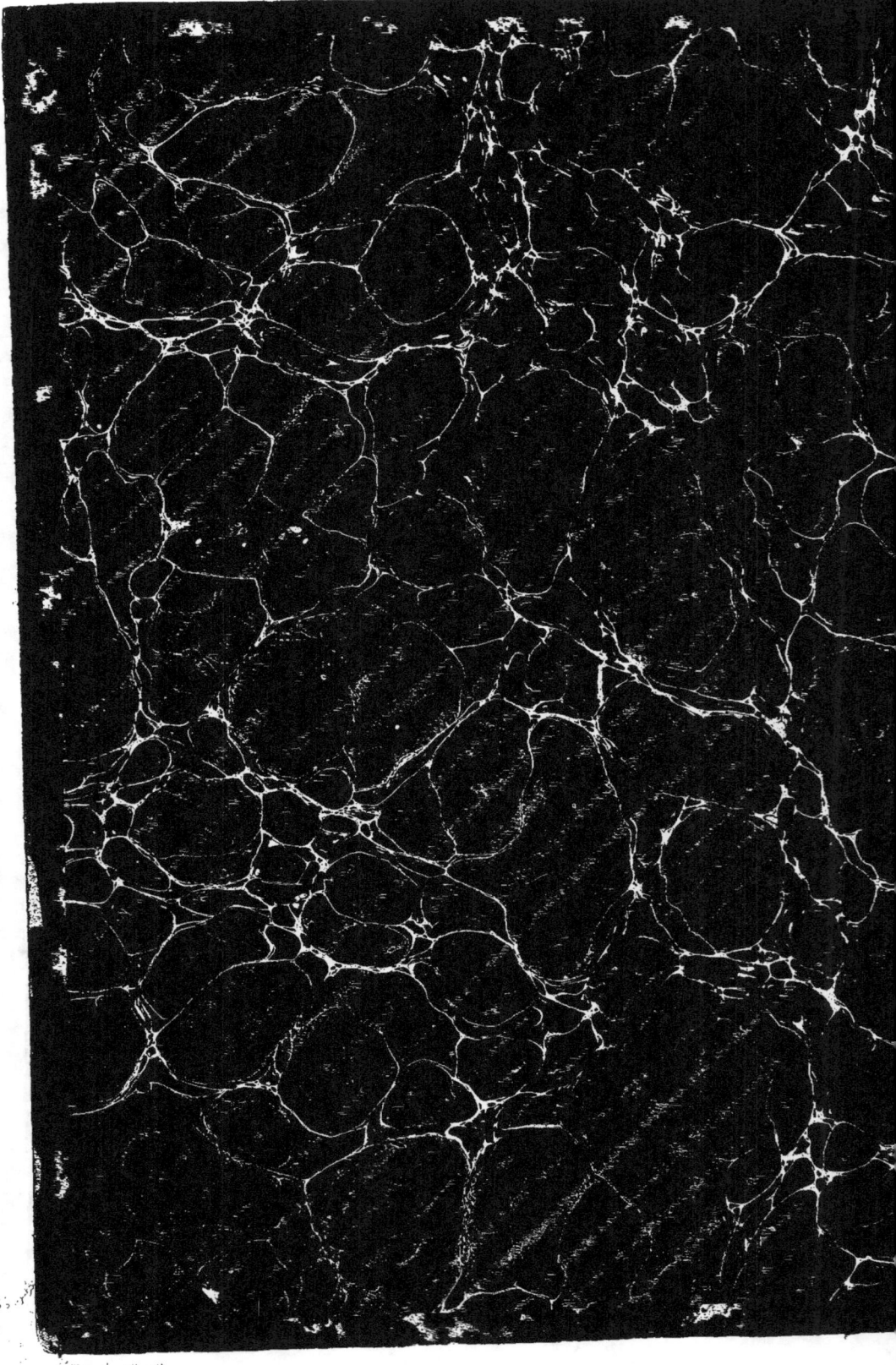

JÉRUSALEM
ET LA
TERRE-SAINTE

NOTES DE VOYAGE, RECUEILLIES ET MISES EN ORDRE

PAR M. L'ABBÉ G. D.

ILLUSTRATIONS DE M. ROUARGUE

NOUVELLE ÉDITION

PARIS

MORIZOT, LIBRAIRE-ÉDITEUR

3, RUE SÉGUIER (ANCIENNE RUE PAVÉE-SAINT-ANDRÉ)

JÉRUSALEM

ET LA

TERRE-SAINTE

Paris — Imprimerie de P. A. BOURDIER et Cⁱᵉ, rue des Poitevins, 6.

JÉRUSALEM
ET LA
TERRE-SAINTE

NOTES DE VOYAGE, RECUEILLIES ET MISES EN ORDRE

PAR M. L'ABBÉ G. D.

ILLUSTRATIONS DE M. ROUARGUE

NOUVELLE ÉDITION

PARIS

MORIZOT, LIBRAIRE-ÉDITEUR

3, RUE SÉGUIER (ANCIENNE RUE PAVÉE-SAINT-ANDRÉ)

1865

PRÉFACE

On a voulu réunir dans ce livre des notes exactes et variées, et présnter un tableau de Jérusalem et de la Terre-Sainte qui ne fûte pas dénué de tout intérêt. Les notes, recueillies avec soin, ont été rédigées avec le désir d'éviter les défauts souvent reprochés aux écrivains qui ont parcouru et décrit l'Orient.

La première chose que la critique a reprise dans certains auteurs, c'est la légèreté puérile et l'esprit superficiel. Leur livre abonde en détails insignifiants ou personnels, en indications fastidieuses : l'un nous informe, par exemple, qu'il ne manque jamais de se baigner dans la mer, quand il en trouve l'occasion ; l'autre, qu'il est monté à cheval à dix heures pour aller à Bethléem ; celui-ci, qu'en traversant je ne sais plus quel village arabe, il a été poursuivi par une bande de chiens hargneux, etc., etc. Or, ces appétits, ces aventures et ces vétilles ne méritent pas d'occuper le public. J'en dirai autant de l'affectation que plusieurs ont mise à ne procéder partout que la règle et le compas à la main. Qu'une pierre ait dix millimètres de plus ou de moins, qu'elle soit fruste d'un côté seulement, tandis qu'elle reste polie de l'autre, qu'importe au lecteur ! sait-il donc quelque chose quand il sait cela ? Pour être posi-

PRÉFACE.

tifs, de pareils documents n'en sont pas moins futiles et misérables. Ainsi a parlé la critique.

Le second reproche qu'elle a fait à certains auteurs, c'est d'avoir abusé de leur puissance imaginative pour créer un Orient de leur façon, au lieu de peindre fidèlement ce qu'ils avaient vu. Ainsi sous la fantaisie de leur plume brillante, des murailles que quarante pieds grandissent soudainement à une hauteur de quatre ou cinq cents pieds, des paysages désolés et stériles se revêtent de grâce et de beauté, des eaux et des vallées apparaissent que les voyageurs cherchent en vain où le poète les a mises. Son livre est agréable, mais inexact : il a le charme et la vérité d'un roman. Voilà ce que la critique a répété souvent, et non sans acrimonie.

Il ne convient pas de discuter, en ce moment, la légitimité de ces reproches : seulement on en a tenu compte, afin de ne pas les encourir. Ainsi, autant qu'on peut le présumer, les lecteurs ne se plaindront pas de trouver dans ces pages soit des descriptions et des tableaux fantastiques, soit les aventures personnelles et les impressions fugitives d'un écrivain qui fait ses confidences à tout le monde. On a pris pour modèle un des meilleurs ouvrages que nous ayons sur la Syrie, et où l'auteur, imitant lui-même les anciens, s'efface pour laisser aux choses qu'il dit un caractère impersonnel et plus instructif.

Les notes qu'on offre ici au public ont pour objet précis de faire connaître la Terre-Sainte et particulièrement Jérusalem. Il faut le dire sans détour, cette contrée, à ne la considérer que dans son état présent, ne vaut pas la peine que les Européens aillent la voir à huit cents lieues, et ils n'y vont réellement qu'à cause de son grand passé, et des souvenirs et des croyances qui s'y rattachent.

En effet, sous le triple rapport des sciences, des arts et de l'industrie, la Palestine est morte aujourd'hui ; il ne lui reste que des ruines qu'elle ne sait pas même faire durer. Mais, fussent-elles bien conservées, les ruines n'ont de valeur que par les idées dont elles gardent l'empreinte et sont les muets témoins. Par conséquent, ce qui peut donner du charme et de l'importance à un travail où il s'agit de la Palestine, c'est surtout la narration des événements qui ont illustré ce coin de terre, soit lorsqu'il y a dix-huit siècles Jésus y a passé en ébranlant le monde, soit lorsqu'au moyen âge l'Europe, selon l'expression d'Anne Comnène, s'est arraché de ses fondements pour se précipiter sur l'Asie.

Voilà pourquoi aux indications destinées à faire connaître la nature du sol et de ses produits, à la statistique de la population, à la description des mœurs et des ruines, on a cru devoir joindre le récit des faits qui composent l'histoire de la Palestine. Quelques pages suffisent pour dépeindre l'état présent de ce pays : le sol en est fertile, mais inculte ; pour un homme qu'il nourrit d'une manière chétive, il en nourrirait aisément douze ou quinze ; on n'y voit qu'une industrie et un commerce restreints et sans ardeur, et presque aucune voie de communication ; le despotisme et la misère y règnent impunément. Telle est, en résumé, la Palestine d'aujourd'hui ; mais elle a pesé d'un grand poids dans les destinées du monde.

Ceux qui l'ont visitée en pèlerins, avec une intelligence élevée et un noble cœur, n'ont pu, en posant le pied sur cette terre de poésie et de prodiges, se défendre d'un sentiment de respect que la vue de Rome et d'Athènes n'avait point inspiré à leur âme ; car la voix qui sort de la tombe des peuples illustres et la trace gigantesque qu'ils ont laissée sur le sol ne touchent pas de la même manière que la voix et les monuments de la religion. Assurément, l'histoire est toujours par elle-même agréable et utile : agréable, car dès que nous sommes entrés dans cette suite de faits et d'actions qu'elle nous montre liés ensemble et qui plaisent par leur variété, quelquefois même par leur bizarrerie, nous mettons une impatience aussi curieuse à en voir l'issue que nous avons trouvé de plaisir à en suivre l'enchaînement ; utile, car les événements où sont mêlés nos semblables apparaissent comme autant de leçons vivantes et animées qui nous rappellent nos devoirs avec une éloquence convaincante et persuasive. Mais ces deux caractères, sensibles dans l'histoire des intérêts purement humains, le sont davantage encore dans l'histoire des doctrines religieuses qui ont changé la face du monde. De là vient qu'il y a tant d'harmonie pour une oreille chrétienne dans les noms de personnages et de lieux consacrés par la Bible; de là vient qu'un si grand nombre de voyageurs ont visité et décrit la Judée.

Ce livre se produit donc après beaucoup d'autres dont sans doute il n'a pas les qualités, et dont peut-être il a les défauts. Mais le lecteur voudra bien s'encourager par l'exemple de Bernardin de Saint-Pierre et de Rousseau feuilletant avec intérêt les plus humbles relations de voyages, et il ne refusera pas de ressembler à Pline déclarant n'avoir jamais fait de lecture qui ne lui eût appris quelque chose.

JÉRUSALEM
ET LA
TERRE-SAINTE

CHAPITRE PREMIER

LES VOYAGES EN ORIENT

Autrefois et aujourd'hui. — La Terre-Sainte avec ses attraits. — Les nombreuses esquisses du vieil Orient. — Relations des pèlerinages : sainte Paule. — Arculphe, le moine Bernard, Frotmond, Foulques d'Anjou, Lietbert. — La France dans les expéditions d'outre-mer. — Godefroy et ses compagnons au Saint-Sépulcre. — Louis VII et l'empereur Conrad en Palestine. — Philippe-Auguste et Richard Cœur-de-Lion. — Les pèlerins armés de la quatrième croisade. — Frédéric II à Jérusalem. — Saint Louis et le bon sire de Joinville. — Les voyageurs modernes.

I

Les morts vont vite, dit la poésie allemande, et les vivants aussi, ajoute la prose française. Nous avons changé les allures de la vie et la figure de ce monde : hommes et choses, tout se meut maintenant sur terre avec une rapidité qui donne le vertige. Autrefois,

> Quatre bœufs attelés, d'un pas tranquille et lent,
> Promenaient dans Paris le monarque indolent ;

Aujourd'hui, l'élégant coupé, le léger tilbury, je ne sais quelles voitures amincies, évidées, presque vaporeuses et fantastiques emportent vivement le plus humble bourgeois à travers les rues de la brillante et féerique capitale. Il y a bien autre chose : les sueurs de l'homme ont comblé les vallées profondes; au souffle de son génie, les montagnes ont incliné la fierté de leurs cimes; sur le globe aplani nous avons jeté des lignes d'acier, qui sont les grandes routes de la civilisation moderne. Là, tous les peuples se donnent rendez-vous; armés de pieds de fer et d'ailes de feu, portés sur les éléments vaincus et disciplinés comme sur un char de triomphe, envoyant devant eux la foudre qu'ils ont désarmée, et qui, sans éclairs ni grondements, transmet leurs ordres en messager discret, ils parcourent l'univers plus aisément que les anciens ne parcouraient une province. Le temps vient où l'on fera son tour de France entre un lever et un coucher de soleil, et où les capitales de l'Europe, devenues faubourgs l'une de l'autre, pourront s'inviter à dîner. Aussi, quand je songe que ce pauvre Ulysse, tout vaillant et rusé qu'il était, ne put, après la prise d'Ilion, rentrer à Ithaque sans avoir fourni le sujet d'une longue et douloureuse odyssée, tandis qu'aujourd'hui, pour aller des champs où fut Troie à l'île où Pénélope attendait le fils de Laërte, on mettrait bien cinq jours sans éprouver la moindre aventure qui valût la peine d'être contée en vers; quand je songe à cela, je me demande à quoi tiennent la réputation et le poëme épique.

Mais pourquoi remonter si haut? Chacun de nous a pu, dans son jeune âge, entendre quelques vieillards parlant avec une naïve admiration du prestige attaché, de leur temps, à quiconque avait traversé seulement une province de France ou visité Paris. On nourrissait la pensée d'un tel voyage longtemps avant de l'exécuter; on ne s'y engageait point sans faire au préalable son testament; l'heure du départ venue, on était accompagné par une foule d'amis sur le chemin de la ville voisine où il fallait prendre le coche; la séparation ne se faisait guère qu'avec des pressentiments funèbres, car on allait loin; les regards d'adieu suivaient le voyageur jusqu'à l'horizon, et en le voyant disparaître enfin derrière les grands bois ou les accidents du terrain, la troupe d'amis restait en proie à une émotion presque aussi indicible que pourrait être, à notre époque, l'effet produit par un gouvernement qui tombe et un empire qui s'éteint. Que si cet homme intrépide revenait un jour au village, son audace et son bonheur lui valaient le surnom du pays qu'il avait visité : on l'appelait le Parisien. C'est ainsi qu'à Rome les généraux victorieux prenaient le titre de la contrée soumise par leurs armes, et que Scipion, après avoir abaissé l'orgueil de Carthage, rapportait avec ses lauriers la triomphante épithète d'Africain.

Aujourd'hui, tout est plus facile et moins glorieux. On parcourt l'Europe sans en devenir célèbre; il faut avoir parcouru quelque autre partie du monde pour oser parler de ses voyages, et encore ne peut-on rien dire qui n'ait été déjà vu de plusieurs et sans doute mille fois raconté. A cela, il n'y a guère que des exceptions tout à fait étranges, inouïes; par exemple la merveille que mentionne le grave Doubdan, lorsque, traversant Lyon pour se rendre en Palestine, il décrit « les raretez de cette grande ville. Ie ne veux oublier le monument du plus fort amour qui ayt peut estre iamais paru entre deux amis : c'est de deux hommes qui s'aymoient d'vne amitié reciproque, mais si tendre et sensible, ou plutost si forte et puissante, que s'estans rencontrés après vne longue abscence, dans le faubourg de Veze, ils s'embrasserent auec tant de ioye qu'ils moururent tous deux à la mesme place, où ils furent solemnellement enterrés et honorés d'un tombeau aux despens du public[1]. » Ce genre de mort, d'ailleurs rare à toutes les époques, a complétement disparu des mœurs modernes; on vit peu d'amitié, et l'on en meurt encore moins.

II

Mais quoique tout le monde sache aujourd'hui beaucoup de choses, il est un coin de terre souvent exploré et décrit, mesuré sous toutes ses dimensions, interrogé dans toutes ses ruines et livré par la plume et le crayon à la curiosité de tous les hommes, et qu'on ne

---

[1] *Le Voyage de la Terre-Sainte*, par M. I. Doubdan. 2ᵉ édit., Paris, 1661.

connaît pourtant pas encore assez. On voudrait le voir de ses yeux; du moins l'imagination et la pensée aiment à y promener leurs rêves et nous y revenons volontiers par la lecture quand nous n'y pouvons revenir autrement. Ce coin de terre, c'est l'Orient et en particulier la Judée. Un charme indéfinissable attire l'esprit et le cœur vers les lieux qui furent le berceau du genre humain, le théâtre des principales merveilles de la religion, le foyer lumineux d'où la civilisation chrétienne a rayonné dans tout l'univers. Là, selon une ancienne tradition, gît la cendre qui fut le premier homme; là, coulèrent les premières larmes; là, vos pieds foulent le limon dont fut pétri le premier cœur qui palpita sous la douceur et l'amertume du sentiment. C'est là que Dieu instruisit le procès d'Adam tombé, et qu'il chassa devant lui le fratricide Caïn en l'agitant par l'aiguillon du remords; c'est dans ces régions qu'il conversa familièrement avec le juste Noé et le croyant Abraham. Ce sol est tout empreint des redoutables vestiges du Très-Haut; les bénédictions célestes y sont descendues à flots abondants; la colère divine, à son tour, l'a flétri et desséché sous son brûlant passage. Pays aimé du ciel, les prophéties et les miracles l'ont illustré; le Fils de Dieu y a souffert pour la vérité et la justice; il y a répandu, avec sa parole, ses sueurs, ses larmes et son sang. Là se trouve la montagne où fut plantée une croix qui domine le front de toutes les sociétés civilisées, d'où est partie une doctrine qui a changé la face du monde, en s'emparant des esprits et des cœurs.

Aussi que d'âmes, depuis dix-huit siècles, ont tourné vers cette terre si riche leurs aspirations! Quel chrétien n'a fait, au moins en pensée, son pèlerinage au sépulcre du Sauveur? et qui pourrait se défendre d'une religieuse émotion en voyant ces pierres et cette poussière sanctifiées? Ici, c'est sainte Paule, la fille des Gracques, qui fuit les splendeurs de Rome et les délicatesses de la vie patricienne, afin de parcourir, en bravant les privations et les souffrances, les lieux célèbres par les mystères de la religion, la contrée où le salut du monde a germé et fleuri, le sol privilégié qui a tressailli sous les pas de l'Homme-Dieu[1]. Plus tard, ce sont les vaillants soldats de Godefroy de Bouillon qui se jettent la face contre terre au nom et à la vue de Jérusalem, et qui versent des larmes de joie et de piété, adorant et glorifiant Dieu parce qu'il a daigné consoler leur foi et ne pas les laisser mourir avant qu'ils eussent vu la ville sainte, objet de leurs plus ardentes espérances[2]. C'est encore saint Louis visitant la Galilée, descendant de cheval et se mettant à genoux lorsqu'il aperçoit Nazareth, puis se rendant à pied, malgré une extrême fatigue, dans cette ville qui fut le berceau de Jésus-Christ, et y communiant avec une si tendre effusion de son âme, que jamais, dit un témoin oculaire, Dieu n'a été si chaleureusement adoré depuis que le mystère de l'Incarnation s'est accompli à Nazareth[3]. Saint François de Sales rapporte, d'après saint Bernardin de Sienne, qu'un illustre et pieux chevalier, faisant le pèlerinage de la Palestine et s'attachant avec amour à toutes les traces du Sauveur, eut le cœur si touché de componction que sa vie s'écoula par cette blessure profonde. Il avait visité Nazareth, l'escabeau qui soutint la majesté de l'Éternel quand il abaissa les cieux et descendit sur la terre, et le Thabor dont la cime fut illuminée par la gloire du Très-Haut, et le Jourdain roulant ses flots consacrés par le baptême du Seigneur, et Bethléem et la pauvre crèche où vagit le Verbe lorsqu'il se fut fait petit enfant, et le jardin de Gethsémani que Jésus, à l'heure suprême de l'agonie, détrempa de sa sueur sanglante, et le Calvaire où le Rédempteur mourut pour nous rendre la vie; enfin il était parvenu à la montagne des Oliviers. Là, contemplant les derniers vestiges laissés sur la terre par le Fils de l'homme, il les baisa mille fois avec des soupirs d'un amour infini; puis retirant à soi toutes les forces de ses affections, comme un archer retire la corde de son arc quand il veut décocher sa flèche, et élevant les yeux et les mains au ciel : O Christ! dit-il, je ne sais plus où vous chercher

---

[1] Saint Jérôme, *Vie de sainte Paule.*
[2] Guillaume de Tyr, *Histoire des faits et gestes dans les régions d'outre-mer,* liv. VII.
[3] *Tableau du règne de saint Louis,* en tête des *Mémoires* de Joinville, Coll. Petitot.

et vous suivre ici-bas ; accordez donc à ce cœur qu'il s'en aille après vous là-haut. Et avec ces ardentes paroles, son âme s'envola vers Dieu, comme une flèche lancée droit au but. [1].

Il ne faut pas croire que les voyageurs modernes demeurent étrangers à ces nobles et religieux sentiments. Si l'on excepte un petit nombre d'esprits forts qui se sont donné la mission, je dirais puérile, si elle n'était sacrilége, d'égratigner, du bec de leur plume, les assises de granit où s'appuie l'édifice inébranlable du christianisme, nul homme ne foule sans un frémissement respectueux la terre arrosée du sang d'un Dieu. A la vérité, on ne s'engage pas toujours dans ces lointaines excursions aussi pieusement que le fit le bon Joinville : « Quant je voulu partir et me mettre à la voye, je envoié querir l'abbé de Cheminon [2], qui pour lors étoit tenu le plus preudomme (sage) qui fust en toute l'Ordre blanche (ordre de Cîteaux), pour me reconcilier à lui. Et me bailla et ceignit mon escherpe, et me mist mon bourdon en la main. Et tantost je m'en pars de Jonville, sans ce que rentrasse puis au chastel, jusques au retour du veage d'oultre mer. Et m'en allay premier à de saints veages, qui estoient illeques (là) près ; c'est assavoir à Bleicourt en pelerinage, saint Urban, et ès autres lieux qui estoient près de Jonville, tout à pié, deschaux et en lange. Et ainsi que je allois de Bleicourt à saint Urban, qu'il me falloit passer auprès du chastel de Jonville, je n'ozé onques tourner la face devers Jonville, de paeur d'avoir trop grant regret, et le cueur me attendrist, de ce que je laissois mes deux enfants, et mon bel chastel de Jonville, que j'avoys fort au cueur [3]. »
En général, les voyageurs, aujourd'hui, ne se montrent pas aussi

---

[1] Saint François de Sales, *Traité de l'amour de Dieu*, liv. VII, chap. XII. Il s'agit sans doute ici de Lethbald d'Autun, qui, en effet, après avoir demandé la grâce d'une sainte mort, quitta le mont des Oliviers et, rentré dans l'hospice des pèlerins, s'écria trois fois: Gloire à vous, Seigneur ! et mourut subitement, à la vue de ses compagnons qui ne pouvaient assez admirer le miracle d'un tel trépas. Rod. Glaber, *Chronique*, Collect. Guizot, *Mém. sur l'Hist. de France*.

[2] Cheminon était une abbaye de l'ordre de Cîteaux, au diocèse de Châlons, à huit lieues environ de Joinville; c'est aujourd'hui une paroisse du même diocèse.

[3] *Mémoires du sire de Joinville*, pages 205-206, Collect. Petitot.

détachés de toutes choses, ni aussi généreusement chrétiens; mais la plupart trouveraient exagérées et fausses les appréhensions de Chateaubriand et lui dénieraient l'honneur d'être le dernier des pèlerins français. « Il peut paraître étrange aujourd'hui, écrivait-il en 1806, de parler de vœux et de pèlerinages; mais sur ce point je suis sans pudeur, et je me suis rangé depuis longtemps dans la classe des superstitieux et des faibles. Je serai peut-être le dernier Français sorti de mon pays pour voyager en Terre-Sainte avec les idées, le but et les sentiments d'un ancien pèlerin. Mais si je n'ai point les vertus qui brillèrent jadis dans les sires de Coucy, de Nesle, de Chastillon, de Montfort, du moins la foi me reste; à cette marque, je pourrais encore me faire reconnaître des antiques croisés [1]. »

Ceux qui ne vont point à Jérusalem avec le bourdon de pèlerin et ceux qui n'en reviennent pas chevaliers du Saint-Sépulcre, ceux-là comptent néanmoins avec l'histoire et avec les croyances de l'univers. Ils savent que le présent a sa racine dans le passé, qu'après tout nos lois et nos mœurs sont chrétiennes, et qu'aujourd'hui même le cœur des hommes n'est pas aussi fermé qu'on le suppose d'ordinaire aux sentiments qui animaient les vieux libérateurs du tombeau de Jésus-Christ. Voyez les poëtes, les artistes et les curieux en quête d'impressions, de perspectives et de nouveauté, demandant aux grands spectacles de la nature, aux chauds horizons de l'Orient, à des ruines accumulées depuis des siècles, des images pour leur parole, des couleurs pour leur pinceau, des distractions et des aventures pour rompre la monotonie de leur existence ou satisfaire la mobilité capricieuse de leur imagination : tous s'émeuvent lorsqu'ils parcourent les montagnes et les vallées de la Terre-Sainte, comme s'ils y entendaient un perpétuel écho de la voix de Dieu faisant tout taire pour arriver jusque dans les profondeurs de la conscience. « J'avais besoin, dit l'un d'entre

---

[1] *Itinér. de Paris à Jérusalem*, tome I, page 138. Paris, 1827.

eux, de remuer, de pétrir dans mes mains un peu de cette terre qui fut la terre de notre première famille, la terre des prodiges; de voir, de parcourir un peu cette terre évangélique où se passa le grand drame d'une sagesse divine aux prises avec l'erreur et la perversité humaine! où la vérité morale se fit martyre pour féconder de son sang une civilisation plus parfaite! et puis j'étais, j'avais été, presque toujours, chrétien par le cœur et par l'imagination; ma mère m'avait fait tel... J'entrai à mon tour et le dernier dans le Saint-Sépulcre, l'esprit assiégé d'idées immenses, le cœur ému d'impressions plus intimes, qui restent mystères entre l'homme et son âme, entre l'insecte pensant et le Créateur... Je restai longtemps ainsi, priant le ciel, le Père, là, dans le lieu même où la plus belle des prières monta pour la première fois vers le ciel; priant pour mon père ici-bas, pour ma mère dans un autre monde, pour tous ceux qui sont ou ne sont plus, mais avec qui le lien invisible n'est jamais rompu, la communion de l'amour existe toujours; le nom de tous les êtres que j'ai connus, aimés, dont j'ai été aimé, passa de mes lèvres sur la pierre du Saint-Sépulcre. Je ne priai qu'après pour moi-même [1]. »

III

Mais autant il y a de motifs religieux et profanes qui portent à visiter le vieil Orient, autant il existe d'ouvrages célèbres qui l'ont minutieusement expliqué et qui déconseilleraient d'en placer encore le tableau sous les yeux du public s'il n'y avait, d'ailleurs, entre le bref et sec itinéraire et la causerie aimable et brillante, entre les récits pleins d'érudition et les descriptions pleines de fantaisie, une telle latitude et un milieu si élastique que chacun pût aisément nourrir l'espoir d'y trouver une place pour ses impres-

---

[1] De Lamartine, *Voyage en Orient*, tome I, pages 22, 420 et suiv., édit. in-18, 1845.

sions de voyage. Car les hommes n'apportant à l'observation et à l'étude des choses ni un même degré de sensibilité et d'attention, ni une égale intelligence, il en résulte que les choses ne les éclairent et ne les émeuvent pas tous également : ils sont affectés d'une manière différente par un seul et même spectacle, et pour peu qu'ils tiennent compte de leurs appréciations personnelles et fassent parler leurs sentiments intimes, il règne dans leur narration une agréable et instructive variété. Et, en effet, prêtres, moines et soldats; voyageurs inoffensifs et paladins redoutables; croyants enthousiastes, archéologues froids, érudits glacés; catholiques, protestants, juifs : que d'auteurs diversement doués ont, à toutes les époques, étudié la Terre-Sainte avec des aptitudes dissemblables et des préoccupations contraires, pour l'esquisser chacun de son point de vue et la faire connaître ainsi sous tous ses aspects!

D'abord, mettons à part et au-dessus de tout la Bible qui, dans sa partie historique, dépeint la Judée ancienne et, dans sa partie prophétique, la Judée moderne, où les Romains, les Arabes et les Turcs sont venus tour à tour et jusqu'au temps présent faire leur œuvre et exécuter, sans le savoir, les menaces de la justice divine; car il sort de partout, dans ce malheureux pays, une voix sourde et lamentable qui rend témoignage à la véracité des Écritures. On peut lire dans la Bible l'histoire actuelle de la Judée.

A partir de l'historien Josèphe qui nous a laissé un savant travail sur les institutions et les destinées de son pays, et un récit détaillé de la guerre mémorable où Jérusalem succomba devant Titus, et où la nation juive se vit déchirée et mise en lambeaux sous les serres des aigles romaines, pour être jetée aux quatre vents du ciel et vivre dans une éternelle dispersion; à partir de cette date, les livres qui traitent de la Judée ont reçu de l'esprit public et des événements une tendance générale qui permet de les ranger en trois classes. Tous ceux qui sont antérieurs au septième siècle s'attachent exclusivement à la description des lieux sanctifiés par le Seigneur et les apôtres : on les nommerait aujourd'hui guides ou manuels du pieux pèlerin. Le même caractère se retrouve dans quelques-unes des pages que la Terre-Sainte a inspirées depuis la conquête d'Omar, en 636, jusqu'à la prise de Constantinople en 1453; mais la plupart racontent surtout les visites guerrières que l'Europe faisait à l'Asie, les évolutions, les combats, les revers et les succès des armées chrétiennes : ils forment, pour ainsi dire, une bibliothèque politique, militaire et religieuse des croisades. Enfin les modernes tableaux de la Palestine sont tracés sous l'empire des préoccupations multiples qui agitent notre tumultueux Occident; la pensée religieuse s'y fait sentir presque toujours, quelquefois même elle y règne encore d'une manière exclusive; mais en général c'est la curiosité scientifique et l'esprit industriel, c'est la manie descriptive de l'archéologue, la fantaisie du poëte, c'est le démon familier du réformateur politique, l'*humour* ou la légèreté superficielle du touriste, c'est tout cela qui prend le dessus ; en sorte que, si l'on réunit les œuvres publiées dans les trois derniers siècles par les explorateurs de l'Orient, on aura la collection la plus variée des voyages les plus pittoresques.

IV

Ainsi donc, dès l'origine du christianisme et surtout lorsque la paix fut donnée à l'Église par Constantin, une foule de fidèles, touchés de repentir après quelque grand crime, ou mus par un profond sentiment de religion, allaient, pour le remède de leur âme et la gloire de Dieu, répandre sur le saint tombeau leurs larmes et leurs prières, suivre et baiser avec amour les traces vénérées du Sauveur. De tous les points de l'empire on accourait en Judée; les langues diverses se confondaient dans une commune louange autour du Golgotha; les peuples, attirés par une

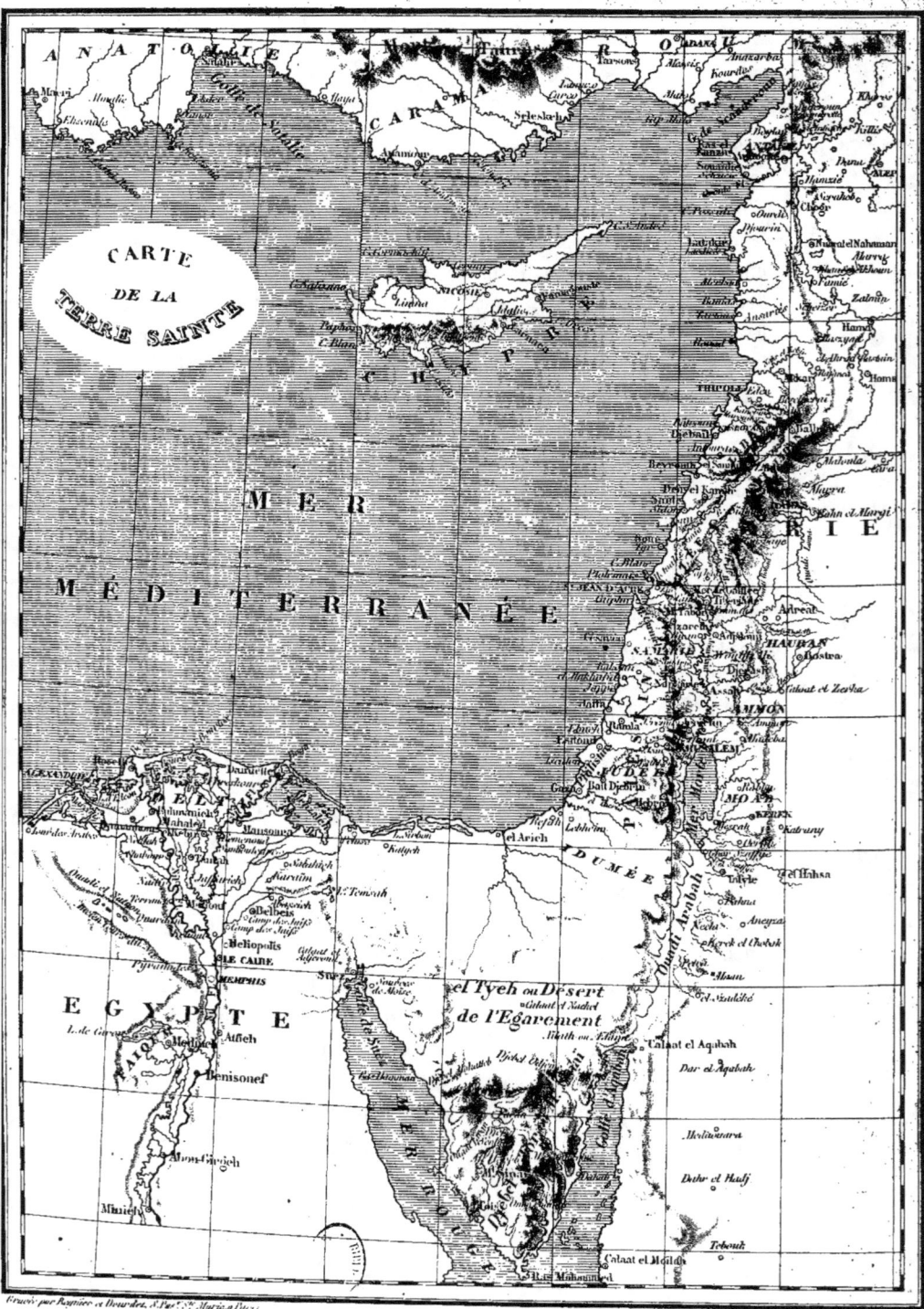

sorte de puissance magique, venaient reconstituer dans le sang du Christ l'unité de la famille humaine. Le vieux monde tombait en ruines et laissait les âmes dans l'attente de quelque inévitable et douloureuse transformation; déjà même on entendait jusqu'à Rome le bruit d'une armée de vingt peuples en marche à travers les forêts de la Germanie. Ainsi, d'un côté, l'ascendant de la foi nouvelle, de l'autre la caducité des institutions politiques reportèrent vers l'Orient tous les cœurs avec toutes les espérances; les solitudes de l'Égypte et de l'Asie reçurent un grand nombre de chrétiens, qui ne pouvaient remédier que par la prière à cette décadence morale, à cette agonie de l'empire. Puis, à mesure que les barbares de l'Occident, vainqueurs par l'épée, furent à leur tour vaincus par la croix, ils tournèrent les yeux vers la région du ciel d'où la lumière de la foi s'était étendue sur le monde; ils voulurent visiter le berceau et le sépulcre de Jésus-Christ, les lieux marqués par ses travaux, ses souffrances et ses miracles.

Les pèlerins des Gaules, en particulier, eurent bientôt un itinéraire qui, des bords de l'Océan, les conduisait jusqu'aux rives de la mer Morte, à travers les Alpes, l'Illyrie, le Bosphore, l'Asie Mineure et la Syrie. Cet itinéraire, qui renferme des indications toujours exactes, mais très-courtes, a été rédigé, vers l'an 333, par un chrétien de Bordeaux, qui avait fait le voyage de la Terre-Sainte et voulait le faciliter à ses compatriotes [1].

Plusieurs imitèrent le voyageur bordelais, et écrivirent avec des détails et un degré d'intérêt divers la relation des merveilles qu'ils avaient vues et entendues. Tous ces travaux témoignent de l'empire exercé par le christianisme dans ces contrées, et de la fidélité reli-

[1] On sait que, de tous les itinéraires romains parvenus jusqu'à nous, celui de Bordeaux à Jérusalem est le plus complet et le plus remarquable par l'exactitude des détails. Déjà édité trois ou quatre fois, il a été de nouveau publié par Chateaubriand à la suite de l'*Itinéraire de Paris à Jérusalem,* puis expliqué par Walckenaer dans une savante notice insérée parmi les éclaircissements qui terminent le premier volume de l'*Histoire des Croisades* de Michaud.

mais elle aima mieux habiter une humble cellule; car ce que sa pensée et son cœur venaient chercher dans la ville sainte, c'était uniquement le théâtre vénéré des mystères de la religion. Aussi elle parcourait les saints lieux avec la plus grande dévotion, ne quittant les uns que par l'empressement de voir les autres. Prosternée devant la vraie croix, on eût pensé qu'elle y voyait le Sauveur encore suspendu, tant il y avait de ferveur dans ses adorations. Au Saint-Sépulcre, elle baisait la pierre où le corps de Jésus fut déposé, et elle y tenait ses lèvres attachées avec une si vive expression de foi et d'amour, qu'elle semblait y boire à longs traits une vie mystérieuse et un profond sentiment des choses divines. Elle tirait de ses yeux tant de larmes aimantes, de son cœur tant de soupirs convaincus, que les témoins de cette haute douleur demeuraient frappés de respect et saisis d'un frémissement religieux.

Par la vivacité de sa foi, Paule se rendait présentes toutes les scènes de la vie de Notre-Seigneur. En entrant, à Bethléem, dans la caverne de la Nativité, elle s'émut comme devant une apparition : l'œil de son âme voyait l'enfant divin dans ses pauvres langes, la Vierge-Mère, les pasteurs accourant à la voix des anges, les mages guidés par l'étoile, et apportant au berceau du nouveau-né les adorations de l'univers; de l'oreille du cœur, elle entendait la parole de saint Jean, qui résume cet ensemble de grandeur et d'humiliations : « Au commencement était le Verbe, et le Verbe s'est fait chair. » Et elle s'écriait : « Comment moi, misérable et pécheresse, suis-je admise à baiser la crèche où le Sauveur a fait entendre ses vagissements? à répandre ma prière là même où la Vierge a mis au monde le Verbe revêtu de notre chair? Ce sera mon séjour, puisque c'est la patrie du Seigneur; j'habiterai le pays où il a été vu parmi les hommes. »

Mais, avant de se fixer à Bethléem, Paule fit encore divers pèlerinages : elle visita le désert de la mer Morte¹, où les traces de la colère divine s'étalèrent à ses yeux; et la ville de Jéricho avec sa verte ceinture de palmiers et ses eaux dont le prophète Élisée avait

fait connaître exactement l'état de la Palestine au quatrième siècle [1].

La relation du pèlerinage de saint Porphyre, écrite aussi à cette époque, n'offre pas un caractère différent [2], non plus que la relation du voyage de saint Antonin, écrite vers la fin du sixième siècle, quarante ou cinquante ans avant l'invasion d'Omar. Antonin était un guerrier chrétien qui partit de Plaisance avec quelques compagnons, pour chercher pieusement, au delà des mers, les vestiges du Sauveur. Ils visitèrent, en passant, l'île de Chypre, les principaux points des rivages syriens, la Galilée, les bords du Jourdain, et parvinrent à Jérusalem. Le Calvaire les émut, le Saint-Sépulcre reçut leur fervente prière; puis, tournant vers les solitudes de l'Arabie, après avoir vu les villes d'Ascalon et de Gaza, ils pénétrèrent jusqu'au mont Horeb, où le prophète Élie avait cherché un refuge contre la colère de Jézabel, et jusqu'au Sinaï, d'où le Très-Haut avait dicté ses lois au peuple hébreu. De là, ils se rendirent en Égypte, n'ayant aucun souci des monuments laissés par les Pharaons, mais uniquement attentifs à recueillir les traditions du pays touchant le voyage qu'y avait fait Jésus avec sa sainte mère et saint Joseph. Enfin, ils regagnèrent Jérusalem, et, s'acheminant vers le nord de la Syrie et les plaines arrosées par l'Euphrate, ils voulurent, pour dernier acte de leur pèlerinage, saluer le berceau d'Abraham, père des croyants. A ces souvenirs pieux, l'auteur du récit mêle cependant quelques indications qui permettent d'apprécier l'état général de la Palestine. Cette terre, aujourd'hui stérile et désolée, étalait de toutes parts alors les signes joyeux de sa fécondité : la religion y attirait les voyageurs en foule, de nom-

---

[1] *Vie de sainte Paule,* et *Épître* 27. Voir aussi la collection des Bollandistes, tome I, du mois de mars, pages 371-380.

[2] Porphyre mena d'abord, dans la Thébaïde, la vie austère des ermites ; puis il ressentit un vif désir de visiter les lieux saints, où il fut miraculeusement guéri d'une maladie longue et inquiétante. On l'éleva plus tard au siége épiscopal de Gaza, et l'Église le compte au nombre des saints. Voir son itinéraire au tome III des Bollandistes, pages 464 et suiv., février.

implorait, par la bouche de son patriarche, le secours des chrétiens occidentaux : il y avait au fond des âmes un vague pressentiment des croisades, une de ces agitations fiévreuses qui précèdent toujours les grandes commotions des peuples.

Les outrages que les Sarrasins faisaient subir à la religion en général, aux chrétiens de la Palestine et aux pèlerins de l'Europe en particulier, ébranlèrent enfin l'Occident qui se précipita, tout armé, sur l'Orient. Huit expéditions principales épuisèrent à peine cette ardeur militante qui dura plusieurs siècles et consuma des générations entières. Le courage des croisés fut toujours héroïque; mais ils portèrent souvent à un tel point l'imprudence et la témérité que leur gloire était comme noyée dans leurs désastres. Ils surent se battre et vaincre, sans rien fonder de solide; ils avaient entrepris d'affranchir du despotisme musulman les Églises de l'Asie, et ils finirent par appeler sur elles la persécution, le deuil et la mort. La Syrie, la Phénicie, la Palestine étaient peuplées de chrétiens à l'époque de la première croisade; et deux siècles plus tard, la prière chrétienne se taisait dans Alep, Damas, Édesse, Icone, Ptolémaïs; il n'y avait plus de religieux dans les grottes du Liban, les cellules du Carmel, les montagnes de la Judée vouées à la tristesse et à la profanation. La ruine était si complète qu'un historien arabe put écrire cette ligne comme pour servir d'épitaphe à l'œuvre des croisés : « Les choses, s'il plaît à Dieu, resteront ainsi jusqu'au dernier jugement. » Cent cinquante ans après la mort du chroniqueur qui n'a pas encore reçu de démenti, Constantinople tombait sous le cimeterre de Mahomet II, et les chrétiens qui, depuis longtemps, se portaient en Asie pour attaquer, furent désormais contraints de rester en Europe pour se défendre.

VI

Des pèlerinages qui s'accomplirent entre la conquête d'Omar et celle de Godefroy, il nous reste quelques relations où l'on rencontre

du Sauveur. Ils s'y rendaient en foule et avec une ardente piété ; on recevait dans un hospice fondé, dit-on, par Charlemagne, tous les pèlerins de l'Église latine qui n'avaient pas assez de ressources pour se procurer un asile. Cet hospice était composé de douze maisons ou hôtelleries ; il possédait des champs, des vignes et un jardin situés dans la vallée de Josaphat. On y trouvait une bibliothèque ouverte aux chrétiens du pays et aux voyageurs, ainsi qu'une église dédiée sous le vocable de Sainte-Marie. Lorsqu'un pèlerin parlant la langue romane arrivait d'Europe, ceux qui habitaient alors l'hospice allaient le recevoir à la porte avec la croix et le conduisaient dans une cellule. On le nourrissait ; mais les repas étaient éloignés l'un de l'autre, et la table frugale, dit le moine français Bernard, qui en avait fait l'expérience et gardé le souvenir. Bernard entreprit son voyage en l'an 870 ; il visita d'abord l'Égypte, où il vit grand nombre de chrétiens retenus dans les prisons ; car on ne parcourait ces contrées qu'après avoir payé tribut aux infidèles, ou bien l'on demeurait captif jusqu'à l'acquittement de l'impôt ; et ceci arrivait souvent, malgré l'intervention et les sacrifices d'une communauté instituée à Alexandrie avec mission de racheter les pèlerins pauvres. Pour n'être point inquiétés sur le chemin de la Palestine, Bernard et ses compagnons durent se munir d'un cachet illustré de caractères arabes et qui coûtait deux deniers ; seulement en cette rencontre, comme en toutes les autres, les Sarrasins pesant les monnaies avec leurs propres poids, il fallait leur donner le double du prix arrêté : venant d'un chrétien, vingt deniers n'en valaient que dix [1].

Durant les cent cinquante ans qui précédèrent les croisades, le nombre des fidèles qui visitèrent les saints lieux s'accrut considérablement. On y allait, en général, pour adorer les traces du Sauveur et rendre hommage à son tombeau ; plusieurs voulaient demander quelques reliques à ces Églises d'Orient, qui avaient répandu sur les premiers siècles du christianisme un si merveilleux éclat de sainteté ;

---

[1] *Actes des saints de l'ordre bénédict.*, troisième siècle, pages 513 et suiv.

d'autres, préoccupés avec toute l'Europe de la fin prochaine du monde, s'acheminaient vers Jérusalem pour attendre le souverain juge plus près de la vallée de Josaphat; il y en avait enfin que leurs propres remords ou la discipline de l'Église condamnaient au voyage d'outre-mer pour l'expiation d'énormes forfaits. Parmi ces pénitents, on cite un puissant seigneur de Bretagne, nommé Frotmond, qui avait tué son grand-oncle et son plus jeune frère dans une querelle de succession. Le roi de France et une assemblée d'évêques lui enjoignirent de faire le pèlerinage de la Terre-Sainte, les reins ceints d'une chaîne de fer, le front chargé de cendre et le corps couvert d'un cilice. Frotmond alla d'abord à Jérusalem, puis traversa le désert d'Égypte, parcourut les bords du Nil, la Thébaïde, les rives de la Méditerranée jusqu'au tombeau de saint Cyprien, sur les ruines de Carthage. De là il vint à Rome, brisé de fatigues, de privations et de souffrances. Par le conseil du pape Benoît III, il retourna dans la Palestine afin d'y achever sa pénitence; il revit Jérusalem, affronta les solitudes de l'Arabie, resta trois ans au mont Sinaï, alla visiter en Arménie la montagne où l'arche de Noé s'est arrêtée après le déluge. A son retour en France, il se retira dans le monastère de Redon et mourut avec la réputation d'un saint [1].

Foulques le Noir, comte d'Anjou, accomplit une pénitence aussi célèbre que celle de Frotmond, et pour une cause semblable. Il avait fait mourir sa première femme et sacrifié plusieurs autres vies à sa vengeance et à son ambition. Le sang ne dort pas; les victimes de Foulques semblaient sortir, la nuit, de leurs tombeaux, pour le fatiguer par un éternel reproche et lui dérober tout sommeil. Il essaya d'apaiser ces visions implacables, en se rendant aux saints lieux dans l'humble appareil d'un pécheur touché de repentir. Diverses tempêtes le mirent en présence d'une mort prochaine, et excitèrent dans son âme toute la vivacité du sentiment religieux. A

---

[1] Le pèlerinage de Frotmond, écrit par un religieux du monastère où l'illustre pénitent finit sa vie, se trouve dans les *Actes des saints de l'ordre bénédict.*, quatrième siècle, part. 2.

Jérusalem, on le vit suivre la voie douloureuse et les traces du Rédempteur, les pieds nus, la corde au cou, les épaules battues de verges par ses serviteurs, pendant qu'il implorait à haute voix la miséricorde divine. Les chroniques racontent comment Foulques fut admis à prier sur le saint tombeau, par quelle abondance d'aumônes il soulagea la misère des pèlerins, et quelle bonne odeur de dévotion et de charité il laissa partout sur son passage. Il revint dans son comté d'Anjou; sur le théâtre de ses crimes il sentit se rouvrir et saigner les blessures dont le remords avait déchiré son âme. Il porta de nouveau dans la cité sainte l'expression de son repentir, en pratiquant les plus rudes austérités. Ensuite une absolution générale lui fut accordée par le souverain pontife; mais sa conscience avait été si fortement ébranlée, qu'elle ne pouvait se défendre de ses propres terreurs ni se rasseoir dans la paix. Un troisième pèlerinage ramena le malheureux prince en Palestine; les saints lieux retentirent de ses gémissements inconsolables; ses larmes coulèrent avec abondance sur le sépulcre de Jésus-Christ, il recommanda son âme aux prières des pieux anachorètes et se remit en route pour l'Anjou. Il parvint jusqu'à Metz, où la mort l'arrêta [1].

Les pèlerinages de Foulques se terminèrent en 1040. On commençait, dès lors, à se réunir en caravane, et bientôt même on s'arma du glaive pour faire le voyage de la Terre-Sainte. Richard, abbé de Saint-Viton, se rendit à Jérusalem avec six ou sept cents pèlerins. Le duc Robert de Normandie, père de Guillaume le Conquérant, « y alla, dit la chronique, tout nu-pieds et en lange, avec grant foison de chevaliers, de barons et aultres gens. » En 1054, Lietbert, évêque de Cambrai, partit pour l'Orient à la tête d'environ trois mille hommes des provinces de Flandre et de Picardie. Cette troupe put traverser l'Allemagne avec assez de bonheur; mais en Bulgarie elle eut à lutter contre les hordes de brigands disséminées alors dans le pays. Ce sont, continue le chroniqueur, des sauvages vivant comme

---

[1] *Chronique des comtes d'Anjou* (Gesta consulum andegav.). *Spicileg.*, tome X, page 463.

des bêtes, n'ayant ni lois, ni cités; ils demeurent en plein air et s'arrêtent où la nuit les surprend; ils tendent des embûches au voyageur égaré et tirent leur subsistance du pillage; l'affection et la pitié leur sont inconnues; ils n'ont ni divinité, ni culte, ni pratiques religieuses. Aussi plusieurs pèlerins furent massacrés; quelques-uns moururent de faim sur cette terre inhospitalière; l'évêque de Cambrai put arriver avec les autres jusqu'à Laodicée, en Syrie. Il s'embarqua pour Jérusalem; mais la tempête le fit échouer sur les côtes de Chypre; il reprit la mer, mais les nautoniers, craignant la rencontre des Sarrasins, le reconduisirent à Laodicée. On insista vivement sur les difficultés extrêmes que présentait alors la visite des saints lieux; Lietbert, triste et découragé, pensa que le ciel lui-même s'opposait à ses projets, et il revint dans son diocèse, non sans fatigues ni sans dangers [1].

Entre le voyage de Liètbert et la première croisade, on vit partir des bords du Rhin une caravane de sept mille fidèles se dirigeant vers la Judée, sous la conduite de Sigefroy, archevêque de Mayence. Après lui venaient les évêques de Bamberg, d'Utrecht et de Ratisbonne. Les principaux barons de la contrée et une foule de pieux chevaliers se pressaient dans les rangs. Ces pèlerins suivirent l'itinéraire accoutumé, traversant l'Allemagne, la Hongrie, la Bulgarie et la Thrace, et s'arrêtèrent à Byzance pour y visiter les églises et y vénérer les reliques. L'Asie Mineure et la Syrie ne leur offrirent aucun obstacle sérieux; mais comme, dans leur vanité imprudente, ils déployaient beaucoup de magnificence et qu'ils marchaient sans armes, la cupidité non moins que l'admiration fut excitée sur leur passage. Aussi coururent-ils les plus grands périls dans les campagnes de Saron et de Ramla, peuplées de Bédouins avides. Il leur fallut même se réfugier parmi des masures désertes et y soutenir un

---

[1] Voir l'histoire de ce pèlerinage dans la collection des Bollandistes, tome IV de juin, pages 595 et suiv. Baronius mentionne plusieurs autres pèlerinages de ce siècle, année 1064; il en est de même du recueil où sont consignés les actes des saints de l'ordre de saint Benoît, sixième siècle, 1re part., pages 153 et suiv., pages 372 et suiv., 2e part., pages 134 et suiv., 784 et suiv.

siége de trois jours, quoiqu'ils n'eussent que des pierres pour l'attaque et pour la défense. L'issue sans doute eût été lamentable si l'émir de Ramla ne se fût porté à leur secours; il protégea leur vie, et, pour un modique tribut, les fit escorter jusque sous les remparts de la ville sainte. Le bruit de leurs combats y étant parvenu, on les accueillit avec honneur, à la clarté des torches et au son joyeux des cymbales. On les conduisit dans les églises et les oratoires; mais partout, au dehors et au dedans de Jérusalem, il n'y avait que des ruines. Touchés de compassion, ils laissèrent aux pauvres d'abondantes aumônes, et au patriarche Sophronime une forte somme d'argent pour réparer les sanctuaires détruits. Leur intention était d'aller jusqu'au Jourdain et dans les villes les plus riches en pieux souvenirs; mais les incursions des Arabes ne laissant au pays nulle sécurité, ils se bornèrent à parcourir les alentours de Jérusalem et revinrent en Europe au nombre d'environ trois mille hommes; le reste avait péri de fatigue, de misère, ou sous le glaive des Sarrasins [1].

VII

L'émotion de l'Europe croissait chaque jour au récit de ces injures retombant sur la religion et de ces souffrances endurées par les chrétiens. Le sentiment public trouva un éloquent interprète en Pierre l'Ermite, qui fit appel à la bravoure des guerriers d'Occident pour délivrer Jérusalem. Dès lors les visites au saint tombeau se convertirent en expéditions militaires, et le récit des pèlerinages en chroniques de batailles.

Toutes les nations de l'Europe comptèrent des héros parmi les croisés; presque toutes eurent des écrivains d'un mérite plus ou moins remarquable pour raconter leurs faits d'armes. En général, les chroniqueurs d'Italie semblent ne pouvoir dépasser les horizons de la petite république dont ils sont citoyens; les circonstances

---

[1] Baronius, *Annal. ecclésiast.*, an 1064.

locales et les intérêts privés les préoccupent beaucoup et les empêchent d'apercevoir et de signaler les détails caractéristiques des principaux événements. Les chroniqueurs d'Allemagne ne se montrent pas plus habiles; ils ignorent trop l'art d'écrire et de mettre en relief les faits qui ont une véritable importance; cela tient sans doute à ce que leur pays, où ne parvint jamais l'influence civilisatrice de la vieille Rome, entra fort tard et s'avança lentement dans les voies de la civilisation moderne. On trouve, au contraire, dans les chroniqueurs anglais une grande attention et beaucoup d'exactitude à rapporter les faits et les documents historiques, les lois et les coutumes des peuples; plus d'une fois, il est vrai, ils payent tribut à l'ignorance et à la crédulité de leur époque; mais leur narration est presque toujours curieuse et instructive. Il faut en dire autant et mieux encore des chroniqueurs français; car c'est la France qui, par ses écrivains comme par ses guerriers, occupe la première place dans les croisades; son action et sa prépondérance s'y font partout sentir [1].

Un Français, Pierre l'Ermite, a soulevé l'Europe contre les oppresseurs de la ville sainte; un pape français, Urbain II, dans un concile français, a déterminé la première expédition d'outre-mer; elle a été commandée par un prince dont le nom appartient à la France, par Godefroy de Bouillon, duc de la basse Lorraine. Les Francs ont fondé un royaume à Jérusalem; ils y ont parlé la langue de nos pères; la France s'est occupée, durant deux siècles, de conquérir ou de défendre le tombeau du Sauveur; nos idées et nos sentiments ont tellement prévalu dans les croisades, et notre rôle y a resplendi d'un tel éclat que les Orientaux ont donné le nom de Francs à tous les Européens [2]. Un roi de France, saint Louis, est

---

[1] Guizot, *Collect. des Mémoires relatifs à l'histoire de France;* not. sur Guillaume de Tyr, page 1 ; Michaud, *Histoire des Croisades,* liv. XXII, chap. xxi et xxii.

[2] « La nation française, dit le moine Robert, est noble, habile, belliqueuse, libérale et brillante : car Anglais, Bretons, Italiens, n'importe l'origine de ceux qu'on trouve recommandables, ne les appelle-t-on pas des Francs ? » Robert, moine, dans la collect. de Bongars.

le dernier monarque d'Occident qui ait laissé dans la Terre-Sainte de glorieux vestiges. Enfin, ce sont les annalistes français qui ont fourni à l'histoire des croisades les témoignages les plus nombreux et les plus intéressants; ce sont leurs chroniques que la science moderne a de préférence étudiées et suivies dans ses recherches; c'est là qu'on a puisé les meilleurs renseignements sur l'esprit et les mœurs des croisés, sur la féodalité, la chevalerie, et en général sur les institutions des peuples occidentaux, et sur le caractère et les habitudes du moyen âge: Jacques de Vitry, Foulcher de Chartres, Baudri de Dol, Guibert de Nogent, Albert d'Aix, Odon de Deuil, Raoul de Caen, Ville-Hardouin et Joinville, tous ces écrivains diversement célèbres sont des Français.

L'histoire de la première croisade nous a été transmise par une foule d'auteurs soit contemporains, soit même témoins oculaires de ce qu'ils racontent. C'est le prêtre Tudebode, Poitevin, dont le style est incorrect et souvent vulgaire, mais dont l'âme, profondément touchée du sentiment religieux, s'épanche avec une mélancolie douce et une agréable simplicité; c'est le moine Robert, qui écrit avec une sorte d'élégance et quelquefois avec une imagination et une verve poétiques; c'est Albert d'Aix, qui imprime à son récit un caractère remarquable de bon sens et de sincérité; c'est Raoul de Caen, qui s'attache surtout à la peinture des mœurs et des habitudes militaires, et qui raconte les batailles en soldat et en littérateur érudit; c'est Foulcher de Chartres, qui mêle, aussi volontiers que le font les modernes, ses impressions de voyage à l'exposé des faits et à la description des sites; c'est Guibert de Nogent, qui aime à censurer autrui, mais n'échappe pas toujours soit aux défauts qu'il frappe de son blâme, soit aux imperfections qui y sont contraires, encore qu'il se distingue par de précieuses qualités; c'est Baudri de Dol, un des écrivains de son époque les plus instruits et les plus judicieux; c'est Jacques de Vitry, qui rachète un peu de crédulité par beaucoup d'exactitude, et fournit des renseignements nombreux et variés sur les chrétiens et leurs adversaires, sur l'état matériel et les productions des pays orientaux[1]; c'est enfin Guillaume de Tyr, le plus éminent historien des croisades. « Nul n'a décrit avec plus de détails et de vérité, d'une façon à la fois plus simple, plus grave et plus sensée, ces brillantes expéditions, les mœurs des croisés, les vicissitudes de leur sort, tous les incidents de cette grande aventure. Chrétien sincère et partageant du fond du cœur les croyances et les sentiments qui avaient poussé les chrétiens à la conquête de la Terre-Sainte, Guillaume raconte leurs triomphes ou leurs revers avec une joie ou une tristesse patriotique; et assez éclairé cependant pour ne point s'abuser sur la marche des événements, il ne dissimule ni les vices ni les fautes des hommes, et les expose avec sincérité, sans jamais croire que la sainteté de la cause chrétienne en soit altérée, en sorte qu'on trouve à la fois dans son livre une conviction ferme et un jugement qui ne manque ni d'impartialité ni de droiture. Son érudition historique et géographique, quoique fort défectueuse, est supérieure à celle des autres écrivains de la même époque; sa crédulité est moins absolue; on reconnaît aisément qu'il n'a pas, comme tant d'autres, passé en pèlerin sur les lieux où les événements se sont accomplis, qu'il a recueilli des récits divers et jugé les faits après avoir assisté à leurs conséquences. On peut dire enfin de lui que, de son temps, nul n'a fait aussi bien, et que son livre est encore, pour nous, celui où l'histoire des croisades se fait lire avec le plus d'intérêt et de fruit [2]. »

Il faut suivre dans ces chroniqueurs le récit du pèlerinage belliqueux où s'engagèrent les croisés du onzième siècle lorsque, s'ébranlant sous la parole de l'ermite Pierre et du pape Urbain, ils partirent à ce cri enthousiaste : Dieu le veut! Un premier corps d'armée, après un échec dans la Bulgarie, parvint sous les murs de Nicée, où il

---

[1] Ces travaux sont analysés par Michaud, *Bibliothèque des Croisades*, et reproduits dans les collect. latines et françaises des écrits et mémoires relatifs à l'histoire de France, dans celles de Bongars, Duchêne, Bouquet, Guizot, etc.

[2] Guizot, *Collect. des Mémoires relatifs à l'histoire de France*; not. sur Guillaume de Tyr. Le travail de Guillaume de Tyr se trouve en latin dans Bongars; M. Guizot en a donné une version française avec quelques notes et rectifications.

fut détruit par le sultan de cette ville. Une nouvelle armée, conduite par Godefroy de Bouillon et renforcée par une troupe de chevaliers normands qui avaient à leur tête Boémond et Tancrède, vengea ce désastre là même où il avait eu lieu : elle tua, non loin de Nicée, plus de vingt mille Sarrasins, atteignit la Syrie, s'empara d'Antioche et marcha sur Jérusalem. « On était alors à la fin de mai; les parures du printemps et les trésors de l'été couvraient les champs qui s'étendent entre la mer de Phénicie et les montagnes du Liban. Des moissons de froment et d'orge, déjà jaunies par le soleil de la Syrie, de nombreux troupeaux répandus dans les campagnes, des orangers, des jujubiers et des grenadiers dont les fruits éclatants annonçaient la terre de promission; les eaux abondantes, les champs couverts de grands oliviers et de mûriers, les palmiers que les croisés trouvaient pour la première fois sur leur chemin, toutes les richesses d'un sol fécond se déployaient sous les yeux d'une armée qui avait passé par les tristes aspects des régions stériles et qui avait connu les tourments de la faim. L'enthousiasme des guerriers de la croix se ranimait à la vue de ce Liban dont l'Écriture avait vanté la gloire, et sans doute plus d'un pèlerin cherchait des yeux, dans ces montagnes, les aigles et les cèdres si fameux [1]. »

Les croisés arrivèrent devant la cité sainte le 7 juin 1099; ils en firent le siège qui dura cinq semaines et leur coûta des fatigues incroyables. Enfin ils la prirent de force, le vendredi 15 juillet, à trois heures du soir; les historiens ont remarqué que c'était le jour de la semaine et l'heure où Jésus-Christ avait souffert la mort en rachetant les hommes. Le duc Godefroy entra le premier dans la ville avec son frère Eustache, en passant sur la muraille par une tour de bois qu'on avait approchée; à leur suite se précipitèrent le comte de Flandre, et le duc de Normandie, et Tancrède, l'orgueil de la chevalerie, et cent autres guerriers, pendant que le comte de Toulouse montait à l'assaut d'un autre côté et ouvrait à toute l'armée

---

[1] Michaud, *Histoire des Croisades*, liv. IV.

les portes de Jérusalem. Des flots de sang coulèrent bientôt dans les rues et le deuil s'y promena. Les vengeurs de celui qui avait donné sa vie pour le salut du monde, aigris et irrités sans doute par les insultes et les menaces de l'ennemi, par les souffrances et les pertes de la guerre, par la résistance éprouvée, oublièrent l'exemple et les leçons du divin maître et souillèrent leur victoire par un horrible massacre. Ce fut comme un renouvellement du désastre accompli sous Titus : les malheureux Sarrasins cherchèrent vainement un asile dans les palais, les tours fortes et les mosquées; hommes, femmes, enfants, tout tomba sous le glaive. On ne marchait que sur des cadavres, dit un témoin oculaire, et l'on avait du sang jusqu'aux genoux. Il y eut un tel carnage que les vainqueurs eux-mêmes en furent émus et s'arrêtèrent d'horreur comme de fatigue [1].

Cependant Godefroy, qui s'était contenté de vaincre et n'avait pas voulu mettre ses mains dans le sang, quitta ses compagnons et, suivi de trois serviteurs, se rendit sans armes et pieds nus à l'église du Saint-Sépulcre. Cet acte, accompli par un prince si brave et si pieux, rappela les croisés à la modération et au but de leur noble entreprise. Ils déposèrent leurs armes et leurs habits tout ensanglantés et se revêtirent d'une manière plus conforme à la mansuétude chrétienne; puis, le cœur touché de repentir et d'humbles sentiments, les yeux mouillés de pleurs, la tête découverte et les pieds nus, ils s'avancèrent à rangs pressés vers l'église de la Résurrection. Ils furent reçus par le clergé et le peuple de Jérusalem, c'est-à-dire par le petit nombre de chrétiens qui étaient restés dans la ville sous la domination des Sarrasins, et qui, glorifiant Dieu de leur liberté reconquise, vinrent à la rencontre des princes francs, avec les croix et les images protectrices des saints, et au chant joyeux des cantiques sacrés. C'était le soir à l'approche de la nuit; aux gémissements des vaincus avait succédé le silence; des gardes

---

[1] Raimond d'Agiles, dans Bongars, *Gesta Dei per Francos*; Guillaume de Tyr, *Histoire des faits et gestes dans les régions d'outre-mer*, liv. VIII.

chrétiens veillaient aux portes de la cité sainte; les pèlerins rassemblés sur le Calvaire recherchaient avec empressement et baisaient avec effusion les traces du Sauveur. Spectacle agréable et qui inspirait une félicité toute céleste, tant il y avait de componction et de piété dans ces hommes tout à l'heure si ardents au carnage! Les uns confessaient leurs péchés avec larmes, en promettant de ne plus faillir désormais; les autres répandaient des aumônes dans les mains des pauvres et des infirmes et s'estimaient très-riches d'avoir vu luire un si beau jour; ceux-ci faisaient, en se traînant sur leurs genoux, la visite des saints lieux; ceux-là regardaient la conquête de la Jérusalem terrestre comme une image et une garantie de leur entrée dans la Jérusalem céleste; tous, émus d'une reconnaissance inexprimable, essayaient de rendre grâce au ciel qui leur avait donné d'atteindre si heureusement le terme de leur voyage. « Quel cœur, dit Guillaume de Tyr, eût-il été de fer ou du diamant le plus dur, ne se fût amolli de tendresse au moment où il lui était enfin permis de recueillir le fruit précieux d'un tel pèlerinage et de recevoir le prix de ses fatigues [1]? »

Nous n'avons point à rappeler ici autre chose que le voyage des croisés et les relations qui nous en ont été transmises. On sait, du reste, que Godefroy de Bouillon fut élu roi de Jérusalem, et que, refusant de porter une couronne d'or là même où son Dieu n'avait porté qu'une couronne d'épines, il prit seulement le titre de baron du Saint-Sépulcre. On sait encore qu'il répondit à la confiance des chevaliers chrétiens en gouvernant avec la plus haute sagesse, qu'il gagna sur les musulmans de Palestine, soutenus par ceux d'Égypte, la célèbre bataille d'Ascalon, et mourut après un an de règne, en laissant un nom qui rappelle des qualités héroïques et qui vivra parmi les hommes aussi longtemps que le souvenir des expéditions militaires du moyen âge. On sait enfin que le royaume de Jérusalem se défendit avec quelque gloire entre la première et

---

[1] Guillaume de Tyr, *Histoire des faits et gestes*, liv. VIII.

la seconde croisade, sous les deux Baudouin, frère et neveu de Godefroy, qu'il ne fut pas efficacement secouru par Louis VII, et qu'il s'éteignit d'une manière misérable au bout de quatre-vingt-huit ans.

VIII

La seconde croisade échoua complétement. De tous les hommes qu'on y vit paraître, deux seulement montrèrent du génie : c'est saint Bernard, qui souleva l'Europe par son éloquence, et l'abbé Suger, le grand ministre qui sut réparer les fautes de son maître. L'expédition fut conduite par deux chefs, qui n'eurent ni largeur dans les vues, ni énergie dans les résolutions : c'est l'empereur d'Allemagne et le roi de France. Conrad III porta dans ses actes une inexpérience et une présomption funestes; car il se laissa tromper comme un enfant par la basse perfidie des Grecs, et perdit son armée pour avoir essayé de vaincre sans le secours des Français. Louis VII se battit en soldat, au lieu de commander en capitaine, et souffrit les revers avec la résignation d'un martyr, au lieu de les prévenir ou de les corriger avec la prudence et l'habileté d'un homme d'État. L'armée allemande, qui comptait plus de soixante-dix mille hommes, périt presque tout entière sous le glaive des Turcs et même sous le fer des Grecs; l'Asie Mineure fut son tombeau. Peu de temps après, Louis VII essuya, dans les mêmes lieux, un sanglant échec causé surtout par l'indiscipline d'un de ses barons qui conduisait l'avant-garde; néanmoins il parvint à Antioche avec les débris de son armée, traversa la Syrie, la Phénicie, et atteignit la ville sainte. Son arrivée ressuscita l'enthousiasme et les espérances des chrétiens : chevaliers, prélats et peuple, tous allèrent à sa rencontre, portant des branches d'olivier et le saluant comme un sauveur. Il y trouva Conrad, qui s'était rendu à Jérusalem presque seul, en simple pèlerin, et non plus en prince puissant et magnifique, escorté d'une armée. Les deux monarques, après avoir déploré leurs malheurs, résolurent de tenir à Ptolémaïs une assemblée générale, afin d'aviser aux moyens de recueillir le fruit de sacrifices si pénibles et d'un voyage qui avait coûté tant de nobles vies. On résolut d'attaquer Damas, qui, en effet, fut bientôt assiégée; mais la discorde vint se mettre parmi les princes chrétiens et empêcher le succès de leurs armes. Conrad, découragé par tant de revers, et Louis, qui avait vu « les plus belles fleurs de la France se faner avant d'avoir porté leurs fruits sous les murs de Damas, » regagnèrent leurs États, laissant le royaume de Jérusalem dans une situation lamentable [1].

Cette expédition, n'ayant point réussi, n'a trouvé que trois historiens; encore ne l'ont-ils racontée qu'en passant. Nous voyons les préparatifs de la guerre et le départ des troupes décrits avec une sorte de complaisance; mais les dernières et malheureuses opérations des croisés et les résultats de leurs efforts sont à peine l'objet de quelques indications. Une pudeur patriotique a retenu leur plume : après avoir conduit leur récit jusqu'au milieu des événements, ils ont tout à coup passé outre, comme pour ensevelir dans le silence, si c'était possible, les revers des soldats chrétiens et l'issue lugubre d'une guerre entreprise pour l'honneur du vrai Dieu [2].

IX

Jérusalem étant tombée au pouvoir de Saladin en 1187, l'Europe consternée jeta des cris mêlés de désespoir et d'indignation. Le pape Urbain III ne put résister à ce coup douloureux et mourut de chagrin. Les chrétiens en foule se reprochèrent d'avoir attiré par leurs crimes la calamité qui venait de frapper la ville sainte; on songea, de toutes

---

[1] Odon de Deuil, l'auteur des *Gestes de Louis VII*, et Otton de Freisingen ne donnent que très-peu de détails sur ces événements.

[2] Odon de Deuil, moine de Saint-Denis, qui accompagnait Louis VII, nous a laissé plus de détails que les autres chroniqueurs sur cette malheureuse expédition. Il y a dans son style de la précision et quelquefois de la vivacité; il y a des larmes lorsqu'il peint les désastres de l'armée sous les murs d'Attalie; son récit s'arrête avec Louis VII à Antioche et refuse de le suivre plus loin. Otton de Freisingen s'arrête de même au milieu des événements.

parts, à reprendre des mœurs plus chrétiennes, et l'on remplaça par le jeûne et les mortifications les joies d'une vie déréglée; le luxe disparut; les aumônes devinrent nombreuses et abondantes; les haines et les sentiments de vengeance se calmèrent. Le célèbre historien Guillaume, archevêque de Tyr, vint d'Asie en Europe soulever la chrétienté contre les infidèles; il dépeignit en termes éloquents l'état déplorable où la bataille de Tibériade gagnée par Saladin et la prise de Jérusalem avaient réduit, en Orient, les serviteurs du Christ. A sa voix, Italiens, Anglais, Français prirent les armes; l'Allemagne suivit cet élan belliqueux. L'empereur Frédéric Barberousse, Philippe-Auguste, roi de France, et le roi d'Angleterre Richard Cœur-de-Lion, les trois hommes de leur temps les plus illustres par la bravoure et le génie, se mirent à la tête des croisés [1].

Frédéric prit la route que suivaient d'ordinaire les pèlerins d'Occident et s'avança par l'Autriche, la Hongrie, la Bulgarie, jusqu'à Constantinople; il sut se défendre à la fois contre les perfidies meurtrières des Grecs et les attaques réitérées des Turcs qui le harcelaient à travers les gorges de l'Asie Mineure. Sa prudence et son courage avaient tout surmonté lorsqu'il perdit la vie en traversant le Sélef, petite rivière qui, du pied du mont Taurus, va se jeter dans la mer de Cilicie. Désormais sans chef, l'armée se débanda; en proie aux privations et aux coups de l'ennemi, les soldats ne surent plus résister: les uns périrent de misère, après avoir brûlé le bois de leurs lances pour se chauffer et tué leurs chevaux pour se nourrir; les autres tombèrent entre les mains des Turcs et furent réduits en esclavage. Cent mille hommes étaient sortis d'Allemagne avec l'empereur; il n'en arriva que cinq mille dans la Terre-Sainte [2].

Les rois de France et d'Angleterre, qu'avait instruits l'expérience de leurs prédécesseurs, se rendirent par mer en Palestine. Mais la

---

[1] Bernard le Trésorier, *Continuation de l'histoire de Guillaume de Tyr,* Collect. Guizot, pages 147 et suiv.; Gauthier Vinisauf, *Itinéraire de Richard,* dans Th. Gale; Ricord, *Chron.*

[2] Voir les relations de Tagenon, de l'anonyme et d'Ansberg, analysées par Michaud, *Bibliothèque des Croisades,* tome III.

discorde les tenait souvent désunis, et, en répandant un esprit de rivalité misérable parmi leurs soldats, enlevait à l'armée la moitié de ses forces et de son activité. Les croisés avaient mis le siége devant Ptolémaïs, et là, au lieu d'attaquer la ville avec un redoutable ensemble, ils faisaient tour à tour d'inutiles efforts et appuyaient, dans leurs antipathies réciproques, des mesures contraires à l'intérêt général. Toutefois Saladin s'étant porté au secours de Ptolémaïs, l'imminence du péril fit ajourner les querelles particulières. On repoussa les musulmans et l'on prit la ville, après un siége qui avait duré trente mois, et où les guerriers chrétiens avaient déployé plus de bravoure et versé plus de sang qu'il n'en fallait pour conquérir toute l'Asie. Aussitôt la victoire obtenue, les discussions recommencèrent; alors Philippe-Auguste crut devoir se retirer; il s'embarqua pour la France, laissant en Palestine dix mille hommes commandés par le duc de Bourgogne. Richard, resté seul à la tête des troupes, obéit à tous les entraînements de son caractère belliqueux et fantasque, et s'illustra par une foule d'exploits presque aussi brillants qu'inutiles. Il franchit d'abord le fleuve de Bélus avec cent mille soldats, et prit sa route entre la Méditerranée et le mont Carmel, pendant qu'une flotte côtoyait le rivage pour fournir à l'armée ses vivres et ses munitions de guerre. La marche fut pénible et sans cesse inquiétée; à chaque torrent, à chaque défilé, il fallait se battre et disputer le passage. On traversa Césarée et, plus loin, la forêt de Saron, que les vers du Tasse ont rendue si célèbre; puis on entra dans de vastes plaines s'étendant jusqu'à la rivière d'Arsur et occupées par deux cent mille musulmans prêts à livrer bataille. L'action s'engagea, la mêlée fut terrible; les Sarrasins revinrent trois fois à la charge et ne reculèrent qu'après avoir perdu dix mille hommes. Les Francs soutinrent le choc avec une telle constance, qu'ils ressemblaient, dit un chroniqueur oriental, à l'enclume invulnérable, et qu'on pourrait les nommer une nation de fer.

Au lieu de marcher sur Jérusalem, comme le conseillait le duc de Bourgogne avec quelques autres chefs, Richard s'occupa de rele-

de l'Europe, et surtout le pape Célestin III, ne fussent intervenus pour faire rendre la liberté au héros chrétien dont la bravoure avait rempli de terreur et de respect les infidèles eux-mêmes.

« Ainsi finit cette troisième croisade, où tout l'Occident en armes ne put obtenir d'autres avantages que la conquête de Ptolémaïs et la démolition d'Ascalon; l'Allemagne y perdit sans gloire un de ses plus grands empereurs et la plus belle de ses armées; la France et l'Angleterre, la fleur de leur noblesse belliqueuse. L'Europe eut d'autant plus à déplorer les pertes qu'elle fit dans cette guerre, que les armées chrétiennes étaient mieux composées que dans les expéditions précédentes; les criminels, les aventuriers, les gens sans aveu en avaient été bannis, et tout ce que l'Occident avait de plus illustre parmi ses guerriers s'était rangé sous les bannières de la croix[1]. »

Les chroniqueurs français ont donné peu de place, dans leurs récits, aux événements de la troisième croisade, sans doute parce que ce n'est pas sur les armes de la France qu'elle a répandu le plus d'éclat. Rigord, Jacques de Vitry, Bernard le Trésorier, en disent seulement quelques mots. Si malheureuse qu'elle ait été, l'expédition de Frédéric Barberousse a trouvé plusieurs historiens, Tagenon, Ansberg et la relation anonyme, sans compter les chroniqueurs Otton de Saint-Blaise et Arnold de Lubeck, qui en rapportent les circonstances principales. Comme la valeur brillante et les qualités du roi Richard faisaient l'effroi de l'Orient et l'admiration de l'Occident, les annalistes anglo-saxons n'ont point omis de rappeler en détail tous ses faits d'armes. Roger de Hoveden, Guillaume de Newbridge, Jean Brompton, Raoul de Dicète décrivent volontiers tant de vaillants exploits; mais celui de tous qui nous peint le mieux le roi de la Grande-Bretagne avec l'héroïsme de son courage et les excès de son humeur, c'est Gauthier Vinisauf dans son *Itinéraire du roi Richard*. Il a pris part à ce qu'il raconte; il a vu

---

[1] Michaud, *Histoire des Croisades*, liv. VIII; Gauthier Vinisauf, *Itinéraire du roi Richard*, édit. Th. Gale, tome II; Matthieu Pâris, *Grande Chronique*.

donc le chef réel de la nouvelle croisade ; l'avidité poussait ses troupes à un voyage où l'on ne s'était porté jusqu'alors que par des motifs religieux. Aussi, tandis que les compagnons de Godefroy et de Richard n'avaient quitté leur famille et leur patrie que pour affranchir du joug des infidèles le tombeau de Jésus-Christ, les guerriers de Henri VI n'éprouvèrent aucun remords à revenir de la Palestine sans avoir vu Jérusalem et les saints lieux.

Avant qu'ils eussent atteint les côtes de Syrie, une foule considérable de pèlerins allemands y étaient arrivés déjà par une autre voie. Cette foule n'obéissant qu'à l'impétuosité de ses caprices et refusant d'écouter les sages conseils des chrétiens du pays, un échec était venu la punir ; toutefois, elle en avait tiré une noble vengeance, en défaisant l'ennemi dans une grande bataille, près du fleuve Eleuthère, entre Tyr et Sidon. On eût pu, de là, marcher sur Jérusalem et la prendre sans trop d'efforts : c'était l'opinion de plusieurs chefs ; mais l'avis contraire prévalut, et l'on mit le siége devant Thoron, la seule forteresse que les musulmans eussent conservée le long des côtes, depuis Ascalon jusqu'à Tyr. Les fautes nombreuses des assiégeants, et en particulier la désunion des chefs et l'indiscipline des soldats rendirent vaines toutes les merveilles de leur courage ; Thoron leur échappa et ils durent l'abandonner en désordre. Ils s'accusèrent mutuellement de leurs maux, et la discorde alla si loin que les Allemands ne voulurent plus se battre sous les mêmes drapeaux que les chrétiens de Syrie. Ils reprirent le chemin de l'Europe, après une campagne de trois mois qui ne fut, en réalité, qu'un pèlerinage ; ayant remporté une victoire éclatante, mais qui devint inutile à cause de leur brusque départ, et n'ayant su qu'échouer honteusement au pied d'une petite forteresse. Ainsi se termina cette expédition qui eût pu, sinon abattre, du moins affaiblir pour longtemps la puissance des infidèles dans la Palestine, et qui n'eut pas même pour résultat de faire contempler de loin à cent mille hommes armés et venus à cet effet, croyait-on, les murailles de la triste Jérusalem.

L'histoire de cette croisade nous a été transmise à la fois par les chroniqueurs de la France, de l'Angleterre et de l'Allemagne, par Jacques de Vitry, Bernard le Trésorier, Roger de Hoveden, Matthieu Pâris, Guillaume de Newbridge, Otton de Saint-Blaise et Arnold de Lubeck ; mais tous donnent moins de détails sur les saints lieux que sur les événements de la guerre.

XI

Le vieil enthousiasme pour les saints lieux allait s'affaiblissant. Les expéditions des chrétiens contre les infidèles ne furent point abandonnées, mais on en déplaça le théâtre. Au lieu de prendre le chemin de Jérusalem, les croisés prirent celui de Constantinople et de l'Egypte, tenant leur mission de leur propre volonté, se battant comme toujours avec un indomptable courage, mais n'usant guère de la victoire que dans un intérêt politique. Ils n'avaient plus sous les yeux, pour soutenir et purifier leur zèle, cette terre et ces pierres qui, tout empreintes des vestiges du Rédempteur, prêchaient d'une voix si éloquente le dévouement religieux. Ce qui attirait les croisés, ce n'était plus le Jourdain aux flots consacrés, ni le Liban chanté par les prophètes, ni le Thabor, ni la montagne de Sion ; c'était le Nil avec les forteresses bâties sur son rivage et la gloire profane qu'on pouvait acquérir en les prenant, c'était Constantinople avec les joies de sa civilisation énervée, et ses palais étincelants d'or, et son luxe inouï. De là cette remarque du chroniqueur Olivier Scolastique, à propos d'une entreprise hardie des guerriers chrétiens au siége de Damiette : « Le seul amour de la gloire, dit-il, les portait à combattre. » D'autre part, nous voyons Villehardoin dépeindre avec enthousiasme les dépouilles dont s'enrichirent les croisés à la prise de Constantinople ; les chevaliers et les barons s'écrièrent dans l'ivresse de leur joie « qu'on n'avait jamais remporté si riche butin depuis la création du monde. »

C'est ainsi que la cinquième croisade, détournée de son but par une politique mondaine, ne vit pas même les horizons de la Judée ; elle se contenta de fonder à Constantinople un empire français qui fut éphémère, et de laisser à la république de Venise le monopole du commerce sur toutes les côtes de la Méditerranée. Le pape Innocent III, et son successeur, excitèrent de nouveau le zèle des peuples chrétiens. André, roi de Hongrie, et l'empereur Frédéric II prirent la croix. Le premier de ces princes arriva bientôt à Ptolémaïs avec une armée si nombreuse qu'elle ne put trouver de vivres qu'en recourant au pillage, si formidable qu'elle put à peine rencontrer les Sarrasins fuyant au loin sur sa route. Elle parcourut donc une partie de la Terre-Sainte, comme en pèlerinage, au chant des cantiques ; elle franchit le torrent de Cison et s'avança vers la vallée de Jezraël, entre l'Hermon et le Gelboé, contrée fameuse par la défaite de Sisara et la mort de Saül. On atteignit les bords du Jourdain ; chefs et soldats se baignèrent dans le fleuve des prodiges, « la veille de la Saint-Martin, nous dit Jacques de Vitry qui était de l'expédition. Nous nous reposâmes deux jours, continue-t-il, ayant trouvé en ce lieu des vivres et des fourrages en abondance. Ensuite nous fîmes trois stations sur les bords de la mer de Galilée, parcourant les lieux où Notre-Seigneur daigna opérer des miracles et s'entretint avec les hommes qu'il honora de sa présence corporelle. Nous vîmes Bethsaïde, ville d'André et de Pierre, réduite maintenant à n'être plus qu'un petit hameau. Nous vîmes les lieux où le Christ appela à lui ses disciples, où il marcha sur les eaux à pied sec, où il nourrit la foule dans le désert, la montagne sur laquelle il se retira pour prier, et le lieu où il mangea avec ses disciples après la résurrection ; puis, passant à Capharnaüm et faisant transporter sur des bêtes de somme nos malades et nos pauvres, nous retournâmes à Ptolémaïs[1]. »

Après une vaine attaque contre les Sarrasins qui occupaient une

---

[1] Jacques de Vitry, *Histoire de Jérusalem*, liv. III.

forteresse sur le mont Thabor, le roi de Hongrie revint en Europe. Le dommage de sa retraite fut bientôt compensé par l'arrivée de nombreux pèlerins que l'Occident envoyait de toutes parts. Avec ces secours, on résolut de faire la conquête de l'Egypte, et l'on s'embarqua pour l'entreprise. Cependant l'empereur Frédéric, après avoir longtemps différé d'accomplir ses promesses, se rendit en Palestine; mais nul prince ne ressembla moins à ces pieux capitaines que l'on avait vus prêts à tout entreprendre pour délivrer Jérusalem et maintenir les colonies chrétiennes de l'Orient dans un état d'indépendance et de prospérité. Fourbe et subornant tout à ses vues ambitieuses, il ne craignit pas de braver les menaces et les foudres de l'Eglise, ni d'entretenir des relations impies avec Malek-Kamel, sultan du Caire. Aussi tous deux mécontentèrent leurs soldats par cette conduite, où il y avait non pas seulement de la tolérance, mais encore une véritable mécréance. « Dans l'armée chrétienne, on faisait un crime à Frédéric d'avoir envoyé au sultan du Caire sa cuirasse et son épée comme un gage de ses dispositions pacifiques. Parmi les musulmans, on reprochait à Malek-Kamel de rechercher l'alliance des ennemis de l'islamisme, en envoyant au chef des Francs un éléphant, des chameaux, et les plus rares produits de l'Arabie, de l'Inde et de l'Egypte [2]. » Ni l'un ni l'autre ne semblaient attacher de prix à la possession de Jérusalem, Malek-Kamel se plaignant de n'y trouver que des églises et des maisons en ruine, et Frédéric ne cessant de répéter que s'il désirait planter son étendard sur le Calvaire, c'était pour conserver l'estime des Occidentaux, et lever sa tête parmi les rois de la chrétienté.

Dans cette disposition des esprits, une trêve de dix ans fut conclue, que les Sarrasins et les chrétiens déplorèrent également comme une œuvre impie et sacrilège. Frédéric obtint Jérusalem avec Bethléem et tous les villages situés sur la route de Ptolémaïs à Jaffa; mais à la condition humiliante de ne pas relever les murs de la

[1] Michaud, *Histoire des Croisades*, liv. XIII.

cité sainte et d'y laisser aux infidèles la mosquée d'Omar et le libre exercice de leur culte. Ceux-ci versaient des larmes et quittaient la ville en maudissant Malek-Kamel. La douleur était plus vive encore parmi les chrétiens ; ils élevaient des plaintes indignées contre l'acte profanateur « qui laissait subsister des mosquées en présence du Saint-Sépulcre, et confondait en quelque sorte le culte de Mahomet avec la religion de Jésus-Christ. L'archevêque de Césarée jeta un interdit sur les saints lieux recouvrés, et le patriarche de la Judée refusa aux pèlerins la permission de visiter le tombeau du Sauveur. Jérusalem n'était plus pour les fidèles la ville et l'héritage du Fils de Dieu. Lorsque l'empereur y fit son entrée, un morne silence régnait sur son passage; accompagné des barons allemands et des chevaliers teutoniques, il se rendit à l'église de la Résurrection qui était tendue de deuil, et qui semblait gardée par l'ange de la mort. Tous les ecclésiastiques, gardiens du saint tombeau, avaient déserté le sanctuaire où ils croyaient voir l'abomination de la désolation annoncée par les menaces de l'Ecriture. Frédéric prit lui-même la couronne, et, la plaçant sur sa tête, il fut proclamé roi de Jérusalem sans aucune cérémonie religieuse. Les images des apôtres et des saints étaient voilées. On ne vit au pied des autels que des épées et des lances, et les voûtes sacrées ne retentirent que des bruyantes acclamations des guerriers [1]. »

XII

De tous les pèlerins armés qui visitèrent la Palestine dans les dernières croisades, celui qui mérite le plus qu'on s'en souvienne ici, c'est Louis IX. Quand il eut recouvré sa liberté perdue dans le désastre de Mansourah, il se dirigea vers la Terre-Sainte avec un petit nombre de fidèles chevaliers. Là il s'occupa de reformer une armée, en rachetant le plus d'hommes qu'il put entre les douze

---

[1] Michaud, *Histoire des Croisades*, liv. XIII. Voir aussi Matthieu Pâris (*Chronique*, année 1228), qui entre dans de grands détails sur tous ces événements.

mille tombés aux mains des musulmans d'Egypte. Puis il employa ses ressources à mettre en état de défense les villes chrétiennes du littoral; il répara les fortifications à demi ruinées de Caïphas et de Jaffa; à Ptolémaïs et à Césarée, il releva les tours et agrandit les murailles. Par ses soins et surtout par son exemple, la discipline militaire et la morale évangélique reprirent sur les croisés un empire qu'elles n'avaient pas toujours pu conserver. Bientôt un heureux changement se manifesta : au sein de ces contrées qui remettaient en mémoire à des chrétiens les terribles et doux mystères, ainsi que les augustes traditions de la foi, les seigneurs et les barons français, modèles de bravoure sur les champs de bataille, donnèrent en foule l'exemple de la piété la plus touchante : ils quittèrent leurs armes, et, prenant la panetière et le bourdon, se rendirent dans tous les lieux consacrés par les miracles et la présence des prophètes, des apôtres et de Jésus-Christ. Le pieux monarque alla plusieurs fois prier à Nazareth, au mont Thabor, au village de Cana. Le sultan de Damas, soit perfidie, soit marque d'estime réelle, invita Louis IX à venir jusqu'en la cité sainte; c'était là sans doute le plus grand désir du roi et presque l'unique but de ses longs et douloureux travaux. Mais les évêques et les chevaliers pensèrent qu'un tel prince ne pouvait se présenter à Jérusalem en simple pèlerin, et qu'il avait pris les armes, non pour visiter seulement, mais pour délivrer le saint tombeau. On lui cita l'exemple du roi Richard d'Angleterre, lorsqu'un de ses serviteurs « s'escria et lui dit : Sire, sire, venez jusques icy, et je vous montrerai Jérusalem. Et il gecte devant ses yeulx sa cocte d'armes tout en pleurant, et disant à Nostre Seigneur à haulte voix : Ha! sire Dieu, je te pry que je ne voie myc ta sainte cité de Jérusalem; puis que ainsi va que je ne la puis délivrer des mains de tes ennemis. Cest exemple fut monstré au roy saint Loys, pour ce qu'il estoit le plus grant roy des chrestiens, et que s'il faisoit son pellerinage en Jérusalem sans la délivrer des mains des ennemis de Dieu, tous les autres roys, qui viendroient audit veage, se tiendroient apaiez (acquittés), de faire seullement leur pellerinage,

EXTÉRIEUR DU SAINT-SÉPULCRE.

ainsi que auroit fait le roy de France[1]. » Sous l'empire de ces considérations, saint Louis s'abstint de visiter alors la cité sainte et voulut nourrir l'espoir d'y entrer un jour en libérateur. Illusion et chimère! Il fut bientôt forcé de revenir en France pour aller, de là, mourir à Carthage. Vingt ans plus tard, toutes les colonies chrétiennes de la Palestine tombèrent sous le joug des infidèles; l'Europe s'émut au bruit d'un si grand désastre; elle donna des gémissements et des larmes à la perte de la Terre-Sainte; mais elle n'enfanta plus d'armées capables de reprendre aux musulmans ces possessions si longtemps et si vaillamment disputées.

On ne peut consacrer une seule ligne aux pèlerinages de saint Louis sans nommer en même temps le bon sénéchal Jean de Joinville, qui les a retracés d'un style si naïf et si charmant. Rien de plus agréable que la lecture de ses Mémoires, où l'on se sent attaché et retenu par le caractère de l'homme et par le talent de l'écrivain. Intrépide sur le champ de bataille, patient et résigné au milieu des revers, il faisait face au danger en gardant son humeur enjouée et ses saillies. Courtisan aimable autant que sincère, il savait revêtir les avis les plus sérieux de ces formes piquantes qui les font aisément recevoir. Chrétien plein de ferveur, il rappelait à ses chevaliers leurs obligations religieuses avec d'autant plus d'autorité qu'il prêchait d'exemple : c'est ainsi que les privations de la captivité et les exigences d'une santé altérée par la guerre et les maladies ne l'empêchaient pas de jeûner au pain et à l'eau tous les vendredis. Racontant les choses qu'il a vues et dans lesquelles il a presque toujours été de moitié, Joinville se met souvent en scène, mais avec une ingénuité ravissante, et point avec cette désinvolture étudiée où le faux bonhomme Montaigne a depuis voulu s'ébattre. Ami sensible, il garde fidèlement la mémoire de ceux qui ont eu quelque part à son affection, et sa plume s'émeut en retraçant les actes de leur vie. Par quelle expression touchante il

---

[1] *Mémoires du sire de Joinville,* page 359, Collect. Petitot.

termine l'histoire de son chapelain! « J'estoie bien malade, dit-il, pareillement l'estoit mon povre prebstre. Car un jour advint, ainsi qu'il chantoit messe devant moy, moy estant au lit malade, quant il fut à l'endroit de son sacrement, je l'apperçeu si tres-malade que visiblement je le veoie pasmer. » Joinville s'élance, soutient le prêtre qui allait tomber à la renverse et l'exhorte, « afin, continue-t-il, qu'il prinsist courage et fiance en celui qu'il devoit tenir entre ses mains. Et adonc s'en revint ung peu, et ne le lessé jusques ad ce qu'il eust achevé son sacrement, ce qu'il fist. Et aussi acheva-il de celebrer sa messe, et oncques puis ne chanta, et mourut. Dieu en ait l'ame [1]. » Ne semble-t-il pas, selon la remarque d'un écrivain, que ces mots si simples : « Et oncques puis ne chanta, » aient inspiré ce beau vers de la tragédie des Templiers :

> Mais il n'était plus temps, les chants avaient cessé?

Joinville n'est pas moins touchant, lorsqu'il nous dépeint l'effet produit sur son âme par la mort de saint Louis. Il en eut l'imagination si frappée, le cœur si douloureusement affecté que, dans son sommeil, il se retrouvait avec le bon roi. « Il estoit devant moy tout joieux. Et pareillement estois bien à mon aise de le veoir en mon chastel. Et lui disoie : — Sire, quant vous partirez d'icy, je vous meneray logier en une autre mienne maison que j'ay à Chevillon [2]. — Et il m'estoit advis, qu'il m'avoit respondu en riant : — Sire de Joinville, foy que dois à vous, je ne me partiray pas si toust d'ici, puis que je y suis. — Quant je m'esveillay, je pensay en moy que c'estoit le plaisir de Dieu et de lui, que je le herbergeasse en ma chapelle. Ce que je fis incontinant après. Car j'ay fait faire ung autel en l'onneur de Dieu et de lui : et là y ay esta-

---

[1] *Mémoires du sire de Joinville,* page 274, Collect. Petitot.
[2] Chevillon est aujourd'hui un chef-lieu de canton de l'arrondissement de Vassy (Haute-Marne).

bly une messe perpétuelle par chacun jour, bien fondée en l'onneur de Dieu, et de monseigneur saint Loys [1]. »

XIII.

On le voit, les relations de ces pèlerinages belliqueux qui entraînaient nos pères en Orient présentent, dans une de ses époques les plus agitées, l'histoire de la Terre-Sainte. Cette histoire est pleine de larmes et de sang, mais de gloire aussi. Après que la dernière heure de l'empire grec eut sonné, l'Europe fut obligée de se battre pour sa propre défense, et non plus pour l'affranchissement des saints lieux; il coula, dès lors, moins de sang chrétien dans la Palestine; mais l'ignominie, les souffrances et les larmes n'y diminuèrent pas. Heureusement la victoire de Lépante, une des plus grandes qui aient illustré les fastes de la guerre, et bientôt la forte épée de Sobieski, arrêtèrent enfin les Turcs, qui marchaient comme un fleuve débordé vers les régions de l'Occident.

Depuis, la diplomatie, remplaçant les armées, tâcha, non plus de délivrer, mais de protéger les chrétiens orientaux, les monuments de leur culte et surtout la ville sainte. Les capitulations ou traités de la France avec la Porte datent de François Ier, et renferment plusieurs dispositions tendant à garantir aux Occidentaux placés sous la protection de notre bannière la liberté du commerce et de la religion dans les États du Grand-Seigneur. Ces priviléges furent confirmés et augmentés sous Henri IV, comme on peut le voir dans la relation de l'envoyé Savary de Brèves[2]. Quinze ans plus tard, Deshayes, ambassadeur de France à Constantinople, alla visiter les

---

[1] *Mémoires*, page 408, Collect. Petitot.
[2] *Relation des voyages de M. Savary de Brèves en Grèce, Terre-Sainte*, etc. In-4°, Paris, 1630. On trouve dans ce volume le traité conclu, en 1604, entre la France et la Porte, et trois discours sur les moyens d'anéantir la puissance des Turcs. On sait que Leibniz a publié aussi un mémoire adressé à Louis XIV sur la nécessité d'abattre l'empire ottoman et sur les moyens d'y parvenir ; il proposait de s'y prendre comme l'a fait Bonaparte il y a soixante ans.

fidèles de Jérusalem et leur porter des consolations avec des secours, au nom du roi très-chrétien. De même, par les ordres de Louis XIV, le comte de Nointel se rendit dans la Terre-Sainte pour y étendre l'éclat protecteur qui environnait partout le nom de son maître; on le reçut avec la reconnaissance due à la nation qui avait accompli et qui pouvait faire encore de si grandes choses pour les Églises de l'Orient. En 1740, après le traité de Passarowitz, une solennelle ambassade du sultan Mahmoud vint remettre à Louis XV un firman qui renouvelait les anciennes capitulations, en y ajoutant plusieurs clauses favorables, et qui accordait aux catholiques de Jérusalem l'entière possession du Saint-Sépulcre et la liberté de réparer leurs églises.

Malgré le caractère solennel et la teneur expresse de ces actes internationaux, les chrétiens d'Orient et d'Occident n'échappèrent pas toujours à l'arbitraire des officiers turcs, qui rançonnaient les religieux, molestaient les voyageurs, et, sous prétexte de veiller à l'exécution des traités, se livraient à des perquisitions injurieuses et prenaient avec fanatisme les moyens les plus vexatoires d'accomplir leur mission. Toutefois les pèlerins ne se laissèrent jamais décourager par les obstacles et les périls : même au moment où l'on s'occupait encore d'arrêter les armées ottomanes sur les frontières de l'Europe, ils voulurent visiter la Terre-Sainte, et quelques-uns d'entre eux écrivirent la relation de leur voyage. Plusieurs fois, les princes se mêlèrent à la foule des chrétiens portant la panetière et le bourdon : ainsi l'on vit Albert IV, duc d'Autriche; Henri le Lion, duc de Bavière; Frédéric III, avant son élévation au trône impérial; et plus tard un prince lithuanien, du nom de Radzivill, poussés par le sentiment religieux, se rendre avec humilité au tombeau de Jésus-Christ.

Puis, après les pèlerins, vinrent les savants, les diplomates, les curieux, dont les récits comparés, les notes et les observations réunies offrent assurément une des lectures les plus attrayantes et les plus instructives. C'est Belon, que son amour de la vérité, son avide désir de connaître, son art d'observer et son esprit d'analyse placent à un rang distingué parmi les savants du seizième siècle et dont l'ouvrage renferme de curieux détails sur la topographie, les mœurs et les usages des pays orientaux [1]; c'est le chevalier d'Arvieux, dont les Mémoires ne sont pas dépourvus d'intérêt, surtout si on les lit avec les notes, éclaircissements et additions dont la Roque les a enrichis et illustrés, en les publiant au retour d'un voyage dans la Syrie et la Palestine; c'est encore Pierre de la Vallée, Italien, dont le style est agréable et élégant, mais diffus, et qui du reste n'a rencontré en France qu'un traducteur médiocre; c'est Reland, dont l'œuvre est pleine d'érudition, mais pesante et plus semblable à une compilation de manœuvre qu'à la description raisonnée d'un auteur sachant écrire [2]; c'est Villamont, plus attentif à faire connaître les formes de gouvernement et les institutions politiques que l'aspect physique des contrées qu'il parcourt; c'est Radzivill, dont la relation, comprise en quatre lettres, intéresse également par le fond des choses et par la manière de les dire. Il faut nommer aussi le F. Roger, un peu crédule, mais observant beaucoup et donnant sur ce qu'il a vu une foule de renseignements très-exacts; le célèbre voyageur Thévenot, dont le livre amusant et instructif a été réimprimé plusieurs fois et excite même la curiosité de ceux qui croient savoir leur Orient; le Suédois Hasselquits, qui explore et décrit la Palestine en naturaliste; les Anglais Shaw, Pococke et Maundrell : le premier, trop succinct, et d'ailleurs incomplet; le second, instruit, sans qu'on puisse toutefois l'appeler un savant de premier ordre; le troisième, versé dans la connaissance de l'histoire et les langues anciennes, observateur plein de

---

[1] L'ouvrage de Belon (P. Bellonius) a pour titre : *Les observations de plusieurs singularitez et choses mémorables trouvées en Grèce, Asie, Judée, Égypte et autres pays étranges, rédigées en trois livres.* Paris, 1583. Il a tout de suite obtenu les honneurs d'une deuxième et troisième édition.

[2] Le livre de Reland est en latin et a pour titre : *La Palestine illustrée par les monuments anciens.* Utrecht, 1724. 2 vol. in-4°. Il traite d'abord de la topographie du pays, puis de la distance comparative des lieux, enfin des villes et bourgs de la Palestine.

sagacité, écrivain judicieux, qu'on lit avec plaisir et avec fruit. Je cite encore l'ambassadeur Deshayes, qui, par la plume de son secrétaire, décrit Jérusalem, les lieux saints et une partie de la Galilée, avec une exactitude et une clarté précieuses; le chanoine Doubdan, un peu long dans ses récits, mais savant et digne d'être consulté; Monconys, de Lyon, qui visite la Judée en homme adonné aux sciences occultes et à la philosophie de Mercure-Trismégiste, et dont le journal, au reste, est fort sec, rempli de particularités insignifiantes, et émaillé d'une quantité prodigieuse de recettes médicales, chimiques et bizarres [1]. Plus près de notre temps, on trouve Niebuhr, qui pourrait être nommé le prince des modernes explorateurs de l'Orient; l'abbé Mariti, qui saisit avec promptitude et justesse, et rend avec netteté, quoique non pas sans prolixité, les choses dignes d'attention, et qui, en particulier, fournit d'utiles notions sur les Druses, parmi lesquels il a fait un long séjour; Volney, écrivain remarquable quand il dépeint ce qu'il a vu de ses yeux, en fait de monuments, de mœurs et de paysages, mais absurde et ridicule quand il dit ce qu'il avait dans l'esprit en matière de philosophie et de religion [2]. Enfin, pour ne rappeler ici qu'un petit nombre de voyageurs français, à l'exclusion des Allemands et

[1] La relation du prince Radzivill a été traduite du polonais en latin. L'ouvrage de Roger, religieux récollet et missionnaire, a pour titre : *La Terre-Sainte ou description topographique des saints lieux*, etc. In-4°, Paris, 1664. Celui de Maundrell, traduit en français, a pour titre : *Voyage d'Alep à Jérusalem*. Utrecht, 1705; Paris, 1706. Celui de Deshayes : *Voyage du Levant fait par le commandement du roi, en 1621*. In-4°. *Les Voyages de Monconys*, Lyon, 3 vol. in-4°; Paris, 2 vol. in-4°, ont été recueillis et publiés par son fils.

[2] Volney fait un crime à la religion juive d'avoir prescrit « le sacrifice d'animaux sensibles, » des bœufs et des moutons. « Les Juifs, ces hommes féroces, continue-t-il, se sont représenté sans doute la divinité comme sentant et raisonnant comme eux. » Or il faut savoir que cet homme sensible, qui pleurait sur les boucs et les génisses immolés du temps de Salomon, a siégé, et n'a point déserté sa place, dans les assemblées qui, à la fin du dix-huitième siècle, ont envoyé à l'échafaud des milliers de Français innocents; que cet homme sensible est resté, dix années, les pieds dans le sang humain, y cherchant et, en tout cas, y trouvant le secret de devenir sénateur sous le régime impérial et pair de France sous la restauration. Il n'y a qu'une chose que ce cœur sensible et tolérant ne pouvait ni tolérer ni sentir : c'était la religion en général et le catholicisme en particulier.

des Anglais qui ont visité la Palestine dans ces dernières années, tout le monde a lu les deux auteurs de la *Correspondance d'Orient;* le duc de Raguse, dont les pages sont pleines de lucidité et de vérité; Chateaubriand, qui réunit dans son livre l'exactitude des données à toutes les richesses du style; enfin Lamartine, qui semble avoir fait une partie de son voyage aux frais de sa brillante imagination.

En général, ces modernes explorateurs de la Terre-Sainte l'ont étudiée et décrite avec un esprit plus compréhensif et un plus grand talent d'analyse que ne l'avaient fait leurs aînés. Ils nous montrent dans leurs ouvrages, comme dans un panorama brillant, ces populations qui, de tous les points du monde, se rencontrent en Palestine, ne formant pas un tout homogène et n'ayant rien qui les fixe au sol, y portant des mœurs et un langage aussi varié que leurs costumes, des physionomies aussi différentes que leurs convictions. Sectateurs de religions contraires, de l'Évangile et du Coran, attachés à la vraie Église ou partisans du schisme grec, juifs au regard sombre et rusé, musulmans fanatiques, Druses ou Metoualis, troupes de Bédouins continuant le rôle aventurier de leur aïeul Ismaël, cavalerie albanaise, soldats turcs, voyageurs européens, tous ces hommes donnent au pays l'aspect d'un immense caravansérail où ils arrivent, habitent, passent, réunis comme par hasard, s'observant avec défiance, se trompant quand ils le peuvent, et ne marchant que le pistolet à la ceinture. Après le tableau de la population, celui de la contrée où elle se meut : des sites riants ou désolés, une verdure luxuriante ou des arbustes rabougris, un ciel empourpré d'où pleuvent des flots de lumière, des torrents presque toujours à sec, marquant leur lit par des cailloux blancs entre deux lignes de roches arides, un sol dont les entrailles ne s'ouvrent jamais sous les efforts d'une culture intelligente; les aventures de voyage, le gai départ du matin, une rencontre d'Arabes dans la journée, la halte du soir sous la tente : tels sont les sujets de nombreuses pages tracées avec une imagination et un talent remarqua-

pute et décrit toutes choses avec un mélange d'enthousiasme et d'exactitude mathématique dont la race anglo-saxonne a seule le risible secret. Toutefois, ce qui l'occupe encore plus que les mesures et les chiffres, ce qui lui arrache des larmes de joie ou de plaintives doléances, c'est la présence ou l'absence du confortable, et la carte de son dîner. Aussi ne peut-il résister à la tentation de vous apprendre que ses bottes le gênent et qu'il a beaucoup de plaisir à retrouver son lit après les fatigues de la route. Heureux de faire autrement que tout le monde, il attache une suprême importance à boire du champagne sur les crêtes du Sinaï, où presque aucun mortel n'en a bu, et il est fier de vous conter cet exploit glorieux et solennel. Il doute de l'authenticité du Saint-Sépulcre et cherche querelle aux lieux saints, parce que le *roastbeef* et le *porter* lui ont manqué à Jérusalem ; car, lorsqu'on n'a pas toutes ses aises dans un pays, c'est pour John Bull un grave indice que la religion n'y vaut rien.

Le Français a l'habitude d'écrire ses voyages comme il en causerait : ce n'est pas un livre qu'il prétend faire, c'est un journal, et il y jette ses notes avec une désinvolture où brillent souvent la grâce et le naturel. Il observe les choses avec sagacité et finesse ; mais il répugne à les saisir toujours par le côté métaphysique comme les Allemands, et toujours par l'endroit de l'utilité matérielle comme les Anglais. Parce qu'il ne s'enfonce pas à leur exemple dans les considérations spéciales où ils se noient eux-mêmes, et parce que, d'ailleurs, la transparence de son style le fait lire aisément, il leur semble superficiel : nos voisins d'outre-Manche et d'outre-Rhin prennent quelquefois l'obscurité pour de la profondeur, et la clarté pour un abus. Mais la vérité est qu'à la différence des Allemands, le voyageur français montre de la science sans pédantisme, et qu'à la différence des Anglais il brave les aventures et déploie de l'audace sans excentricité. Il récite ses pérégrinations comme il les fait, comme il fait toutes choses, comme il vit, parle et se bat, élégamment et bravement. Ce qu'on peut lui reprocher avec justice, c'est son attention à se mettre toujours en scène, à reproduire ses impressions personnelles et à tracer ainsi sa propre effigie, en lui donnant pour cadre toutes les grandes choses que, du reste, il sait voir sous leur vrai jour et décrire avec une verve gauloise et un talent flexible, avec l'éclat d'une imagination tempérée et toutes ces grâces du langage qui font le conteur agréable et l'écrivain disert. Tel est, en général, le voyageur français.

JAFFA.

CHAPITRE DEUXIÈME.

DE JAFFA A JÉRUSALEM

L'antique Jaffa, sa célébrité mythologique, son port; résurrection de Tabitha. — Jaffa au temps des croisades; le roi Baudouin, les exploits de Richard; le comte Gauthier de Brienne. — Jaffa moderne avec ses ruines. — Bonaparte et les pestiférés. — Le départ de Jaffa, la plaine de Saron, la tour des Martyrs, Lydda. — Ramla, Baudouin IV, le drapeau français. — Le château du bon larron et les mauvais larrons; Nicopolis. — Aspect désolé et fertilité réelle de la Terre-Sainte. — Le village de Saint-Jérémie, le prophète des Lamentations, le cheick Abou-Gosh. — Modin et les Machabées. — Gabaon; Ramatha et le prophète Samuel. — Les disciples d'Emmaüs. — La vallée du Térébinthe, David et Goliath.

I

Il faut voir Jaffa d'un peu loin et par ses dehors; rien de plus gracieux et de plus riche que le tableau de cette petite ville, assise sur une colline, les pieds dans les flots, couronnée de verdure et de fleurs, élevant sous un ciel chaud et plein de lumière la pointe de ses minarets et les coupoles de ses maisons. Le coup d'œil, assez beau quand on aborde Jaffa par la voie de mer, est ravissant lorsqu'on l'aborde par le côté du nord, après avoir côtoyé la mer et longé les plaines de Saron : c'est la cité la plus riante, comme l'indique le nom de Joppé que lui donnaient les anciens[1]. On traverse de vastes jardins où les orangers, les grenadiers, les citronniers, les figuiers, les amandiers, les bananiers, les mûriers répandent l'éclat et le parfum de leurs fleurs et de leurs fruits au milieu d'une verdure dont la teinte est généralement sévère, mais

---

[1] Saint Jérôme, dans son livre sur *les Noms hébreux*.

point monotone. Distribués en massifs que surmontent d'élégants palmiers, ils récréent agréablement la vue en faisant courir sur cet océan de feuillage des lignes brisées qui ressemblent à de capricieuses ondulations. Mais dans les rues de Jaffa on ne trouve rien qui réponde à ces bosquets enchantés et aux magnificences de cette campagne. Ce n'est guère qu'un gros village à moitié barbare, percé de rues sales et étroites, et, à part un seul quartier, sans vie et sans mouvement. Il peut compter aujourd'hui six mille âmes.

Cependant Jaffa fut autrefois une ville importante, qui le deviendrait encore sous un pouvoir intelligent et avec des habitants laborieux. Son ancien nom était Joppé; plusieurs prétendent qu'elle l'avait reçu de Japhet, son fondateur, et qu'ainsi nulle ville au monde ne saurait faire remonter plus haut son origine. Pline rapporte qu'on la croyait bâtie avant le déluge, et que sur le rocher qui, des remparts de la ville, s'avance dans la mer, on montrait encore de son temps quelques débris rappelant la captivité d'Andromède. Le grave auteur ajoute que Marcus Scaurus, entre autres merveilles par où il signala son édilité, fit voir aux Romains les ossements du dragon qui devait dévorer la princesse; les côtes avaient une longueur de quarante pieds[1]. C'est en effet à Joppé que la mythologie plaçait la scène dramatique d'Andromède exposée à la gueule menaçante d'un monstre marin, et échappant à son affreux supplice par le dévouement et le courage de Persée. Puis, comme il y avait non loin de là une fontaine roulant des eaux presque rouges, ainsi que l'affirme Pausanias[2], il parut physiquement établi que Persée y avait lavé le sang dont il était couvert en sortant du combat. Lucien raconte quelque chose de semblable à propos du fleuve Adonis qui, dans une saison de l'année, arrivait en deuil à Biblos et effrayait la Phénicie par la couleur de ses eaux. C'était, selon la tradition locale, le sang de l'immortel Adonis tué

---

[1] Pline, *Histoire natur.*, liv. V, chap. xii, et liv. IX, chap. v.
[2] « Il y a, dit-il, dans le pays des Hébreux, auprès de la ville de Joppé, une source qui donne de l'eau rouge comme du sang. » *Description de la Grèce*, liv. IV, chap. xxxv.

à la chasse par un sanglier, et venant, chaque année, laver ses blessures dans la rivière qui portait son nom. Mais, ajoute Lucien, un habitant de Biblos, qui avait l'air de s'y connaître, expliquait autrement ce phénomène : le fleuve, disait-il, vient du Liban, qui a beaucoup de terres rougeâtres; sous les pluies violentes et par l'effet des grands orages, elles se précipitent dans la vallée où la rivière les recueille et les entraîne mêlées à ses flots qu'on croirait alors ensanglantés[1]. Maundrell a consacré la justesse matérielle de cette explication, en voyant, après un orage, le sang de l'infortuné chasseur couler sous forme d'eau fangeuse.

Jaffa a toujours été la porte de la Palestine du côté de l'Occident. De l'Égypte et de toutes les plages d'Afrique, des divers pays d'Europe, on aborde à Jaffa pour se rendre à Jérusalem; lorsqu'on arrive par Constantinople et la Syrie, c'est encore vers Jaffa qu'on se dirige, soit en prenant la voie de mer, soit en traversant les villes ou les ruines qui bordent la côte : Seida, Sour, Saint-Jean-d'Acre, Caïpha, Castel-Pelegrino, Tantoura, Césarée. Le port de Joppé était célèbre autrefois; et maintenant encore il est fréquenté, moins parce qu'il est commode que parce qu'il n'est pas éloigné de Jérusalem. Il a toujours été difficile et peu sûr à cause des bancs de rochers qui s'avancent assez loin sous les flots[2]; aujourd'hui il est inaccessible aux navires d'un fort tonnage, à cause des sables que les vents y ont amoncelés du côté du nord. Ce mal, au reste, n'est pas sans remède; un gouvernement actif aurait bientôt donné de la vie et de l'importance à Jaffa, qui deviendrait aisément une station pour les bateaux à vapeur allant d'Alexandrie à Beyrouth, et un entrepôt pour les produits des manufactures européennes, pour

---

[1] Voir son livre *De la Déesse syrienne*.
[2] Josèphe, *De la Guerre des Juifs,* liv. III, chap. xv. « Quoique assise sur le bord de la mer, dit-il, Joppé n'a point de port; le rivage sur lequel s'étend la ville est pierreux et élevé; des deux côtés, ce sont des rochers creux qui s'avancent dans l'eau en forme de croissant. Aussi, quand souffle le vent du nord, les flots qu'il pousse contre les rochers s'y brisent en les couvrant d'écume avec un bruit épouvantable, et nulle part les vaisseaux ne courent plus de fortune. »

le blé de l'Égypte, pour les pierres précieuses, les épices et les tissus de l'Inde.

C'est à Joppé qu'abordèrent les flottes d'Hiram, chargées des cèdres du Liban destinés à la construction du temple de Jérusalem. C'est de là que partaient, là que revenaient les vaisseaux du roi Salomon, après avoir parcouru les îles de la Méditerranée et visité Tharsis. C'est là que le prophète Jonas prit la mer, lorsque, redoutant la mission qu'il lui fallait remplir à Ninive, il entreprit de fuir la face du Seigneur. Par suite de sa position, Joppé dut subir les sanglantes vicissitudes de la guerre presque toutes les fois que des armées se rencontrèrent en Palestine; déjà elle était tombée à plusieurs reprises entre les mains des Égyptiens et des Assyriens quand les aigles romaines s'abattirent sur les pays d'Orient. Judas Machabée la brûla en partie avec les navires du port, afin de punir la perfidie et la cruauté des habitants qui avaient fait périr deux cents Juifs réfugiés dans leurs murs.

L'Évangile fut reçu avec faveur à Joppé, et saint Pierre y trouva de nombreux disciples en y allant faire la visite et accomplir le miracle dont il est parlé dans les *Actes des Apôtres*. « A Joppé, il y avait parmi les disciples une femme nommée Tabithe, ou Dorcas en langue grecque. Ses mains étaient pleines de bonnes œuvres et des aumônes qu'elle avait faites. Or, un jour elle tomba malade, et puis mourut, et après l'avoir lavée, on la plaça dans une chambre haute. Mais les disciples, ayant appris que Pierre se trouvait à Lydda, qui n'est pas loin de Joppé, envoyèrent vers lui deux hommes avec cette prière : Ne tardez pas à venir chez nous. Et Pierre aussitôt partit avec eux. A son arrivée, on le conduisit dans la chambre haute, et toutes les veuves se réunirent autour de lui et montrèrent, en pleurant, les tuniques et les vêtements que leur faisait Dorcas. Pierre, ayant fait sortir la foule, se mit à genoux et pria; puis, se tournant vers le cadavre, il dit : Tabithe, levez-vous. Et elle ouvrit les yeux, et voyant Pierre, elle s'assit. Alors Pierre lui tendit la main et l'aida à se lever, et ayant appelé les fidèles et les veuves, il la leur rendit vivante. Ce miracle fut connu de toute la ville de Joppé, et plusieurs crurent au Seigneur [1]. » Le prince des apôtres demeura plusieurs jours à Joppé, chez un corroyeur nommé Simon. C'est là qu'il eut une vision mystérieuse par où il lui était enjoint de porter aux Gentils la lumière de l'Évangile, et c'est là qu'il reçut les envoyés du centurion Corneille. Plus tard, en ce lieu même, on éleva une église dédiée à saint Pierre ; il n'en reste plus aujourd'hui que le pied d'un pilier, des fragments de voûtes et des pierres éparses.

Quelque temps après, Cestius, général romain, assiégea la ville de Joppé, s'en rendit maître, y mit le feu et tua huit mille habitants ; puis, comme on la relevait pour en faire un refuge de pirates dans les dernières guerres des Juifs sous Titus, les Romains la renversèrent de nouveau. Elle sortit de ses cendres et devint même le siège d'un évêché qui dura jusqu'à la conquête d'Omar. Elle fut soustraite à la domination musulmane après la bataille d'Antioche et peu de jours avant la prise de Jérusalem. Il y avait déjà plusieurs mois que les croisés souffraient de dures privations lorsqu'on les informa qu'une flotte génoise était arrivée à Joppé avec des munitions de guerre et des provisions de bouche. Trois cents hommes se portèrent avec un courage héroïque au-devant du convoi, battirent les Sarrasins qui voulaient leur barrer le passage auprès de Lydda, et entrèrent sans effort à Joppé où l'ennemi n'avait pas osé les attendre. La flotte chrétienne avait été surprise et en partie brûlée ; néanmoins on avait pu sauver beaucoup de vivres que les vainqueurs ramenèrent au camp, malgré les attaques réitérées des infidèles.

II

Joppé partagea la fortune variable des chrétientés orientales au temps des croisades. D'abord, dit Jacques de Vitry, nos guerriers

---

[1] *Actes des Apôtres*, chap. IX.

soumirent au Christ, avec Jérusalem, les villes les mieux fortifiées, les châteaux les plus inexpugnables, arrachant ainsi la Terre-Sainte aux mains des impies, avec autant de succès que de valeur. L'une de leurs premières expéditions fut dirigée contre la ville de Joppé, située sur les bords de la mer; ils l'investirent de toutes parts et s'en rendirent maîtres[1]. Godefroy la fortifia et y mit une bonne garnison, pour assurer l'arrivée des secours envoyés d'Europe. C'est en cette ville qu'au retour d'une excursion contre les infidèles, il fut attaqué de la maladie dont il mourut. « En entrant à Jaffa, dit un chroniqueur, il n'avait plus la force de se tenir à cheval. Quatre de ses parents l'assistaient; les uns lui pansaient les pieds et le réchauffaient sur leur sein; les autres lui faisaient appuyer la tête sur leur poitrine; d'autres pleuraient et se désolaient, craignant de perdre ce prince illustre dans un exil si lointain. »

Baudouin, successeur de Godefroy, livra plusieurs batailles sous les murs de Joppé. Une première fois il la dégagea des Sarrasins qui la menaçaient et qui s'enfuirent en le voyant arriver avec sa bannière blanche. Il se trouvait encore dans la ville quelques mois après; tout à coup on annonce qu'une armée d'infidèles, sortie d'Ascalon, ravage les territoires de Lydda et de Ramla. Il rassemble à la hâte ses chevaliers; les nobles pèlerins se joignent à eux. Cette troupe, qui compte à peine deux cents hommes, se voit bientôt environnée de vingt mille musulmans. Baudouin frémit, non de peur, mais de l'impatience d'en venir aux mains; il se tourne vers ses compagnons : O mes amis, leur dit-il, ne songez pas à refuser la bataille qui s'approche. Tous répondent en se précipitant sur l'ennemi avec plus d'héroïsme que de prudence. Accablés par l'immense supériorité du nombre, ils ne succombent qu'après avoir balancé un moment la victoire et vendu chèrement leur vie. Baudouin échappe presque seul au carnage, et, malgré tous les périls,

[1] *Histoire de Jérusalem*, liv. I, page 62, Collect. Guizot.

gagne la ville d'Arsur, puis Joppé. Il y trouve Hugues de Saint-Omer, seigneur de Tibériade, avec quatre-vingts chevaliers, puis un grand nombre de pèlerins arrivant d'Angleterre et de Germanie. Au milieu de la douleur et du désespoir qu'avait causés la nouvelle de son désastre, le roi Baudouin apparaît, dit Guillaume de Tyr, comme une étoile à travers d'épais nuages. Les habitants de Joppé le reçoivent avec joie, et sa présence fait oublier tous les maux passés. Lui-même, brûlant de venger l'affront qu'il avait subi, dispose sa troupe et sort de la ville, enseignes déployées, au bruit des cors et des trompettes. A peu de distance, dans la forêt d'Arsur, il rencontre les Sarrasins préparant leurs machines de guerre pour assiéger Jaffa. Ils prennent leurs armes, soutiennent vaillamment la première attaque de Baudouin ; mais bientôt l'aspect de sa bannière blanche qui, toujours au fort de la mêlée, chasse tout devant elle, glace de terreur les plus intrépides musulmans. Ils fuient de toutes parts vers Ascalon, en laissant sur le champ de bataille trois mille guerriers et dans leur camp une grande quantité de riches dépouilles, des armes, des vivres et des animaux de service [1].

La même année, une flotte égyptienne vient menacer Joppé à l'occident, et une nuée de barbares vient la menacer à l'orient, du côté de Ramla : Dieu seul en savait le nombre, dit la chronique. Baudouin sort de la ville avec cinq cents chevaliers et deux mille hommes de pied, s'élance à la rencontre des Sarrasins et engage le combat. Sa bannière, redoutée de l'ennemi, traîne partout la victoire après elle. Le patriarche de Jérusalem est dans les rangs, il présente aux guerriers les reliques de la vraie croix, et les invite à combattre avec ardeur, au nom et pour la cause du Christ. On voit bientôt fléchir et se débander l'armée musulmane ; l'émir d'Ascalon périt dans la mêlée ; le général en chef ne doit son salut qu'à la vitesse de son cheval. Les chrétiens rentrent à Joppé après avoir tué cinq mille hommes, et amènent, avec de nombreux prison-

---

[1] Guillaume de Tyr, *Histoire des Croisades*, liv. X.

niers, une incroyable multitude de chevaux, d'ânes et de dromadaires chargés du plus précieux butin.

Lorsque après la victoire d'Arsur, en 1191, l'armée chrétienne parvint à Joppé, elle en trouva les murailles et les fortifications démolies; car les Sarrasins, forcés de se rabattre sur Jérusalem, ne voulurent ni garder les places de guerre, parce qu'ils désespéraient de s'y maintenir, ni les laisser avec leurs moyens de défense, de peur que les croisés ne s'y établissent. Richard d'Angleterre, qui commandait en chef, pensa qu'il fallait assurer sa marche et le succès de ses opérations, en relevant les forteresses abattues et en y mettant des garnisons; il fit donc travailler aux remparts de Jaffa. Ses troupes campèrent dans les vergers et les jardins qui environnent la ville, au milieu d'arbres courbés sous le poids des figues, des pommes et des grenades. On y perdit de vue la conquête de Jérusalem, mais on y soutint par une foule d'exploits isolés la réputation de bravoure acquise aux Occidentaux. En particulier, « le roi Richard, pour les prouesses qu'il fit là et ailleurs, et au château de Daroun qu'il prit sur les Sarrasins, fut très-redouté par tout le pays des païens, et il arrivait quelquefois, à ce que l'on dit, que quand les enfants des Sarrasins pleuraient, les mères leur disaient : Tais-toi, voici le roi d'Angleterre; et quand un Sarrasin montait un cheval rétif, et qui, voyant son ombre, reculait en arrière, le Sarrasin, en le piquant des éperons, lui disait : Est-ce que tu crois que le roi d'Angleterre est caché là [1]?

Un jour néanmoins il faillit tomber entre les mains des Turcs. Il sortit de Joppé pour aller à la chasse et s'engagea dans la forêt de Saron. Fatigué de la course, il s'endormit sous un arbre; mais son sommeil fut bientôt interrompu par les cris de ses compagnons; une troupe de Sarrasins fondait sur lui pour le faire prisonnier. Richard, montant à cheval, se mit en défense; mais, environné de toutes parts, il eût péri dans une lutte trop inégale, si Guillaume

---

[1] Bernard le Trésorier, *Continuation de Guillaume de Tyr*.

de Pratelles, chevalier français, ne se fût écrié dans la langue du pays : Je suis le roi ! la vie sauve ! Les musulmans l'eurent bientôt pris et conduit à Saladin. Richard revint à Joppé, où l'on apprit avec effroi le danger qu'il avait couru. Quant au généreux Guillaume, il fut d'abord jeté dans les prisons de Damas, et puis rendu à la liberté par les soins de Richard, qui ne crut pas payer sa rançon trop cher en renvoyant à Saladin dix émirs tombés au pouvoir des chrétiens.

Cependant Saladin mit le siège devant Jaffa, défendue seulement par trois mille guerriers. Il s'en empara et y commit d'horribles cruautés ; la garnison, réfugiée dans la citadelle et attaquée par des forces bien supérieures, était sur le point de capituler. Richard accourut de Ptolémaïs avec quelques navires montés par de vaillants pèlerins ; en vue de la ville, il s'élança vers la rive, ayant de l'eau jusqu'à la ceinture et l'ennemi en face. Tout plia devant sa valeur indomptable ; presque seul, il mit en fuite les musulmans étonnés d'une telle audace et croyant voir en lui un être surhumain ; il entra derrière eux à Jaffa, les poursuivit jusqu'au milieu de la plaine et campa là même où Saladin avait ses tentes dressées quelques heures auparavant. Au bout de trois jours, les ennemis revinrent en plus grand nombre, et, pendant que leur armée tenait Richard occupé sous les murs, un autre corps de troupes entra dans la ville. Le roi y courut, renversa tout sur son passage ; et, après l'avoir délivrée, se retrouva sur le champ de bataille. Les musulmans ne comprenaient rien à cette activité terrible ; son glaive tombait comme la foudre ; d'un seul coup il abattit la tête, l'épaule et le bras droit à un émir qui avait osé le défier au combat. Il passait dans la mêlée sanglante comme l'ange de la mort qui frappe et n'est point frappé, on eût dit qu'il avait un corps d'airain et que le fer n'y mordait pas. Le sultan Malek-Adel, ému d'admiration, lui envoya deux chevaux arabes sur le théâtre même de ses exploits[1].

---

[1] Voir la Chronique de Gauthier Vinisauf, liv. VI, chap. xv et suiv.

En s'embarquant pour l'Europe, Richard mit une forte garnison dans Jaffa, qui était la clef de la Palestine. Maîtres de Jaffa, les Occidentaux pouvaient toujours se rendre à Jérusalem et garder l'espérance de l'affranchir un jour; mais, chassés de Jaffa, la cité sainte, objet de leurs vœux, leur demeurait fermée. Le sultan de Damas, Malek-Adel, comprenant toute l'importance de cette place, vint l'assiéger. Il attira la garnison dans une embuscade, en massacra une partie, retint l'autre prisonnière et pénétra presque sans résistance dans la ville effrayée, où vingt mille hommes périrent par le glaive.

L'histoire cite avec honneur le courageux et infortuné comte de Jaffa, Gauthier de Brienne. Dans une bataille qui dura deux jours et qui coûta la vie ou la liberté à plus de trente mille guerriers de l'Évangile et du Coran, car les chrétiens et les Turcs s'étaient réunis contre des hordes sauvages venues de la Tartarie, Gauthier avait été pris. Les vainqueurs mirent le siége devant sa ville de Jaffa, espérant qu'il leur en ferait ouvrir les portes. « Là, l'empereur de Perse le fist pandre par les braz à unes fourches, devant ceulx qui estoient ou chastel de Japhe. Et leur faisoit dire que jamais il ne feroit despandre leur conte jusques à ce qu'on lui eust rendu le chastel de Japhe. Et ainsi que le povre Conte pandoit, il s'escrioit à haulte voix à ses gens, que pour nulle riens qu'ilz lui veissent faire, qu'ils ne rendissent le chastel. » Jaffa se défendit si héroïquement que les barbares, découragés, se retirèrent. Gauthier ne tarda pas à recevoir le prix de son dévouement magnanime; il fut envoyé au sultan du Caire, qui l'abandonna lâchement à la vengeance d'une multitude furieuse. « Ces traistres entrerent en la prinson, là où le conte Gautier estoit; et là le despiecerent, et hachierent par pieces, et plusieurs martires lui firent, dont nous devons croire que glorieux est en paradis[1]. »

Les fortifications de Jaffa, qui tombaient en ruine, furent répa-

---

[1] *Mémoires du sire de Joinville,* pages 252-3, Collect. Petitot.

rées et mises en état de vigoureuse résistance par Louis IX, qui, dit-on, y dépensa plus d'un million et demi de notre monnaie actuelle. Encore faut-il ajouter à ce compte, où figurent seulement les remparts et les tours de la ville, tous les frais des bâtiments particuliers et des églises élevés et décorés par la munificence du pieux roi. Les infidèles eux-mêmes, touchés de son grand caractère et de sa générosité, le nommaient avec enthousiasme le plus puissant monarque du monde, et plusieurs émirs lui envoyèrent de riches présents et lui jurèrent amitié (année 1252). Mais douze ans après, les murs de Jaffa furent détruits par le sultan d'Égypte, la citadelle abattue, la ville ravagée; ce qu'on put sauver de marbre et de bois, les vainqueurs le conduisirent au Caire où le sultan faisait bâtir une superbe mosquée. Jaffa ne s'est guère relevée de ce désastre.

III

Longtemps les pèlerins ne heurtèrent que des ruines sur la colline où fut l'antique Joppé, et où l'on voit maintenant Jaffa, qui n'a guère qu'un siècle d'existence. Toutes les relations des voyageurs nous font voir les commencements et les progrès de la ville moderne : en 1647, Monconys ne trouva qu'un château et trois cavernes représentant Joppé ; à la même époque, Doubdan et Bernardin Surius n'y virent que trente ou quarante pauvres et chétives maisons jetées le long de la grève et sur la colline qui regarde le port. Le château consistait en deux vieilles tours jointes ensemble par un mur assez épais, monuments vénérables sur lesquels la mémoire de saint Louis planait encore, mais qui se trouvaient déshonorés par la présence de quelques Arabes en guenilles montant la garde autour de six fauconneaux couverts de rouille. On voyait de fort loin en mer ces tristes reliques de notre domination sur les pays d'Orient, et on les saluait comme le terme d'une longue et difficile entreprise. Aussi, en abordant à leur pied, les pèlerins se jetaient à genoux et

hospice; les soldats y entraient en foule, atteints par le redoutable fléau; très-peu parvenaient à en sortir. Afin de relever le moral des troupes et de détruire la crainte de la contagion, Bonaparte toucha de sa main les bubons pestilentiels. Plusieurs, il est vrai, ont révoqué en doute ce trait de courage, mais à Jaffa on en parle encore; au reste, tout le monde connaît la toile magnifique où le peintre Gros a représenté cette scène. Citons un autre exemple de la facilité déplorable avec laquelle les partis politiques dénaturent l'histoire et se plaisent à retracer les événements sous les couleurs de leurs préjugés et de leur intérêt : à la suite d'une campagne malheureuse, quoique non pas sans gloire, les Français durent quitter l'Orient. En évacuant Jaffa, on emmena les malades qui purent être transportés; aux incurables, on administra une potion qui les fit mourir presque tous dans la nuit. Voilà ce que disent les uns; les autres croient que la peste, le découragement, la nostalgie pouvaient tuer assez d'hommes à la fois pour donner cours à des bruits d'empoisonnement, qui furent ensuite répandus et recueillis par des esprits mécontents et jaloux.

Quoi qu'il en soit, les Anglais entrèrent dans Jaffa, quand les Français l'eurent abandonnée. Ils élevèrent un bastion au sud-est de la place, où le peuple, qui ne les connaît guère, affirme qu'ils ont enfoui beaucoup d'argent. Les révoltes, si fréquentes parmi les pachas turcs, exposèrent la ville, durant la première moitié de ce siècle, à deux ou trois siéges et aux désastres qui en résultent. En 1832, Ibrahim s'en rendit maître. Aujourd'hui, ses destinées sont ce qu'elles peuvent être avec l'administration qui prévaut dans l'empire ottoman.

Il y a deux fontaines à Jaffa, sans compter les puits qui entretiennent la fraîcheur et la beauté dans les jardins. L'eau de ces puits est tirée et versée dans un réservoir, d'où elle se distribue selon le besoin, au moyen de roues et de machines mises en mouvement par des mulets et des ânes. Des deux fontaines, l'une est au pied du château, et l'autre orne la porte de la ville. Non loin de cette

malédiction prononcée contre leur père et devaient obéir au peuple juif, sorti de Sem et héritier de la bénédiction accordée à son aïeul. En effet, ils furent vaincus, comme toutes les nations qu'il abattit sous ses coups en prenant possession de la Terre promise ; mais jamais ils ne purent être chassés ou détruits. Affaiblis par la lutte, ils sauvèrent toutefois leur indépendance, et, retirés sur les côtes de la Méditerranée, ils inquiétèrent longtemps les tribus de Dan et de Siméon, qui étaient limitrophes. Et même ils battirent plus d'une fois et désarmèrent les Israélites, en leur imposant des conditions dures et humiliantes comme la servitude. C'était au temps des Juges ; sous David et Salomon, ils demeurèrent soumis ou du moins tranquilles. Ils reprirent une attitude hostile et rentrèrent dans leur liberté sous plusieurs rois de Juda. Il y a lieu de penser que leur existence politique se continua jusqu'à l'époque où le peuple romain mit le pied en Orient, et que même elle n'était point alors sans éclat ; car c'est de leur nom que la bande de terre située entre la Syrie, la mer Morte et l'Égypte, fut appelée Palestine.

Quelques ruines ou de pauvres villages marquent la place où furent les cinq capitales de la petite république. Azoth, jadis si puissante que Psammétique, roi d'Égypte, ne put s'en rendre maître, s'il en faut croire Hérodote, qu'après un siége de vingt-neuf ans, le plus long que mentionne l'histoire, Azoth est remplacée aujourd'hui par un village qui porte le nom d'Ezdoul et qui n'a rien de remarquable. Il se trouve à une demi-lieue du torrent et de la vallée de Sorec. Dalila, qui trahit Samson, demeurait dans cette vallée célèbre par la qualité de ses vins et où l'on cueille encore les meilleurs raisins de la Palestine. Non loin de là se trouvaient Geth et Accaron. Geth a donné naissance au géant Goliath ; elle fut prise par David et resta longtemps aux mains des rois de Juda. Des ruines de cette ville, les croisés bâtirent, au douzième siècle, la forteresse d'Ibelim, dont les débris, à leur tour, furent employés à construire le village actuel d'Ibna, où l'on trouve quelques maisons en pierres à côté de cabanes en terre sèche. L'église, élevée par les guerriers de la croix, subsiste

nom à l'échalote, que les anciens n'ont pas dédaigné de vanter [1]. L'antique Ascalon rendait un culte religieux à Vénus Derceto, manière de divinité qui était femme par en haut et poisson par en bas, et que plusieurs confondent avec le Dagon des Philistins, mentionné dans l'Écriture. Pour l'honneur de leur déesse, les Ascalonites ne mangeaient jamais de poissons et ne tuaient pas de colombes ; mais, en revanche, ils tuaient quelquefois des hommes. Lorsque ce grave histrion qui, dans l'histoire, s'appelle l'empereur Julien, imagina de ressusciter les dieux de l'Olympe afin d'arrêter les Barbares qui menaçaient l'empire, les païens d'Ascalon ouvrirent le ventre aux chrétiens, et, mettant à nu leurs entrailles, y jetèrent de l'orge, pour les faire dévorer par des animaux immondes [2].

Au temps de la première croisade, après la prise de Jérusalem, le 14 août de l'année 1100, les croisés remportèrent la victoire d'Ascalon sur les musulmans d'Égypte conduits par l'émir Afdal, qui faillit tomber au pouvoir des vainqueurs, perdit son épée dans la bataille et n'échappa qu'avec peine à la mort. On ne peut rendre l'enthousiasme des chroniqueurs qui décrivent ce mémorable combat, les ennemis envoyant une pluie de flèches, maniant la fronde et la lance, portant des fléaux armés de boules de fer, frappant du glaive, et d'autre part les guerriers de la croix soutenant tout cet effort par leur ferme courage et jetant le désordre dans l'armée infidèle par l'impétuosité de leur marche. Quand le duc Robert de Normandie eut renversé le grand étendard des infidèles, l'épée leur tomba des mains. Leur regard ne soutint plus la présence des chrétiens, et l'on ne vit bientôt que les tourbillons de poussière où se cachait leur fuite. En contemplant du haut des remparts d'Ascalon la destruction de son armée, Afdal se mit à pleurer ; dans son désespoir, il maudit Mahomet, qu'il accusait d'avoir trahi ses serviteurs et ses disciples ; puis,

---

[1] Pline, *Histoire naturelle*, liv. XIX, chap. vi ; Strabon, liv. XVI. Apicius Cœlius, un Brillat-Savarin de la vieille Rome, recommande fortement d'assaisonner toujours le poisson avec l'oignon ascalonite : *De l'Art culinaire*, liv. IV, chap. ii.

[2] Théodoret, *Histoire ecclésiastique*, liv. III, chap. iii ; *Chronique d'Alexandrie*.

ne se croyant plus en sûreté, il s'embarqua sur la flotte venue d'Égypte et laissa ses troupes à la merci du vainqueur. D'après le moine Robert, témoin oculaire, et Guillaume de Tyr, les chrétiens n'avaient pas vingt mille combattants, et l'armée musulmane comptait trois cent mille hommes sous les drapeaux.

Le roi Baudouin s'empara d'Ascalon après un siége difficile et qu'il eut, un moment, l'envie d'abandonner. Du côté de la mer, la ville recevait de l'Égypte armes, vivres et soldats; du côté de la terre, elle présentait des murailles et des tours inexpugnables, où se montraient en foule des hommes habitués à se battre. Néanmoins les machines de guerre et les assauts des chrétiens la firent tant souffrir qu'elle proposa enfin de capituler. Peu d'heures après, on vit la bannière de la croix flotter sur ses remparts et l'on s'applaudit, en remerciant le ciel, d'une victoire qu'on n'osait plus espérer. Les musulmans abandonnèrent la ville le troisième jour; les chrétiens en prirent possession et consacrèrent la grande mosquée à l'apôtre saint Paul. Trente ans après, en 1187, Ascalon fut reprise par Saladin, qui, bientôt forcé de fuir devant Philippe-Auguste et Richard Cœur-de-Lion, la détruisit, de peur que les croisés n'y missent garnison, et travailla lui-même à renverser les tours et les mosquées. Richard la rebâtit sous les yeux des Sarrasins, et ses soldats tenaient d'une main l'épée et de l'autre les instruments de maçonnerie.

Vers la fin du treizième siècle, le sultan Bibars abattit entièrement les fortifications d'Ascalon, qui ne s'est plus relevée. Les ruines de sa citadelle couvrent une colline qui va du sud au nord-est, et d'où l'on dominait la ville, comme la ville dominait la mer. On sait que notre célèbre contemporaine, lady Stanhope, a fait exécuter des fouilles sur l'emplacement de la cité, où le pied heurte, à chaque pas, les débris de quelque vaste et splendide monument. Quarante colonnes de porphyre ou de granit furent découvertes: c'étaient les restes d'un temple qui avait appartenu d'abord à Vénus Derceto, puis au culte chrétien, enfin à l'islamisme, comme le prouvent trois pavés différents d'âge et de forme, et présentent les ves-

tiges de chaque religion dans l'ordre où elle a visité ces lieux.

La cinquième province ou satrapie des Philistins avait pour capitale la ville de Gaza, à l'extrémité méridionale de la terre de Chanaan, et à la porte de l'Égypte. Elle était à quelques lieues de la mer, où elle avait un port qui s'appelait Gaza-la-Petite ou Majuma. Sa situation lui attira de nombreuses vicissitudes : des Philistins elle passa aux Hébreux, qui ne surent pas la garder; puis elle obéit aux Chaldéens, vainqueurs de la Syrie et de la Phénicie; ensuite elle tomba sous la puissance des Perses, qui en étaient maîtres quand Alexandre le Grand l'assiégea, la prit et la ruina; les Séleucides, les Lagides et les Asmonéens se la disputèrent : Alexandre Jannée, un de ces derniers, la mit tout en deuil et en ruines. Depuis ce temps, elle est restée à peu près déserte, quoique les Romains aient essayé de la rétablir. Aujourd'hui même, elle n'est pas peuplée autant que son étendue le ferait croire : c'est moins une ville qu'une réunion de villages ramassés autour d'un bazar et d'une mosquée. La plupart des maisons, ici comme dans les villages arabes, ne sont que des cabanes sans fenêtres dont la coupole est de terre et se couvre d'un peu d'herbe dans la saison des pluies. De loin, Gaza présente un coup d'œil agréable, à cause des bosquets d'oliviers qui l'entourent et des hauts palmiers qui verdissent au milieu de ses maisons blanches. Des tronçons de colonne, des fragments de marbre servant à des usages pour lesquels ils n'ont point été taillés, attestent à la fois la magnificence de l'ancienne ville et la pauvreté de la nouvelle.

C'est à Gaza que Samson, après la trahison de Dalila, fut jeté en prison, les yeux crevés et les mains chargées de chaînes; c'est là qu'il mourut, en tirant de ses ennemis une vengeance éclatante. Au milieu d'une fête célébrée en l'honneur de leur dieu Dagon, les Philistins s'amusaient de leur captif; l'assemblée était réunie dans une salle immense; deux colonnes, rapprochées l'une de l'autre, soutenaient le toit, fait en manière de plate-forme et portant une foule de spectateurs qui, de là, voyaient l'intérieur du temple où se pressait une foule non moins considérable. Samson se fit conduire auprès des colonnes, et, les secouant de son bras robuste, il les renversa. Le temple s'abattit, en écrasant la multitude, et de la sorte Samson entraîna plus de Philistins dans sa ruine qu'il n'en avait tué durant toute sa vie. Deux mille ans après Samson, les soldats de la septième croisade se laissèrent battre en deux rencontres sous les murs de Gaza. En 1239, le duc de Bourgogne et le roi de Navarre, surpris par les Sarrazins, y perdirent l'élite de leurs troupes, et en particulier les comtes de Bar et de Montfort; ils eurent de la peine à regagner Ascalon, où il y « eust grant criées et grant brairies pour cette doloreuse aventure, » dit un chroniqueur. En 1244, les guerriers francs furent vaincus dans les plaines de Gaza par les Karismiens, horde tartare qui avait envahi la Syrie. Il est vrai que la défaite eut pour cause unique la peur et la fuite des musulmans de Damas, qui s'étaient joints aux croisés dans cette circonstance, et qui abandonnèrent inopinément le champ de bataille. Le premier jour, la lutte avait duré quinze heures ; le second jour, elle recommençait plus terrible, quand le prince d'Émesse s'enfuit avec les cavaliers arabes. Toutefois les chrétiens soutinrent longtemps encore le choc de l'ennemi, et ils tombèrent dans leur sang, non pas vaincus, mais épuisés de fatigue et accablés par la multitude. Vingt-six mille d'entre eux y laissèrent la vie ou la liberté, et des ordres militaires l'on ne vit revenir, après ce combat gigantesque, que trente-trois chevaliers du Temple, vingt-six hospitaliers et trois chevaliers teutoniques [1].

V

En quittant Jaffa pour gagner Jérusalem, on traverse, comme en venant de Césarée à Jaffa, les jardins merveilleux que nous

---

[1] *Mémoires du sire de Joinville;* Makrizi, à la suite de Joinville, Collect. Petitot. Le continuateur de Guillaume de Tyr se trompe en plusieurs points dans le récit qu'il fait de la bataille de Gaza.

avons décrits et qui étalent tous les arbres à fruits et les arbustes à fleurs que produit l'Orient. « Nous marchions, dit un voyageur moderne, au milieu des palmiers et des masses de verdure où brillaient en abondance le rouge vif des grenades et le jaune doré des citrons et des oranges; pour le coup, je me crus transporté dans ce fabuleux Orient des poëtes. A la vue de ces fruits si éclatants au milieu d'une verdure variée, mais généralement sombre; de ces chevaux arabes caracolant d'un galop tronqué, mais obéissant dans leurs évolutions rapides à la pensée du cavalier; de ces manteaux, les uns rouges, les autres bariolés, ornés d'or et d'argent, que l'air soulevait et drapait de mille manières; de ces turbans de toutes couleurs, éclairés par un soleil prodigue de lumière et de chaleur, j'étais fasciné : tout le merveilleux et le fantastique des contes arabes devenait une réalité pour ma pensée. Nous, avec nos chevaux fatigués et nos mulets chargés de bagages, blanchis de poussière et couverts de sueur, nous marchions lentement et nous offrions ainsi l'emblème de la vie matérielle, tandis que ces Arabes, armés de leur djeridey, se poursuivant, s'évitant, puis s'arrêtant tout à coup pour s'élancer de nouveau, ressemblaient à la vie d'espérance et d'illusion. Nous traversâmes ainsi, frappés de ces images brillantes, ces délicieux bosquets[1]. »

Après avoir franchi la haie de nopals, de myrtes et de jasmins qui environne le dernier de ces bosquets, on entre dans une plaine inculte, mais point stérile; c'est la plaine de Saron. L'Écriture en parle comme d'une région célèbre par sa fertilité, et comparable au Carmel pour sa beauté. En effet, les anciens et les modernes ont vanté la plaine de Saron, qui redeviendrait bientôt riche et brillante sous les mains de l'agriculture européenne. Autrefois il y avait d'excellents pâturages et des troupeaux estimés, et les Hébreux, nommant les meilleures productions de leur sol, disaient d'une manière proverbiale : l'huile de Thécué, le blé de Machmas, les

---

[1] Delaroière, *Voyage en Orient*, XIV.

agneaux d'Hébron, les béliers de Moab et les veaux gras de Saron. Le père Néret, au mois d'avril 1713, admirait les tulipes émaillant au loin la plaine; maintenant encore, au printemps, des anémones, des giroflées, des narcisses, des roses et des lis de diverses couleurs, fleurissant d'eux-mêmes, revêtent la campagne du plus riant éclat. Mais grâce à l'avidité des pachas, à la paresse des Arabes et au peu de sécurité que les populations trouvent dans le gouvernement turc, des champs, qui pourraient être si richement couverts, ne présentent qu'un peu de doura, de coton, d'orge et de blé, se montrant d'un air chétif et misérable au milieu de chardons, d'herbes sèches, de sycomores souffreteux et d'oliviers rabougris.

Tous les anciens n'ont pas donné à la plaine de Saron la même étendue. Saint Jérôme désigne ainsi la contrée qui environne Joppé, Lydda, Jamnia; Eusèbe, la contrée qui s'étend du Thabor à la mer de Tibériade. En général, les modernes entendent sous ce nom toute la bande de terre qui se déroule du Carmel au désert d'Égypte, et de la Méditerranée aux montagnes de la Judée et de Samarie. La plaine n'est pas tout à fait unie, et l'on y remarque plusieurs renflements parallèles qui semblent être les contre-forts de ces montagnes, d'où ils vont s'abaissant jusqu'à la mer par une dépression progressive.

De Jaffa on met quatre heures pour aller à Ramla. Avant d'y arriver, on voit à gauche et à quelque distance du chemin, plusieurs villages, à droite une ancienne et vaste citerne, la tour des Quarante-Martyrs, et la ville ou plutôt les ruines de Lydda. La citerne est un ouvrage qui remonte, dit-on, à l'époque de Constantin; elle a trente-deux pas de long et vingt-huit de large; Corneille Bruyn en a donné la description dans son Voyage, et une gravure qu'il y a jointe représente ce monument tel qu'il était au dix-septième siècle. La tour des Quarante-Martyrs fut autrefois le clocher d'un couvent dont les restes subsistent encore; elle est devenue le minaret d'une mosquée; bien plus, les Arabes, en s'emparant de l'église, ont adopté en partie les traditions qui s'y trouvaient en vigueur. Ainsi qu'il s'agisse de quarante martyrs de la contrée immolés pour Jésus-Christ dans une circonstance qu'on ne dit pas, ou bien qu'il s'agisse des quarante soldats de la douzième légion exposés en haine de leur foi sur l'étang glacé de Sébaste en Arménie, et dont quelques reliques auraient été transportées en Palestine, le sectateur du Coran n'y regarde point : de ces héros chrétiens, il fait de pieux musulmans, et se rend en pèlerinage à la tour des Martyrs comme on s'y rendait avant lui. Un voyageur qui a visité ces lieux au temps de l'année où l'on accomplit ce pèlerinage, raconte que les Arabes venaient de tous les villages d'alentour à la solennité et au marché qui se tient à cette occasion. « Ils vendent de toutes sortes de mercerie et de vivres, pain, gâteaux, viande, fruits, mais non du vin. Ils honorent particulièrement ces saints d'une fête de trois jours consécutifs, sous la créance qu'ils étaient Maures de nation et mahométans de religion ; et par toutes les rues et proche de l'église, on n'entendait autre chose que chansons et tambours de Biscaye, au son desquels ils frappent tous des mains si justement à la cadence qu'on dirait qu'ils dansent, avec des cris et réjouissances non pareilles [1]. » On dirait d'une fête patronale célébrée parmi nous dans quelque paroisse de village.

Lydda se trouve au nord-ouest et à une lieue de Ramla. Saint Pierre y guérit miraculeusement Énée le paralytique. « Visitant tous les disciples, il alla voir les fidèles de Lydda. Il trouva parmi eux un homme appelé Énée, paralytique, retenu depuis huit ans sur un lit. Et Pierre lui dit : Énée, le Seigneur Jésus-Christ vous guérit ; levez-vous, et faites votre lit vous-même. Et aussitôt le malade se leva. Et tous ceux qui demeuraient à Saron et à Lydda, l'ayant vu, se convertirent au Seigneur [2]. » Le nom du prince des apôtres est resté en grande vénération parmi les chrétiens de la contrée ; cela chagrinait beaucoup Volney qui ne comprenait pas qu'on pût se souvenir si longtemps de saint Pierre. Lydda, comme

[1] Doubdan, *Voyage de la Terre-Sainte,* chap. XLIX.
[2] *Actes des Apôtres,* chap. IX.

on en peut juger encore par ses ruines, fut autrefois une ville considérable; c'était le chef-lieu de l'une des dix toparchies ou circonscriptions qui partageaient la Judée sous l'administration romaine. Les Grecs la nommaient Diospolis ou ville de Jupiter. Elle fut brûlée, dans les dernières guerres des Juifs, par le gouverneur Cestius, qui s'en empara pendant que les habitants étaient allés à Jérusalem pour y célébrer une fête religieuse. Les Juifs prétendent qu'après la ruine de leur capitale par Titus, ils fondèrent plusieurs académies en Palestine et qu'il y en avait une à Lydda. Les chrétiens donnèrent à la ville le nom de l'illustre martyr saint Georges, qui, selon l'opinion commune, a rendu dans ce lieu son dernier combat pour Jésus-Christ; plus tard, Justinien y fit bâtir sous son vocable une magnifique église que les Sarrasins renversèrent en apprenant la marche de Godefroy sur Jérusalem. Les croisés prirent aisément Lydda; pour honorer saint Georges, le patron des guerriers chrétiens, qui venait quelquefois, disent les chroniques, se mêler à leurs rangs et combattre les infidèles, on laissa dans la ville un évêque et des prêtres chargés de desservir ses autels, et on lui consacra la dîme de toutes les richesses enlevées aux musulmans. L'église fut rétablie et ornée par Richard d'Angleterre vers l'année 1200, puis abattue après les croisades. Non loin des ruines qu'on voit encore, il y a un autel où les Grecs entretiennent une lampe à la gloire de saint Georges, et une mosquée où les Turcs vénèrent aussi à leur manière le guerrier chrétien qu'ils nomment le cavalier au cheval blanc.

VI

Voici Ramla ou Ramleh, comme l'appellent les Arabes. Elle doit son nom au sable qui couvre la plaine environnante. On la voit d'assez loin élever ses minarets et sa grande tour qui ressemble au clocher de nos villages. C'est seulement ainsi qu'il faut la regarder, ou bien, comme l'a fait Chateaubriand, c'est le soir, et de la terrasse de ses maisons ; car alors on n'a sous les yeux qu'un massif de verdure où, çà et là, les cabanes de plâtre qui sont la ville laissent seulement apercevoir leurs coupoles blanches : tout cela est d'un gracieux effet. Mais de plus près, et en traversant les rues de Ramla, on est frappé de la pauvreté et de la misère qui ont établi leur empire sous un climat si beau et parmi les splendeurs d'une telle végétation. Il s'y trouve pourtant un peu de commerce, quelques fabriques d'huile, de savon et de poterie : dans la plupart des villages de la Palestine, il y a des urnes et des vases de terre de Ramla. La population ne s'élève pas à quatre mille âmes : une trentaine de catholiques, deux mille musulmans, quelques Juifs, des Arméniens et des Grecs schismatiques.

Ramla paraît être l'ancienne Arimathie, où demeurait Joseph, cet homme juste et pieux qui ensevelit le corps du Sauveur. Il faut, par conséquent, la croire fort ancienne et antérieure à Jésus-Christ ; c'est donc à tort que plusieurs historiens, comme Albuféda et Sanuti [1], affirment qu'elle fut bâtie par les Arabes envahissant la Palestine au septième siècle ; il est plus probable qu'ils l'ont seulement rétablie ou peut-être fortifiée. Quoi qu'il en soit, elle n'est jamais citée dans l'Écriture sous le nom de Ramla, que les croisades devaient rendre célèbre. Les chroniqueurs rapportent qu'à l'arrivée de Godefroy, la ville était riche, peuplée, munie de tours et de remparts qui pouvaient longtemps arrêter une armée ; mais les habitants se laissèrent aller à un si grand effroi qu'ils s'enfuirent avant d'être attaqués, et que le comte de Flandre, s'avançant pour la reconnaître avec cinq cents chevaux, la trouva sans défenseurs, et les portes ouvertes. Trois ans après eut lieu, dans les plaines de Ramla, une bataille funeste aux chrétiens ; les comtes de Blois et de Bourgogne y périrent, plusieurs nobles chevaliers tombèrent aux mains de l'ennemi ; le roi Baudouin Ier put à peine échapper à la mort, en se cachant dans les herbes et les bruyères de la plaine, puis en

---

[1] Cités par Reland, qui ne les contredit pas, dans la *Palestine illustrée*, tome II page 960.

gagnant Ramla, protégé par l'obscurité de la nuit. Mais la place n'était pas en état de défense; heureusement, un émir qui devait de la reconnaissance à Baudouin, se présenta pour lui servir de guide et le mettre en sûreté. Il était temps; Ramla fut prise d'assaut le lendemain, et tous les chrétiens qui s'y trouvaient, après une résistance inutile, perdirent la vie ou la liberté (an. 1103).

Il y eut encore au temps de Baudouin IV, en 1177, une bataille de Ramla, où les guerriers chrétiens furent, non pas plus braves, mais du moins plus heureux que dans la précédente. Les Sarrasins, fiers de leurs forces considérables, ne craignant point la seule troupe qu'on pût leur opposer alors, et qui montait à quatre cents hommes, s'étaient répandus par bandes dans la plaine de Saron, et y promenaient le pillage et l'incendie; la campagne de Lydda fut ravagée, Ramla livrée aux flammes. Aimant mieux succomber dans une lutte héroïque que d'assister de loin et derrière des murailles à ce spectacle de désolation universelle, les chevaliers, sous la conduite du roi, sortirent en armes, et, cachant leur marche à l'aide des plis du terrain, arrivèrent à l'improviste en face de l'ennemi. C'était Saladin; aussitôt il fait sonner les trompettes, et rappelle ses soldats dispersés; il anime du geste et de la voix ceux qui sont restés au camp. De leur côté, les chrétiens, sans négliger les moyens ordinaires de succès, s'adressent avec confiance au Dieu des batailles : « Invoquant les secours du ciel, et précédés du bois admirable de la croix vivifiante que portait dans ses mains le seigneur Albert, évêque de Bethléem, ils s'avancent en bon ordre, et bien disposés à combattre vigoureusement[1]. » Mais les forces étaient trop inégales, et l'engagement resta d'abord indécis. Toutefois, « persévérant avec le plus grand courage, et tout remplis de la grâce céleste qui les rendait plus forts que de coutume, » les quatre cents héros semblent se multiplier; par leurs évolutions rapides et leur ardeur infatigable, ils parviennent à jeter le désordre dans les rangs enne-

[1] Guillaume de Tyr, *Histoire des faits et gestes*, liv. XXI.

mis. Alors ce n'est plus un combat, c'est un massacre; l'ange exterminateur semble diriger et soutenir le glaive des chrétiens, et passer sur les musulmans comme un orage. Les mille mameluks, formant la garde de Saladin, et que l'on reconnaît à leurs robes de soie jaune-safran jetées par-dessus la cuirasse, tombent au milieu de la mêlée, d'où leur maître ne s'échappe qu'avec la plus grande peine. Dans la déroute, les autres corps de l'armée abandonnent leurs armes, leurs casques, leurs bottines de fer; des fuyards, ceux-ci sont atteints par l'épée du vainqueur, ceux-là trouvent la mort dans les villages voisins, d'autres expirent de faim et de fatigue par suite d'une course prolongée sous une pluie froide et continue. En un mot, telle fut la victoire de Ramla, que les chrétiens et les Sarrasins y virent un miracle. « La vraie croix, disent les chroniques, parut se transfigurer dans le combat et grandir jusqu'au ciel en couvrant de son ombre tout l'horizon; » « c'est, disent les historiens arabes, un vent suscité d'en haut qui souffla tout à coup et porta la poussière dans les yeux des musulmans. » « Le roi, après avoir fait la répartition du butin et des dépouilles selon les lois de la guerre, partit en hâte pour Jérusalem, afin d'aller offrir de solennelles actions de grâces au Seigneur, en reconnaissance de ses bienfaits. Quant à Saladin, qui était arrivé avec tant d'orgueil et suivi d'une si nombreuse cavalerie, frappé par la main de Dieu, il s'en retourna avec cent cavaliers tout au plus, et lui-même, à ce qu'on dit, était monté sur un chameau [1]. »

Ramla fut tour à tour occupée par Richard et Saladin durant la troisième croisade. Le roi d'Angleterre y vint camper deux fois; c'est de là qu'il partait pour se signaler par des exploits chevaleresques, soit contre les caravanes qui allaient à Damas, soit contre les musulmans descendus des montagnes de la Judée. Quand les derniers croisés quittèrent ce pays après la victoire de Bibars, sultan d'Égypte, Ramla, sans portes ni murailles, n'était qu'un village

---

[1] Guillaume de Tyr, *Histoire des faits et gestes,* livre XXI.

séjour présumé du bon larron. Avant d'y parvenir, on aperçoit, à droite et à gauche, quelques ruines de villages ou forteresses abattus sans doute depuis longtemps, un cimetière mal entretenu, mais rempli de belles pierres et de vieux marbres, une mosquée où veillent des lampes et un santon. Latroun ne présente aujourd'hui que de pauvres cabanes dressées sur un amas de décombres ; ce dut être jadis un château vaste et bien défendu, s'il en faut juger par les débris de voûtes et de piliers qui gisent en cet endroit. D'après les traditions, le voleur qui fut crucifié à la droite de Jésus-Christ sur le Calvaire et qui reçut alors l'assurance de son pardon, était seigneur de ce village et avait converti sa demeure en repaire de brigands. Les anciens voyageurs remarquent avec naïveté « qu'il n'y a guère d'apparence qu'un homme ayant un si beau lieu eût été de condition si misérable que de se faire voleur de grand chemin et faire métier de détrousser et égorger les passants, quoiqu'il ne fût peut-être pas sans exemple. » Ce qu'il y a de certain, c'est que, là, s'ouvre un vallon bien fait pour servir de coupe-gorge, à cause des arbres et des broussailles dont il est couvert, et que le château voisin offrait aux larrons une retraite assurée, avec l'administration, la police et les armes d'autrefois ; ce qu'il y a de certain, en outre, c'est que les traditions du brigandage ont survécu, dans ces lieux, à toutes les guerres et à toutes les vicissitudes.

Au temps des croisades, en particulier, les habitants de la contrée se livraient à de telles violences que le comte Baudouin, frère et ensuite successeur de Godefroy de Bouillon, se vit forcé de sévir contre eux avec une extrême rigueur. « C'étaient, dit Guillaume de Tyr, des voleurs et des brigands qui infestaient les routes publiques, faisaient de fréquentes incursions entre Jérusalem et Ramla, et se précipitaient en ennemis et le fer à la main sur les voyageurs qui marchaient sans précaution ; de sorte que leurs attaques répétées rendaient cette communication infiniment périlleuse. Le comte, dès qu'il en fut instruit, ordonna de les poursuivre avec vigueur : il fit apporter toutes sortes de matières combustibles, auxquelles on

à Constantinople, et de là dans l'île de Chypre, à Nicosie. On ne s'accorde pas sur le nom du bon larron; les auteurs occidentaux l'appellent communément Dismas, et les orientaux simplement le larron de la droite, *Laas-al-jemin*. Un ouvrage fort ancien, le pseudo-Évangile de l'enfance de Jésus, rapporte que, dans la fuite en Égypte, la sainte famille rencontra des voleurs; tous étaient endormis, excepté deux : l'un voulait tuer les voyageurs, mais l'autre l'en détourna. Alors Jésus enfant prédit qu'un jour ces deux hommes seraient attachés, à côté de lui, sur une croix; que l'un entrerait dans le paradis et que l'autre en serait exclu. Le premier s'appelait Titus et le second Damachus [1].

La route de Ramla à Jérusalem laisse, à quelque distance et à gauche, les ruines de Latroun, et passe au village d'Amoas, autrefois Nicopolis, et auparavant encore Emmaüs, qu'il ne faut pas confondre, quoi qu'en dise la *Correspondance d'Orient*, avec l'Emmaüs de l'évangéliste saint Luc. En effet, l'historien Josèphe cite plusieurs fois Emmaüs comme une ville voisine de Lydda, de Joppé, de Jamnia, et saint Jérôme comme peu distante de Modin; en outre, le livre des Machabées et les Talmudistes la mettent au pied des montagnes, à l'entrée de la plaine qui s'étend vers Lydda; enfin l'ancien itinéraire de la Palestine la dit située à vingt-deux milles ou sept lieues de Jérusalem : toutes choses qui doivent s'entendre de Nicopolis, placée en effet à sept lieues environ et à l'ouest de la ville sainte, et qui ne peuvent s'appliquer au bourg d'Emmaüs, lequel se trouvait à soixante stades ou moins de trois lieues, et presque au nord de Jérusalem, dans les montagnes de la Judée, et non dans les plaines qui s'inclinent de Latroun vers la mer [2]. Le village actuel d'Amoas est donc l'Emmaüs que la lutte des Juifs contre les rois de Syrie rendit célèbre : c'est là que Judas Machabée vainquit Nicanor, taillant en pièces la moitié de l'armée ennemie

---

[1] D'Herbelot, *Bibliothèque orientale*, au mot *Laas*; Baillet, *Vie des Saints*, xxv mars.
[2] Josèphe, *De la guerre des Juifs*, liv. II, chap. xxv; liv. III, chap. II; saint Jérôme. *Comment. sur Daniel.* chap. VIII; 1 Machabées, chap. IV; saint Luc, xxiv, 13.

et poursuivant les fuyards jusque sous les murs d'Azoth et de Jamnia. Quatre ans plus tard, les Syriens, maîtres d'Emmaüs, s'y fortifièrent, et, de là, firent des incursions qui incommodaient toute la contrée. La ville eut beaucoup à souffrir dans les dernières guerres des Juifs; prise, brûlée, puis rebâtie, un tremblement de terre vint la renverser l'an de Jésus-Christ 131. Elle ne se releva qu'au bout de quatre-vingts ans, sous l'empire de Marc-Aurèle ou peut-être d'Alexandre-Mammée; c'est alors qu'elle prit le nom de Nicopolis et acquit de l'importance.

Quand les premiers croisés, marchant de Ramla sur la ville sainte, arrivèrent à Nicopolis, ils y reçurent une députation des fidèles de Bethléem, implorant un prompt secours afin d'empêcher les Arabes, irrités et menaçants, d'insulter le berceau du Sauveur. Godefroy, touché d'un pieux sentiment, leur envoya trois cents hommes, conduits par Tancrède, qui, peu d'heures après, fit flotter sa bannière sur l'église de la Nativité. Pendant ce temps, les pèlerins restés à Nicopolis étaient en proie à la plus vive émotion. D'abord un phénomène venait d'apparaître dans les cieux: la lune, en s'éclipsant au milieu de la nuit, avait tout à coup répandu les plus épaisses ténèbres, et s'était montrée ensuite couverte d'un voile sanglant. Une foule de soldats furent saisis de terreur; mais les plus ingénieux, « ceux qui connaissaient la marche et le mouvement des astres, dit un chroniqueur, rassurèrent leurs compagnons, en affirmant qu'une éclipse de soleil aurait pu devenir funeste aux chrétiens, mais qu'une éclipse de lune annonçait sans aucun doute la destruction des infidèles. » Ensuite tous étaient impatients et préoccupés, parce que la journée du lendemain devait les conduire jusque sous les murs de la ville sainte. « C'était la nuit, dit le poëte, l'heure où les eaux et les vents dorment d'un sommeil profond, où le monde entier semble muet; où les hôtes de la mer orageuse et des lacs tranquilles, les habitants des antres sauvages et des déserts, et les oiseaux à l'aile rapide et étincelante, tous dans le silence et le secret de leurs asiles, dans l'horreur de l'obscurité, ensevelissent leurs soucis et livrent leur cœur à l'oubli qui donne du calme et du rafraîchissement. Mais ni le camp des fidèles croisés ni leur chef ne laissent tomber dans le sommeil le poids qui charge leur front, tant ils désirent vivement de voir luire au ciel l'aube heureuse et attendue qui, montrant la route, les conduira jusqu'à la cité, terme d'un bien long voyage. Tous les yeux, levés vers le firmament, cherchent si un rayon ne va point jaillir de la nue et éclairer le sombre et noir horizon [1]. » Le jour venu, les croisés, déployant leurs bannières, se mirent en marche et purent enfin découvrir et saluer Jérusalem.

VIII

En sortant d'Amoas, on entre, après une heure de marche, dans les montagnes de la Judée. C'est une chaîne de collines reliées entre elles par la base et détachées par le sommet, de manière à présenter, çà et là, des pics plus ou moins arrondis qu'on prendrait pour les dents d'une roue immense. La cime de ces monticules est nue, grise ou blanchâtre; sur le flanc croissent des touffes de lauriers-roses, de buis et d'oliviers; dans le creux des ravins, une ligne de cailloux marque le lit souvent desséché des torrents. De part en part, la roche se montre en déchirant le sol, ou bien c'est quelque vieux mur qui devait autrefois soutenir les terres, et qui maintenant, négligé tout à fait ou mal entretenu, retombe avec elles dans la vallée. On marche par des sentiers rocailleux que les pluies viennent encombrer d'énormes pierres ou sillonner de nombreuses crevasses. Tout cela heurte le regard, loin de le reposer; non pas qu'il ne s'y trouve une certaine grandeur sauvage: mais ces lieux, d'un aspect désolé, semblent se revêtir d'une nouvelle tristesse et d'une teinte plus lugubre quand on se rappelle qu'ils ont

---

[1] *Era la notte...* Les nuits ne sont guère sombres en Palestine, au mois de juin; et, d'ailleurs, la lune était dans son plein; mais la moindre licence qu'on puisse accorder à la poésie, c'est de ne pas tenir compte d'un clair de lune.

tressailli longtemps sous les signes de la plus riante fécondité.

La Palestine, en effet, s'est vue riche et populeuse, et sous le bénéfice de réformes faciles, des flots d'hommes pourraient se presser bientôt entre ses frontières étroites sans avoir à souffrir de la misère et de la faim. Située sous une latitude encore plus méridionale que la partie française de l'Afrique, elle présente ses vallons et ses collines aux feux d'un soleil toujours chaud. La Méditerranée y envoie de l'occident ses brises rafraîchissantes; le Liban avec ses hautes cimes la protége contre les vents froids du nord ; une chaîne de montagnes qui la borne au midi et court ensuite à l'est, au delà du Jourdain, arrête dans leur marche ces flots d'air brûlant qui s'exhalent des sables de l'Arabie. A la vérité, les pluies y sont rares, si ce n'est aux saisons de l'automne et du printemps; en été, il n'y a que de fortes rosées; mais des sources abondantes jaillissent du flanc des montagnes, et le creux des vallées verdit sous cette humidité sans cesse entretenue. Le sol, admirablement diversifié, offre des plaines propres à la culture, des collines pierreuses où croîtraient facilement les vignes et les arbres fruitiers, et dont le pied couvert d'herbe pourrait se couvrir aussi de nombreux troupeaux. Autrefois ce pays avait en abondance l'huile et le miel, l'orge et le froment, le lait parfumé et la chair succulente du bétail nourri dans de gras pâturages, enfin toutes les productions savoureuses et délicates des contrées méridionales.

On aurait tort de prendre l'état présent de la Palestine pour mesure de sa fertilité primitive. Le fer et la flamme ont passé vingt fois sur la face de cette terre malheureuse. L'homme n'y répand plus ses sueurs fécondes; sa main ne vient plus arrêter les empiétements de la nature sauvage, ni corriger les dégradations que le temps injurieux laisse derrière lui. La guerre y a fait un long séjour, et tout s'est desséché sous ses pieds brûlants ; la barbarie s'y est assise ensuite, et tout est resté morne et languissant autour d'elle. Au spectacle de ces champs stériles où dorment tant de ruines, on croit voir les vieux prophètes de la Judée apparaître et montrer du doigt le terrible accomplissement de leurs menaces contre l'infidélité d'Israël. Une terre à moitié inculte, une végétation maladive, de misérables villages épars sur des plateaux dépouillés, de maigres troupeaux de chèvres et de moutons conduits par un pâtre qui ressemble au fantôme de la faim, quelque chose de sombre et de désespéré planant sur ces régions qui portent le deuil d'une viduité éternelle et les stigmates de la servitude : toutes ces désolations vous font respirer comme une odeur de colère divine, et vous sentez passer encore sur votre tête frissonnante le souffle de Jéhovah, qui sème au loin la tristesse et l'aridité.

Et toutefois cette terre garde, malgré l'anathème dont elle est frappée, des marques de grandeur et de fécondité qui permettent de comprendre ce qu'elle fut et ce qu'elle pourrait devenir. Quel pays de l'ancien continent offre dans son ensemble des aspects plus magnifiques et où la grâce et la majesté se rencontrent dans des proportions plus heureusement combinées ? Des collines et des montagnes groupées en chaîne continue, ou rangées en amphithéâtre, ouvrent, entre leur cimes dentelées et sur leurs flancs arrondis, des horizons tout trempés d'une limpide lumière et fuyant dans la profondeur d'un ciel argenté. Les vapeurs transparentes et les ombres fermes comme on les voit toujours dans les pays chauds, la verdure et le soleil, la terre et le firmament, tout est marié et fondu avec une inimitable harmonie de couleurs et de lignes, avec un merveilleux accord de force et de suavité. Nulle part peut-être la main du grand Artiste n'a tracé tant de dessins si purs, ni répandu si largement les richesses de son pinceau, ni multiplié davantage les effets variés et magiques, ni tout disposé avec une symétrie plus ravissante. Sous cette atmosphère chaude et sereine croissent spontanément des bouquets d'arbustes toujours verts et qui restent toujours chétifs et rabougris, seulement parce que la culture leur manque et que l'Arabe en laisse manger les jeunes branches à ses troupeaux. Plus loin on voit de gros arbres au tronc noueux, aux rameaux épais et puissants qui donnent un peu d'ombre aux voyageurs ; des touffes d'églantiers

donnaient plus de produits que ne l'aurait fait une plaine d'égale circonscription. On voit par là que ce pays a pu nourrir de nombreux habitants avec le lait et la chair de ses troupeaux, avec le blé, le vin, l'huile et le miel de ses montagnes. Si donc il est stérile aujourd'hui, ce n'est point parce que la terre trompe l'homme, c'est parce que les bras manquent à la terre : comme on ne sait ou qu'on ne peut se défendre contre les courses et les brigandages des Arabes, et comme d'ailleurs on n'a pas été protégé jusqu'ici par les pachas qui se pillaient l'un l'autre et pillaient leurs administrés, on délaisse le sol ou du moins la culture. D'excellentes terres demeurent en friche, et de plus les instruments de labourage sont très-imparfaits. Mais le sol est bon et donne quelquefois d'étonnantes preuves de fertilité. « En 1634, dit le père Roger, le setier de froment, mesure de Paris, ne valait en la Terre-Sainte que quarante-cinq sous de notre monnaie, et l'abondance en fut si grande que les Vénitiens en chargèrent plusieurs vaisseaux. Les vignes d'Hébron, de Bethléem, de Sorec et de Jérusalem portent pour l'ordinaire des raisins du poids de sept livres ; et en l'année que nous avons indiquée, il s'en trouva un du poids de vingt-cinq livres et demie dans la vallée de Sorec[1]. » Ce qu'il y a de moins abondant aujourd'hui dans la Judée, c'est le vin ; mais le peu qu'on en fait est délicieux et montre les résultats qu'on pourrait obtenir si l'abstinence des Turcs et des Arabes ne nuisait pas à la plantation et à la culture des vignes.

IX

Lorsqu'on a gravi, durant deux ou trois heures, les premières collines de la Judée, en s'avançant vers l'est, on arrive sur un plateau élevé au pied duquel s'ouvre la vallée de Saint-Jérémie. Un bourg du même nom, des troupeaux épars dans les vergers, des

---

[1] *Voyage de la Terre-Sainte.* Paris, 1646.

arbres chargés d'un vert feuillage et de fruits abondants, des vignes en culture, tout cela compose un tableau plus animé et plus riant qu'on n'espérait le voir en franchissant tout d'abord les chemins pierreux et l'âpre montagne. Le bourg paraît avoir cinquante ou soixante maisons s'étendant de l'un à l'autre coteau de la vallée comme pour les relier ensemble. On y remarque les restes d'une église bâtie ou plutôt réparée au temps des croisades, peut-être sous la royauté de Lusignan. Elle a été desservie par les Pères latins du Saint-Sépulcre jusqu'au dix-septième siècle, où les Arabes vinrent la ravager et la brûler, après avoir fait périr les religieux. Ensuite elle a été laissée à l'abandon, et les pèlerins en passant allaient s'agenouiller sur ses ruines. Enfin on l'a convertie en mosquée, et, plus récemment encore, en étable. Au-dessous et non loin de l'église, jaillit une source abondante qui s'appelle fontaine de Jérémie.

Le nom de ce grand prophète planant sur tous ces lieux, quelques auteurs ont pensé qu'il y eut, en effet, son berceau, et que le village actuel de Saint-Jérémie est l'ancienne Anathoth. C'est donc là qu'aurait été sanctifié dès le sein de sa mère et choisi de Dieu l'homme qui devait continuer Isaïe mis à mort pour son zèle courageux, et annoncer lui-même aux nations de la terre les menaces et les promesses du ciel. C'est là qu'à peine âgé de quinze ans il aurait entendu la voix qui lui imposait la redoutable mission de parler le langage des prophètes. « Je t'établis aujourd'hui, disait-elle, sur les nations et les royaumes, pour arracher et détruire, pour perdre et dissiper, pour édifier et planter. Je t'affermis comme une ville forte, une colonne de fer, un mur d'airain sur la terre, contre les rois de Juda, ses princes, ses prêtres et son peuple. » C'est de là qu'il serait parti pour rompre, au bruit de ses accents inspirés, le charme voluptueux où s'endormait Jérusalem sous les incantations de ses flatteurs, qui lui disaient : Paix ! paix ! quand la paix n'était pas. « Ils ont dit au bois, s'écriait Jérémie attristé : Vous êtes mon père; et à la pierre : Vous m'avez donné la vie... Ils ont le péché gravé dans le cœur en caractères ineffaçables, avec une plume de fer et une pointe de diamant... Aussi l'épée, la famine et la captivité les dévoreront. » Puis le prophète, annonçant que tous ces crimes ne resteraient pas impunis, déplorait patriotiquement les calamités que son pays allait subir sous le glaive du roi de Babylone, ravageur des nations. « Déjà le lion s'est élancé de sa tanière. D'une lointaine contrée, des hommes armés fondent avec de grands cris sur la ville de Juda ; on dirait une nuée qui s'élève. Les chariots sont plus rapides que la tempête, les chevaux plus agiles que les aigles. Malheur à nous ! Mes entrailles sont émues, mon cœur se trouble ; j'ai entendu le bruit des trompettes et les cris de la mêlée. Le désastre s'ajoute au désastre ; la terre est bouleversée, les tentes sont abattues et les pavillons détruits. J'ai contemplé le sol, il n'y a que vide et chaos ; j'ai regardé les cieux, ils sont sans lumière. J'ai vu les montagnes, elles tremblent ; les collines, elles sont ébranlées. » En effet, la ville de Jérusalem fut assiégée par les Assyriens et se rendit à discrétion. Le vainqueur emporta tous les trésors du temple et des palais, entraîna captifs le roi Jéchonias avec les principaux de la nation, et ne laissa dans le pays qu'un petit nombre de misérables sous le gouvernement de Sédécias. Celui-ci, bravant les conseils de Jérémie, s'appuya sur le roi d'Égypte dans l'espérance de s'affranchir ; mais il ne fit qu'attirer à sa patrie un surcroît de malheurs. Il fut vaincu. On lui creva les yeux et on l'envoya périr à Babylone, tout chargé de fers. La ville fut pillée, brûlée, démantelée. C'est alors que Jérémie, fidèle aux ruines, pleura ces lamentations qui n'ont rien de comparable dans la littérature élégiaque d'aucun peuple. Au pied du trône et sur les marches du temple, il avait, à lui seul et durant plusieurs règnes, représenté la vérité et la justice sans qu'aucune résistance eût pu le décourager, ni aucun revers l'abattre ; maintenant debout au milieu de Jérusalem tombée, il exprimait, sous les images de la plus haute poésie, la douleur du citoyen blessé dans ses affections et la constance d'un Israélite invincible dans sa foi. « Les rues de Sion mènent deuil, parce qu'il n'y a plus personne qui vienne à ses fêtes ; toutes ses

Oui, répondit le voyageur; les uns disent que vous êtes un brigand, pillant et massacrant les caravanes, emmenant les Francs en esclavage, et l'ennemi féroce des chrétiens; les autres assurent que vous êtes un prince vaillant et généreux, réprimant le brigandage des Arabes des montagnes, assurant les routes, protégeant les caravanes, l'ami de tous les Francs qui sont dignes de votre amitié. — Et vous, reprit le voleur en riant, que direz-vous de moi? — Je dirai ce que j'ai vu : que vous êtes aussi puissant et aussi hospitalier qu'un prince des Francs, qu'on vous a calomnié, et que vous méritez d'avoir pour amis tous les Européens qui, comme moi, ont éprouvé votre bienveillance et la protection de votre sabre. Abou-Gosh parut enchanté [1]. »
Je le crois bien; ce brigand n'entendait pas toujours des paroles si indulgentes, et la justice turque, qui pourtant n'est pas rigoureuse en pareille matière, crut devoir le tirer de l'enchantement où l'avaient jeté les félicitations de notre compatriote. Abou-Gosh faisait de Saint-Jérémie son quartier général en temps ordinaire; mais, en temps de guerre, il se retirait dans un fort situé sur une montagne voisine, auprès de Modin. Cela n'empêcha pas les pachas de Damas et de Saint-Jean-d'Acre de l'inquiéter sérieusement, et Ibrahim de le faire arrêter et jeter en prison. Il est vrai qu'on lui rendit la liberté, afin qu'il intéressât ses Arabes au succès des armes égyptiennes, lorsqu'en 1834 Ibrahim fut assiégé dans Jérusalem, et que la Galilée, la Samarie, la Judée se soulevèrent contre lui. Mais quelque temps après, Abou-Gosh ayant repris le cours de ses déprédations, Méhémet, pacha de Jérusalem, s'empara de ce brigand, qui fut enfermé, dit-on, à Belgrade ou Widin; ses parents le croient dans les prisons de Saint-Jean-d'Acre. Quelques-uns d'entre eux ont tenté de suivre les errements de leur ancien chef; mais un prompt châtiment est venu les atteindre et réprimer ce nouvel essor de l'industrie locale. Aujourd'hui, un neveu d'Abou-Gosh habite ses palais de Saint-Jérémie et le remplace comme cheik auprès des Arabes de la contrée; il reçoit

---

[1] *Voyage en Orient*, tome II, page 379 de l'édition déjà citée.

volontiers la visite des voyageurs européens; mais à son air dur, à l'air farouche de ses gens, on pourrait croire qu'ils n'attendent que des circonstances plus favorables pour remettre en vigueur contre les passants leur tarif aboli.

X

De Saint-Jérémie à Jérusalem, on trouve assez souvent de la vigne, et sans doute on en trouverait davantage encore si les musulmans n'avaient scrupule de cultiver un fruit qui peut si aisément servir à des usages réprouvés par leur religion. Les ceps ne sont pas attachés, comme en France, à des échalas qui leur prêtent un appui, mais ils rampent sur le sol, et tout au plus en sont-ils écartés quelquefois par des pierres, de peur que l'humidité ne les fasse pourrir. Le raisin est très-beau; on le dirait tout imprégné des rayons du soleil, tant il a d'éclat et de transparence! Mûri par de fortes chaleurs, il n'est pas moins bon, et l'on en tire un vin délicat et généreux.

En avançant vers Jérusalem, on laisse à droite une haute montagne où gisent les ruines de Modin, la ville des Machabées. C'est là que le père de ces héros, héros lui-même, donna le signal de la résistance et organisa la lutte contre la tyrannie sacrilége d'Antiochus Épiphane. Il était trop vieux pour voir à quels résultats aboutirait son illustre audace; mais du moins il voulut léguer son œuvre à ses fils comme un héritage. Près de mourir, il leur dit : « Le règne de l'orgueil s'est affermi; c'est une époque de châtiment et de ruine, c'est un orage de la colère de Dieu. Ainsi, mes enfants, ayez un grand zèle pour la loi, et donnez votre vie pour garder le testament de vos pères. Souvenez-vous des œuvres qu'ils ont autrefois accomplies, et vous acquerrez beaucoup d'honneur et une renommée immortelle... Armez-vous de courage et combattez avec bravoure en défendant la loi, car c'est ce qui fera votre gloire. Voilà Simon, votre frère; je sais que c'est un homme de conseil : écoutez-le toujours, et il vous tiendra lieu de père. Judas Machabée s'est montré fort et vaillant dès sa jeunesse; prenez-le pour général des troupes et qu'il vous conduise à la guerre. » Puis le mourant bénit ses fils, et quand il se fut endormi dans la mort, on l'ensevelit à Modin. Ses enfants se levèrent le glaive à la main pour venger Israël, et, selon le vœu du vieillard, ils couvrirent leur nom d'un éclat impérissable. On regretterait qu'ils n'eussent pas été chantés par un Homère ou un Virgile, si la Bible n'eût consacré leur mémoire. Ils se montrèrent supérieurs aux héros de la Grèce et de Rome, dont ils eurent la vaillance, et non les passions égoïstes; ils combattirent, non pour un intérêt personnel et passager, ni pour l'injustice et l'orgueil, ni pour asservir insolemment un peuple, mais pour des frères menacés dans leurs croyances et leurs lois, pour la religion et la nationalité, les deux plus nobles choses qui puissent faire palpiter un cœur d'homme.

Des cinq frères, Judas Machabée est le plus célèbre, et de ses nombreux combats, un des plus remarquables est celui qu'il osa livrer, à Modin, avec une poignée d'hommes, contre une armée formidable. Ayant appris que le roi de Syrie, Antiochus Eupator, venait dans la Judée pour la réduire et traiter les Juifs avec une extrême dureté, il résolut de le prévenir et de se porter à sa rencontre. Quand donc il eut, avec une foi profonde, remis le succès de son entreprise à Dieu, créateur de l'univers, et, avec un patriotisme énergique, invité ses gens à combattre et, s'il le fallait, à mourir pour défendre la patrie avec ses lois, sa capitale et son temple, il fit marcher ses troupes et campa près de Modin. Puis, avec ses soldats les plus braves, il alla tomber, de nuit, sur le quartier du roi, tua quatre mille hommes, et répandit le trouble et l'effroi dans l'armée ennemie. « Judas Machabée était un excellent général, dit à ce sujet le chevalier Folard; ses actions et sa conduite dans toutes les guerres qu'il a eues à soutenir contre tant d'ennemis formidables est ce qu'on voit de plus grand et de plus admirable. Un Sertorius, un Scanderberg n'ont rien fait qui puisse égaler les grandes actions de ce héros. Je ne vois rien dans l'antiquité de plus savant et de plus profond que la méthode des Juifs dans l'art de combattre et de se ranger; toujours les plus faibles en nombre et toujours supérieurs à leurs ennemis par leur hardiesse à entreprendre, par la sagesse de leur conduite et par leur habileté dans la science des armes... L'entreprise de Judas Machabée contre Antiochus Eupator peut être mise au nombre de celles où l'art n'a pas moins de part que la ruse : il dérobe une marche nocturne à Antiochus, cela n'est pas difficile à une petite armée, et c'est un grand avantage; car un général surpris dans son camp, quand même il aurait le temps de se mettre en bataille, est un général à demi vaincu. Cette maxime est indubitable, et Antiochus l'éprouva; car à peine approchait-il de la Judée, que Judas, abandonnant au jugement du Seigneur l'événement de cette entreprise, marcha hardiment au-devant de lui, et lui donna un si terrible échec qu'il répandit le trouble et l'épouvante dans tout son camp [1]. »

Après de nombreuses victoires, ce grand homme mourut comme il lui convenait, les armes à la main. Il était à Laïs ou Béthel avec trois mille soldats lorsqu'une armée de vingt-deux mille hommes l'atteignit. En voyant rassemblées autour d'eux des forces si considérables, les compagnons de Judas furent saisis de frayeur et la plupart le quittèrent. Cette désertion lui abattit le cœur. « Allons, dit-il néanmoins aux huit cents hommes qui restaient, marchons à l'ennemi pour le battre, si c'est possible. » Et comme ses gens lui conseillaient la retraite : « Dieu nous garde, ajouta-t-il, de prendre ainsi la fuite; si notre heure est venue, mourons avec courage pour nos concitoyens, et n'imprimons pas une tache à notre gloire. » La bataille s'engagea; Judas, ayant observé que l'aile droite où commandait le général ennemi était la plus forte, se précipita sur elle d'un choc si violent qu'il la rompit et la poursuivit avec ardeur, de crainte qu'elle n'essayât de se rallier. Mais l'aile gauche se mit sur les traces du vainqueur et l'enveloppa de toutes parts. Il fit une

---

[1] *Observations sur le combat de Judas Machabée contre Antiochus Eupator, près de Modin*, dans Calmet, *Dictionn. de la Bible*.

résistance opiniâtre jusqu'au moment où il tomba blessé à mort et laissant sa brave mais faible troupe en proie au glaive de toute une armée. Jonathas et Simon emportèrent le corps de Judas, leur frère, et l'ensevelirent, à Modin, dans le sépulcre de leur famille. Israël porta le deuil du héros; tous songeaient à ses grandes actions, et, s'étonnant que la mort eût pu frapper un homme qui avait la main de Dieu sur sa tête, ils s'écriaient : « Comment est-il tombé ce vaillant qui sauvait le peuple d'Israël? »

Jonathas remplaça son frère dans le commandement des troupes juives; puis, quand lui-même eut été pris et tué dans une embûche, il fut remplacé par Simon, qui recueillit enfin les fruits de tant de combats rendus et de souffrances endurées. Il traita de prince à prince avec les rois de Syrie, fut reconnu comme pontife et chef politique de la nation juive, et la fit monter bientôt, par la sagesse de son gouvernement, à un rare degré de gloire et de prospérité. Le commerce était actif; on cultivait la terre avec soin, parce qu'on la cultivait sans crainte de la voir ravagée; les campagnes riaient sous l'abondance de leurs produits; les vieillards, groupés sur les places publiques, s'entretenaient utilement des affaires de la nation; les jeunes hommes se paraient de vêtements magnifiques et d'habits de guerre enlevés à l'ennemi. Chacun se reposait sous sa vigne et sous son figuier, et la main tutélaire de Simon empêchait que personne ne songeât à troubler ce calme si doux. Il renouvela l'alliance des Juifs avec les Lacédémoniens et les Romains, et son nom parcourut la terre. Il fit rejaillir cet éclat, autant qu'il se pouvait, sur la mémoire de ceux qui l'avaient préparé : au-dessus du sépulcre de son père et de ses frères, il éleva un grand édifice et des pyramides funèbres; tout autour, il y avait des colonnes sur lesquelles étaient sculptés des trophées, emblèmes de victoire. Ces constructions gigantesques, couronnant d'ailleurs une des plus hautes montagnes de la Judée, présentaient une telle masse, qu'en approchant de la côte le navigateur les distinguait aisément. Eusèbe de Césarée et saint Jérôme témoignent que, de leur temps, le monument des Machabées subsis-

de donner un fâcheux exemple et d'ouvrir le chemin de Jérusalem ; le roi de cette ville entreprit de remédier au mal en punissant tout de suite ceux qui en avaient posé la cause. Il craignait d'attaquer les Hébreux ; mais, soutenu par quelques princes voisins, il put mettre le siége devant Gabaon. Les habitants envoyèrent une députation à Josué pour implorer de prompts secours. Il partit, en effet, à la tête de ses meilleurs soldats, et, après une marche forcée, il tomba sur les assiégeants à l'improviste et avec vigueur. Ceux-ci, déconcertés par cette subite attaque, ne songèrent qu'à fuir ; l'épée les décima ; le ciel même se déclara contre eux, et une pluie de pierres en abattit un grand nombre. C'est alors que, dans l'enthousiasme de la victoire, et saisi par cette puissance du sentiment religieux qui élève l'homme à une hauteur inaccoutumée et le fait entrer dans la familiarité de Dieu, Josué sollicita le temps d'achever en ce jour la défaite des ennemis, et donna des ordres à la nature : « Soleil, arrête-toi sur Gabaon, dit-il, et toi, lune, n'avance pas sur la vallée d'Aïalon. » La nature entendit cette parole prononcée avec une foi énergique, Jéhovah daignant obéir à la voix d'un homme et combattant pour Israël[1]. Car le monde des esprits est comme le pivot sur lequel tourne le monde des corps ; et c'est cette royauté de la pensée, cette subordination de la matière que Dieu fait éclater à tous les regards, lorsque, touché d'une parole croyante ou d'une prière inspirée, il suspend tout à coup le jeu régulier, l'action ordinaire des forces qui meuvent l'univers.

De Gabaon, qui était sur une montagne, et d'Aïalon, qui a donné son nom à la vallée célèbre par la victoire de Josué, il ne reste plus rien. De Ramatha, il reste des ruines, un petit village qui porte le nom de Samuel, une tour mal entretenue qu'on dit être le tombeau de ce prophète et qui fait partie d'une mosquée. C'est à Ramatha, selon la commune opinion, que naquit Samuel, homme de grandes vertus et de hautes destinées, chef de sa nation, juge de Saül, pro-

---

[1] Voir le livre de Josué, chap. ix et x.

tecteur de David et l'un des plus illustres prophètes. On sait comment, sous l'humble robe du lévite, il passa ses premières années dans le service religieux du temple. Tous les Pères ont loué, sur la foi des traditions antiques, son enfance écoulée au milieu des exercices de la piété, ses mœurs, son doux caractère et ses belles qualités. Il croissait en âge et en sagesse, également agréable à Dieu et aux hommes ; néanmoins il n'était encore qu'un enfant lorsqu'il reçut l'ordre d'adresser au vieux pontife Héli les réprimandes du ciel. Les événements qu'il avait prédits firent voir, en s'accomplissant, que Samuel était le fidèle interprète de Dieu. Quand il eut près de quarante ans, on le proclama juge du peuple à la place d'Héli. Les Hébreux formaient alors, comme parle l'historien Josèphe, une théocratie. Les lois émanaient de Dieu même qui les avait données à son serviteur Moïse. Comme elles réglaient les intérêts matériels aussi bien que les affaires religieuses, le même pouvoir décidait les cas de conscience, et terminait les procès civils et criminels ; bien plus, il se trouvait quelquefois en une seule main : combinaison chère à l'antiquité et heureuse en principe, parce qu'elle confie les destinées temporelles de l'humanité à ceux qui en connaissent les destinées éternelles ; combinaison qu'on nommerait peut-être heureuse aussi en résultat si, à cause des écarts possibles et trop réels de notre liberté, les théories les plus nobles n'étaient souvent inapplicables et presque toujours inappliquées.

Quoi qu'il en soit, Samuel devint le juge, le chef politique de la nation, ainsi que Jephté, Samson et d'autres l'étaient devenus. A l'autorité civile, il joignit l'autorité religieuse, comme lévite, peut-être même comme pontife ; car, bien qu'il ne fût point de la race d'Aaron, plusieurs ont pensé qu'il exerça, par mission extraordinaire, les fonctions de grand-prêtre. Investi de ce double pouvoir, il défendit la cause de Dieu et de son pays. Il assembla le peuple en armes à Masphath, non loin de Ramatha ; il rassura ses compatriotes, les exhortant à défendre leur liberté compromise par une récente victoire des Philistins ; il fit envisager les malheurs publics comme un châtiment de l'idolâtrie et des crimes de la nation, et ramena les esprits au culte du vrai Dieu. Car c'est une grande et salutaire politique de proclamer à l'oreille des peuples qu'une responsabilité formidable s'attache à leurs actes, et que les lois constitutives des sociétés sont munies d'une sanction divine ; les sociétés ont, en effet, besoin, comme les individus, qu'on leur rappelle souvent qu'il n'y a de félicité que dans l'innocence et de gloire réelle que dans la justice.

De grands succès où la main de Dieu se montra plus d'une fois illustrèrent l'administration de Samuel : l'arche perdue dans une bataille fut recouvrée, l'audace des Philistins humiliée par une défaite sanglante, et la paix avec ses avantages acquise aux Israélites. Le péril passé, Samuel continua néanmoins de régir sa patrie. Il avait fixé à Ramatha son principal séjour ; de là il allait visiter les villes environnantes, afin d'écouter les plaintes du peuple et de lui rendre justice. Galgala, Béthel et Masphath étaient les principaux endroits où il exerçait son ministère pacifique. Voltaire et quelques autres ont accusé Samuel d'usurpation et critiqué son gouvernement. La vérité historique est que le prophète fut élu comme juge par tous ses concitoyens ; est-ce que Voltaire aurait pu nommer un titre plus légitime d'autorité que le choix et le consentement unanime d'une nation libre ? Quant à l'administration, le jour où Samuel y renonça, le peuple assemblé rendit solennellement témoignage à sa justice, à sa sagesse, à son désintéressement et à sa douceur ; est-ce que Voltaire aurait pu citer un seul philosophe, prince ou flatteur de princes, qui fût assez honnête pour mériter d'entendre un si complet éloge de sa conduite ? D'ailleurs, depuis que le tribunal calomnié du prophète n'existe plus en ces contrées, elles ont subi de nombreuses vicissitudes, elles ont vu beaucoup de choses pleines de gloire et beaucoup de choses pleines d'infamie ; mais il y a bien longtemps déjà que la justice en est exilée ; pourquoi le génie et le dévouement des philosophes n'ont-ils pas essayé de l'y rétablir, même au degré où elle était sous le prophète Samuel ?

Devenu vieux, Samuel délégua une portion de son autorité à ses fils pour gérer les affaires publiques ; mais par une destinée qui semble peser sur la plupart des grands hommes, il eut la douleur de voir ses fils infidèles à ses exemples et à sa réputation. Leurs sentences et leur conduite étaient si pleines d'iniquité que les anciens du peuple vinrent s'en plaindre à Samuel et lui demander un roi. Le sage prophète essaya, mais en vain, de combattre cette innovation qu'il croyait funeste. Les Israélites eurent donc un roi : Saül, de la tribu de Benjamin, fut élu par le sort et sacré par Samuel. Mais il ne se montra pas plus sage que son peuple, et il fut rejeté de Dieu et livré à son propre esprit qui était rude, impatient, rétif. Alors le vieux prophète lui déclara que le sceptre ne resterait point dans sa maison et que sa dynastie commencerait et finirait avec lui. Il cessa de le voir et de lui rendre publiquement hommage comme à son prince ; mais il l'aima toujours à cause de leur longue et ancienne intimité, et le pleura le reste de sa vie. Sur un ordre céleste, il choisit David pour second roi d'Israël et lui donna en secret l'onction sainte. Diverses causes appelèrent la fureur de l'ancien monarque sur le nouveau ; celui-ci n'échappa que par la fuite à des périls sans cesse renaissants. Samuel, qui partagea la mauvaise fortune de David, conserva néanmoins jusqu'à la fin de sa vie une grande influence sur les affaires publiques de son pays. Il mourut fort avancé en âge et fut enterré à Ramatha dans le sépulcre de sa famille ; la nation tout entière le pleura. Enfant de la prière et consacré à Dieu avant de naître, il poursuivit et termina dans la piété une vie commencée sous de religieux auspices. Homme supérieur, il se montra modeste sans faiblesse et ferme sans dureté ; les rois l'écoutèrent avec respect, et sa voix conserva de l'empire jusque sur le peuple agité par l'esprit d'innovation. Politique habile, il réforma l'État et fit fleurir la religion, première garantie de l'ordre ; politique honnête, il ne chercha que dans la vertu un contre-poids à la licence, et put défier ses concitoyens de signaler dans ses actes publics rien d'injuste ni d'illégal. Tel fut Samuel, qu'on peut offrir en exemple à tous les hommes occupés de gouverner les autres.

XII

A deux lieues et demie de Jérusalem, entre cette ville et Saint-Samuel, se trouve le village d'Emmaüs dont il est parlé dans saint Luc. « Deux disciples s'en allaient à un bourg nommé Emmaüs, à soixante stades de Jérusalem. Et ils s'entretenaient de tout ce qui venait de s'accomplir. Et voilà que, durant leur discours et leurs mutuelles questions, Jésus lui-même les joignit et fit route avec eux. Mais ils avaient les yeux comme empêchés et ne pouvaient le reconnaître. Et il leur dit : Quelles sont ces paroles que vous échangez en marchant et qui vous rendent tristes? L'un d'eux, nommé Cléophas, lui répondit : Êtes-vous seul si étranger à Jérusalem que vous ne sachiez pas ce qui s'y est passé dans ces jours? Et quoi? leur dit-il. Eux ajoutèrent : C'est au sujet de Jésus de Nazareth, un grand prophète, puissant en œuvres et en paroles, devant Dieu et devant tout le peuple, et de la manière dont les princes des prêtres et nos chefs l'ont livré pour le faire condamner à mort et l'ont crucifié. Nous espérions, pour nous, qu'il rachèterait Israël; et avec tout cela voici le troisième jour que les choses se sont passées. Il y a bien quelques femmes des nôtres qui nous ont jeté dans l'étonnement; car étant allées de grand matin à son sépulcre et n'ayant point trouvé son corps, elles sont revenues, annonçant même que des anges leur ont apparu qui le disent vivant. Alors quelques-uns des nôtres se sont rendus au sépulcre, et ils ont trouvé que tout était conforme au rapport des femmes; mais lui, ils ne l'ont point trouvé. O hommes insensés, reprit alors Jésus, et d'un cœur lent à croire tout ce que les prophètes ont dit! Ne fallait-il pas que le Christ souffrît ces maux et qu'il entrât ainsi dans sa gloire? Puis prenant tous les prophètes, à commencer par Moïse, il leur expliquait tout ce que les Écritures avaient dit à son sujet. Cependant ils approchèrent du bourg où ils allaient, et Jésus sembla vouloir aller plus loin. Mais ils le retinrent, en lui disant : Demeurez avec nous, car il se fait déjà tard et le jour est sur son déclin. Il entra donc aussi. Et comme il était avec eux à table, il prit le pain et le bénit ; puis l'ayant rompu, il le leur donna. Alors leurs yeux s'ouvrirent et ils le reconnurent ; mais il n'était déjà plus en leur présence. Et ils se dirent mutuellement : N'est-il pas vrai que nous avions le cœur tout enflammé, lorsqu'il nous parlait en chemin et qu'il nous expliquait les Écritures? Et sortant à l'heure même, ils revinrent à Jérusalem, et ils trouvèrent assemblés les onze apôtres et des disciples avec eux ; on disait : Le Seigneur est vraiment ressuscité et il est apparu à Simon. Alors eux-mêmes racontèrent ce qui leur était arrivé dans leur voyage et comment ils avaient reconnu Jésus dans la fraction du pain. [1]. »

Le disciple Cléophas est quelquefois représenté en costume d'évêque sur les vitraux de nos cathédrales du moyen âge. On pense qu'il scella de son sang sa croyance à la résurrection de Jésus-Christ ; et des auteurs fort anciens disent qu'il souffrit le martyre sous la main des Juifs, et qu'il fut enterré dans la maison même où il avait reçu le Seigneur à sa table. Plus tard, une église s'éleva sur l'emplacement de cette maison, et une autre à l'endroit de la route où le divin voyageur avait rejoint les deux disciples d'Emmaüs. Elles devinrent le but de pèlerinages célèbres, et le lundi de Pâques, les chrétiens de Jérusalem s'y rendaient en grande foule, pour honorer l'apparition de Jésus-Christ. C'est ce que l'on voyait encore au milieu du dix-septième siècle, ainsi que le rapporte le Père Bernardin Surius, président du Saint-Sépulcre et commissaire de la Terre-Sainte. « Le lundi, l'office fini, nos religieux y vont, accompagnés d'une grande quantité de pèlerins ; venant à mi-chemin, on trouve les reliques et vieilles masures d'une grande église et d'un cloître édifiés sur le même lieu où Notre-Seigneur se rangea

---

[1] Saint Luc, chap. xxiv.

en compagnie des deux disciples en habit de Pèlerin, discourant par ensemble des choses qui s'étaient passées en Jérusalem. On rencontre, un peu plus avant, Baal-Asor, où Absalon fit tuer son frère Amnon[1]; lieu vraiment fort beau et plaisant, où il y a une fontaine où nos religieux, en retournant, prennent leur repas. Environ une lieue plus avant, on arrive au château d'Emmaüs, duquel ne reste rien que quelques pans de vieilles murailles. Sur le même lieu où Notre-Seigneur était à table avec ses disciples et rompit le pain, se voit un vert olivier, où ayant chanté l'évangile de ce jour et chacun fait sa dévotion, retournent tous ensemble vers Jérusalem[2]. »

Dans les derniers temps de la république juive, Emmaüs était un bourg considérable. Varus, préfet de la Syrie, le fit réduire en cendres pour venger la mort de quarante soldats égorgés dans un mouvement populaire. Soixante-douze ans après, Vespasien fortifia la position d'Emmaüs qui lui semblait avantageuse et y plaça huit cents hommes de garnison pour commander une des routes de Jérusalem. Le village d'Emmaüs, comme l'indique son nom qui signifie bain chaud, avait des eaux thermales, aussi bien que Nicopolis et que l'Emmaüs de la Galilée. Les anciens parlent avec éloge de la vertu de ces eaux, et quelques-uns l'attribuent à la puissance miraculeuse du Christ qui, selon leur opinion, y aurait délassé ses pieds fatigués d'une course évangélique. Julien l'Apostat fit remplir de terre cette fontaine renommée, afin de contrister les chrétiens qui s'y rendaient en grand nombre et de témoigner sa haine envers Jésus-Christ. L'historien Sozomène et l'itinéraire de Willibald mettent cette source à l'entrée du village, sur la place où Jésus feignit de vouloir quitter les deux disciples[3]. Aujourd'hui, on ne

---

[1] Bernardin Surius se trompe ici; des renseignements plus exacts placent le village ou la campagne de Baal-Asor plus au nord, et dans la tribu d'Éphraïm.

[2] *Le Pieux Pèlerin ou Voyage de Jérusalem*, liv. II.

[3] Voir, pour ces faits, *Chronographie* de Théophane; Sozomène, *Histoire ecclésiastique*, liv. V, chap. XXI, *Itinéraire* de Willibald; dans les *Actes des saints de l'ordre bénédict.*, troisième siècle, part. 2.

trouve plus que les ruines de l'église bâtie en l'honneur de Cléophas par sainte Paule, et quelques cabanes où se retirent, la nuit, de pauvres Arabes occupés à garder leurs troupeaux durant le jour.

XIII

En allant de Saint-Jérémie à Jérusalem, on ne passe point à Emmaüs, on le laisse à gauche et l'on traverse la vallée du Térébinthe, théâtre de l'héroïsme et de la gloire de David. Cette vallée commence un peu au-dessous d'Emmaüs, semble ramper péniblement le long du flanc occidental de Jérusalem, et puis va mourir vers le midi de cette ville. Étroite, profonde et sinueuse, elle se resserre entre des collines qui ont quelque chose de triste et de tourmenté, et qui se montrent tantôt nues et brûlées, tantôt couvertes de sycomores, de mûriers et de térébinthes. Un sentier escarpé, où le pied ne rencontre que des cailloux arrondis, mène au bord d'un torrent qui, sans doute, après les pluies d'orage, doit couler dans ce lit vide. Quelques ruines qu'on voit à gauche en descendant, les escarpements et les saillies que présentent les collines déchirées, les teintes sombres du feuillage donnent à la vallée du Térébinthe un caractère de sévérité et de grandeur sauvage. C'est un champ de bataille qui convenait aux vieux guerriers de la Bible. En effet, sur ces hauteurs étaient postés les deux camps : celui des Hébreux à l'est, et celui des Philistins à l'ouest. Sur ce coteau, à la vue des deux armées, s'avançait le géant Goliath, proposant aux braves d'Israël de terminer la querelle nationale par un combat singulier.

Ce soldat philistin avait une taille démesurée et dépassant le double de la taille ordinaire. Sa tête, ses membres, tout son corps était revêtu de fer et d'airain. Il portait une cuirasse d'un poids énorme ; un large et puissant bouclier et une lance redoutable lui servaient pour attaquer et se défendre. Aussi jetait-il à tout guerrier israélite un défi plein de jactance : « A quoi bon livrer bataille? ne suis-je pas Philistin? et n'êtes-vous pas les sujets de Saül? Choisissez un homme d'entre vous et qu'il accepte une lutte avec moi. S'il ose m'attaquer et qu'il me tue, nous serons vos esclaves; mais si je l'emporte sur lui et que je le tue, vous serez nos tributaires et nos esclaves. » Saül et son armée restaient muets de stupeur à la vue de ce colosse : la crainte avait glacé leur courage. De son côté, Goliath tirait de la pusillanimité de ses ennemis un accroissement d'insolence, à la façon des Barbares enclins à relever par des forfanteries puériles la supériorité de leurs forces physiques. Cependant les Israélites se disposaient à répondre par un combat général aux provocations du terrible Philistin, lorsque David arriva au camp. Ses trois frères aînés étaient de l'expédition. Son père lui avait dit : « Prends une mesure d'orge et ces dix pains, et va trouver tes frères. Emporte aussi ces dix fromages pour leur capitaine. » Alors il n'existait pas d'armée permanente; dans les périls de la patrie, on publiait parmi les douze tribus que tout homme disposé à combattre eût à se rendre en un lieu désigné. Les citoyens y venaient avec leurs armes et leurs provisions ; car la guerre se faisait à leurs frais, il n'y avait pas de ressources régulièrement affectées à l'entretien des troupes.

David, alors âgé de vingt-deux ans, pouvait paraître un gracieux jeune homme, ayant le visage plein de charmes, l'œil et le teint pleins d'éclat, et la chevelure de cette couleur chaude que les Juifs, comme les anciens peuples de la Germanie, préféraient à toute autre couleur. Du reste, il n'avait eu jusque-là d'autre occupation que celle de garder les troupeaux de son père. En arrivant à la vallée du Térébinthe, il laissa les vivres qu'il apportait au milieu des bagages de l'armée et courut sur le théâtre de la lutte ; car il en venait une clameur immense qui semblait annoncer un engagement prochain. En ce moment Goliath, sorti des rangs philistins, s'abandonnait une dernière fois à ses bravades, et l'effroi entrait dans le cœur des Israélites. « Voyez-vous, disait l'un d'entre eux, cet homme qui nous provoque? il vient insulter Israël. Quiconque l'aura tué sera comblé de richesses par le roi, qui lui donnera sa fille en mariage et l'exemptera d'impôts, lui et la maison de son père. » Ces promesses, l'instinct des grandes choses, et par-dessus tout le désir de venger Dieu, dont la cause, étroitement liée à celle des Juifs, souffrait de toutes les injures qui leur étaient adressées, tant de motifs remplirent le jeune héros du feu d'un religieux courage. Il s'offrit pour combattre Goliath, et, malgré les jalouses réprimandes de son frère aîné, malgré les avis mêmes du roi, qui cherchait à le détourner d'une lutte trop inégale, il persista dans son généreux dessein.

On donna d'abord à David l'armure de Saül ; mais il la quitta bientôt comme un appareil plus gênant qu'utile. Il prit seulement son bâton de berger, choisit dans le lit du torrent cinq pierres polies qu'il mit dans sa panetière, et, la fronde à la main, marcha contre l'ennemi. Goliath s'avançait de son côté ; mais n'apercevant qu'un blond et beau jeune homme, il en eut un mépris extrême : « Suis-je un chien, dit-il, pour que tu viennes à moi avec un bâton ? » Et il jura par ses dieux de le donner en proie aux oiseaux et aux bêtes. David répondit : « Tu viens à moi avec l'épée, la lance et le bouclier ; moi, je me présente au nom du Dieu de nos troupes que tu as insulté aujourd'hui. Il te livrera en mes mains, je te tuerai et te couperai la tête, et je vais faire des cadavres des Philistins la pâture des oiseaux et des bêtes, afin que la terre entière sache qu'il y a un Dieu en Israël, afin que toute cette foule reconnaisse que, si le Seigneur sauve, ce n'est ni par l'épée, ni par la lance ; car les batailles sont à lui, et il vous mettra en nos mains. » Le Philistin s'ébranla pour entrer en marche ; le berger courut, prit un caillou dans sa panetière, et, de sa fronde, le lança si juste et si fort, qu'il alla toucher au front et pénétrer dans la tête du géant. Celui-ci tomba le visage contre terre ; David se jeta sur son antagoniste, lui enleva son épée et lui abattit la tête.

Cette ruine inopinée porta la terreur et le désordre parmi les Philistins : voyant que le plus redoutable d'entre eux était mort, ils s'enfuirent éperdus. Les Israélites, jetant des cris de victoire, se mirent à leur poursuite, ils en tuèrent un grand nombre et vinrent piller leur camp abandonné. Le jeune héros parut devant le roi, qui fut charmé de ses bonnes grâces autant que de son courage ; il reçut les marques d'une estime et d'une admiration unanimes; surtout il gagna l'affection de Jonathas, fils de Saül : leurs âmes, étroitement attachées ensemble, n'en faisaient plus qu'une. A tous ces témoignages, la nation mêla sa reconnaissance et ses applaudissements. Les femmes sortaient des villes, et, venant à la rencontre des troupes victorieuses avec des chants et des danses, elles répétaient en chœur : « Saül a frappé ses mille, et David ses dix mille [1]. »

Au lieu même où David a remporté sa victoire sur Goliath, et en mémoire de cet événement, une église et un monastère furent bâtis dans les premiers siècles de l'ère chrétienne. Quelques familles se rangèrent autour, et il se forma de la sorte une petite ville que les relations des croisades nomment Kalonia; aujourd'hui ce n'est plus qu'un hameau peuplé de pâtres arabes. Un peu plus bas se trouvent des ruines assez vastes où quelques-uns voient des traces d'architecture romaine, d'autres un monument hébraïque, plusieurs enfin une œuvre du moyen âge. La vérité est que ces ruines sont de fortes pierres ayant plus d'un mètre de face, mais grossièrement taillées; le ciment qui les tient jointes est si dur que de grandes arcades et des pans de murailles hauts de cinq ou six mètres portent sans fléchir le poids de plusieurs centaines d'années.

Lorsqu'on a franchi le torrent du Térébinthe sur un pont de deux arches ayant six ou sept pieds d'élévation, on gravit une montagne ou plutôt une série de monticules d'abord revêtus de quelque verdure, et bientôt nus et tristes. A peine de rares buissons apparaissent-ils sur le sol dépouillé; çà et là des mousses et des lichens croissent péniblement entre les fentes des rochers; la stérilité, fille de la colère céleste, s'est abattue en ces lieux. On arrive, après une heure de marche, sur un plateau mal uni et semé de pierres d'un grès rougeâtre. Enfin ce paysage triste se montre tout à coup encadré à

---

[1] *Livre des Rois*, I, 16 et suiv.

l'est dans une ligne de murailles rompue par la pointe de quelques édifices, églises, mosquées et tours : c'est Jérusalem qui apparaît. Avec ses maisons carrées, sans fenêtres, s'affaissant sous une terrasse presque plate, entre lesquelles s'élèvent quelques cyprès et des aloès, elle ressemble de loin à une cité morte ayant pour sépulcre un rocher où végètent des arbres funèbres. Mais c'est là la ville sainte, après tout ; le sang d'un Dieu y a coulé pour le salut du monde, et, assiégé par ses souvenirs, le voyageur chrétien ne peut s'empêcher, en la voyant, de s'écrier avec émotion, comme les soldats de Godefroy : Jérusalem ! Jérusalem !

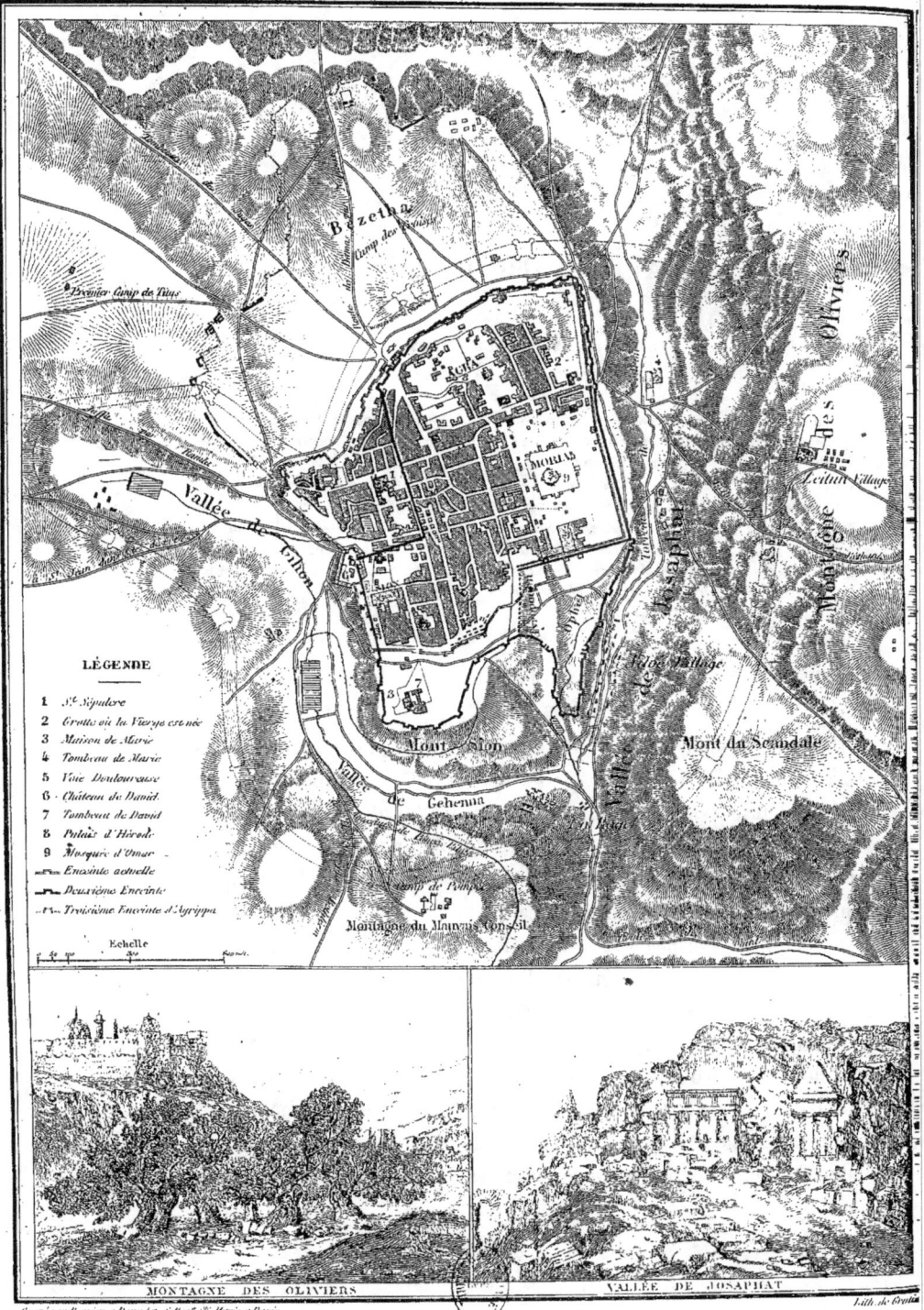

CHAPITRE TROISIÈME

LA JÉRUSALEM DES JUIFS

Les commencements de Jérusalem ; sa gloire sous David. — Le règne de Salomon avec ses splendeurs ; construction et dédicace du temple ; la reine de Saba visite Jérusalem. — Vicissitudes de la ville sainte après le schisme des dix tribus ; prédictions d'Isaïe. — Malheurs réitérés de Jérusalem ; le prophète Ézéchiel. — Pillage et incendie de Jérusalem par Nabuchodonosor ; captivité de Babylone. — Jérusalem rétablie ; changements opérés parmi les Juifs, leur état paisible et prospère. — Alexandre le Grand à Jérusalem ; diffusion des doctrines judaïques. — Les Grecs et les Juifs ; Héliodore dans le temple de Jérusalem ; Antiochus Épiphane et les Machabées. — La ville et le temple sous les Asmonéens et les Romains. — Jérusalem au temps de Jésus-Christ. — L'Église chrétienne à Jérusalem. — Ruine de Jérusalem par Titus.

I

L'histoire ne fournit guère de renseignements positifs sur l'origine et la fondation de Jérusalem. Cette ville est-elle l'antique Salem où régna Melchisédech, qui vint saluer et bénir Abraham au retour de son expédition contre les rois de la Pentapole, qui, prince et prêtre, fut la figure expressive d'un autre pontife et d'un autre monarque, lequel a purifié le monde par l'effusion de son propre sang, a soumis à son empire les esprits et les cœurs, et, l'Évangile à la main, est venu au-devant de l'humanité souffrante pour l'aider dans le voyage et les combats de la vie ? Faut-il confondre la montagne où le croyant Abraham se rendit pour immoler son fils avec la montagne de Moriah où s'éleva plus tard le temple de Salomon, avec le Calvaire où Jésus-Christ livra sa vie ? Et celui qui donne à tout homme sa vocation et à toute chose sa destination n'a-t-il pas établi de la sorte un rapprochement et une correspondance entre les figures qui annonçaient le sacrifice du Sauveur avec tant de précision, et la réalité qui est venue tout accomplir avec tant de plénitude? Divers auteurs l'ont cru et se sont efforcés de le prouver, ceux-là surtout qui ont placé l'Éden dans la Palestine et le sépulcre d'Adam sur le Calvaire, auprès de la vallée de Josaphat, où les hommes ressuscités assisteront à leur jugement suprême. D'après ce sentiment, Jérusalem serait le théâtre privilégié de toutes les grandes scènes de la religion : c'est sans doute ce qui faisait dire naïvement à quelques géographes du moyen âge que cette ville était située au centre du monde entier[1].

Quoi qu'il en soit, nous voyons qu'à l'époque où Josué envahit la Terre promise, il y avait un roi de Jérusalem, et la ville était occupée par les Jébuséens. Le roi se nommait Adonibések ; c'est lui qui forma une ligue puissante contre les Hébreux et fut vaincu avec ses alliés à la journée de Gabaon. Après la mort de Josué, la tribu de Juda prit Jérusalem ; mais qu'elle se fût seulement emparée de la ville basse, ou qu'elle ait ensuite perdu sa conquête, il est certain que les Jébuséens étaient encore maîtres de la citadelle au temps de David. Alors Jérusalem, assise sur une colline au sud de l'emplacement où l'on bâtit ensuite le temple, n'avait qu'une médiocre étendue, et elle était commandée au nord par la montagne de Sion, où les Jébuséens se maintenaient dans leurs forteresses.

A peine sur le trône, David tourna ses armes contre le reste de la population indigène. La forteresse de Sion passait pour imprenable ; il s'en rendit maître, la rebâtit et lui donna son nom. Il y joignit des terrains considérables, et, agrandissant la ville, il en recula les murailles jusque sur un ravin qui servit de fossé. Hiram, roi de Tyr, admirant les grandes qualités de David et informé de ses projets, lui envoya des ambassadeurs pour le féliciter de son avènement définitif au trône d'Israël, pour lui offrir, avec son amitié, de riches présents, et mettre à sa disposition les beaux cèdres du Liban et une foule d'ouvriers habiles à travailler le bois et la pierre[2].

[1] Jacques de Vitry, *Histoire de Jérusalem*, liv. III.
[2] *Livre des Rois*, II, chap. v.

C'est avec ces ressources que David acheva son magnifique palais : séjour plein de charmes, d'où la vue, à l'est, plongeait sur la vallée de Josaphat et s'étendait jusqu'au Jourdain, à travers la cime déchirée des collines ; séjour d'inspiration sainte, qui dominait le cours du Siloé aux flots poétiques, et qui entendit tant de fois des accords si doux et si sublimes que nul écho sur la terre n'a tressailli au bruit de plus grandes choses ! Sous la main de David, Jérusalem devint bientôt la plus belle et la plus grande ville du pays, le centre du gouvernement et le point de ralliement pour les principales cérémonies du culte religieux. Le prince y fit transporter l'arche sainte qui était restée près de cinquante ans sous la garde des lévites dans une bourgade de la tribu de Juda.

Sans oublier la législation de Moïse, qui n'avait pas prétendu créer un peuple conquérant, David fut obligé de garder toujours le glaive à la main et de soutenir contre ses voisins plusieurs luttes sanglantes où, du reste, il se couvrit de gloire. C'est lui qui organisa la force publique chez les Hébreux ; il divisa tous les guerriers en douze corps formés chacun de vingt-quatre mille hommes et se tenant successivement sous les armes un mois entier pour faire le service habituel de Jérusalem et, au besoin, marcher contre l'ennemi en attendant que le peuple tout entier se rassemblât. Tranquille au dedans, il sut imposer au dehors la crainte et le respect de ses armes par la promptitude et la sévérité des répressions jugées nécessaires. Il changea le système d'attaque et de défense adopté sous les juges et même au temps de Saül : au lieu d'agir par tribus, il agit par masses considérables, réunissant les forces du pays en un faisceau compacte, afin de porter toujours des coups décisifs ; aussi la victoire lui fut constamment fidèle. Depuis Josué, la nation luttait sans cesse pour s'étendre jusqu'aux limites prévues par son législateur et s'y asseoir dans la paix d'une possession incontestée ; David acheva rapidement ce travail : il élargit le foyer de la patrie et réalisa le plan de la conquête, en resserrant les Philistins contre la Méditerranée, en portant ses armes au cœur de la Syrie et jusque sur les bords de l'Euphrate. Des peuples ennemis, il ruina la puissance des uns qui pouvaient l'inquiéter; il fit alliance avec les autres qui pouvaient lui être utiles; il prit à l'égard de tous une position qui commandait le respect : en un mot, il éleva la fortune d'Israël et lui assura une prépondérance éclatante sur les États voisins dont les jalousies l'avaient tenu jusque-là dans une attitude humiliée et craintive.

De même que l'armée, les finances, l'administration générale et le culte reçurent et gardèrent longtemps la puissante empreinte de la sagesse et du génie de David. Il avait amassé de grandes richesses dans le dessein de bâtir à Jérusalem un temple digne de sa piété, et, autant qu'il se pouvait, digne de l'Éternel. On imagine à peine ce qu'il possédait d'or et d'argent, de fer et d'airain, de bois précieux et de marbres rares. Les combinaisons sociales des anciens peuples, surtout en Orient, amenaient tous les trésors, aussi bien que tous les pouvoirs, entre les mains des chefs de l'État : l'histoire a vanté leur opulence inouïe; la renommée de leur faste a passé dans toutes les langues sous la forme du proverbe. En outre, les lois de la guerre antique dépouillaient le vaincu de tous ses droits et de tous ses biens : sa liberté, sa vie même étaient à la merci du vainqueur. David trouva donc un prodigieux butin dans les contrées où il promena ses armes glorieuses, dans l'Idumée, la Phénicie, la Syrie, le pays des Ammonites et des Moabites. Au reste, quand même on réduirait le chiffre des sommes attribuées à David, sous prétexte d'erreurs possibles dans l'appréciation comparative des monnaies françaises et hébraïques, encore est-il certain que le monument fameux, dont la construction absorba tous ses trésors, n'avait pas d'égal pour la magnificence. Mais David n'eut pas la gloire de l'élever lui-même; il dut céder ce soin pacifique à un prince moins guerrier.

Ce qu'il avait conquis par les armes, David s'occupa de le maintenir par la sagesse, en faisant passer l'esprit des institutions nationales dans des règlements appliqués à toutes les branches du service public. Après avoir assuré le plus efficacement qu'il put l'administration de la justice, il voulut surtout augmenter la pompe des fêtes religieuses; afin qu'un personnel plus nombreux y apportât un zèle plus libre et plus actif, il avança de cinq ans l'âge requis pour excercer les fonctions lévitiques et le ramena de vingt-cinq à vingt ans. Il distribua les lévites en sections qui se partageaient la garde de la maison de Dieu et les cérémonies du culte. Six mille d'entre eux présidaient aux tribunaux comme magistrats; vingt-quatre mille étaient chargés du soin des sacrifices et d'entretenir la propreté et l'éclat du temple; quatre mille veillaient aux portes et sur les chambres du trésor; enfin quatre mille chantaient alternativement les louanges du Très-Haut. David, poëte et musicien, avait composé les hymnes qui retentissaient dans les cérémonies solennelles, et même inventé quelques-uns des instruments harmonieux dont le jeu se mêlait à la voix des chœurs. Telle est l'origine de la plupart des poésies rassemblées et connues dans l'Église sous le nom de psaumes de David.

Jérusalem se revêtit donc de toutes les splendeurs sous le règne de ce monarque. Si l'on doit mesurer le génie d'un prince non point à l'étendue des terres placées sous sa domination, mais au parti qu'il sait tirer des circonstances, David ne fut point inférieur à la plupart des potentats célèbres, et les Hébreux ont pu légitimement environner sa mémoire guerrière et politique de ce respect plein d'admiration qui échoit à la supériorité. Sans doute on peut citer des capitaines plus illustres que lui, des princes plus versés dans la science du gouvernement, des philosophes traitant les questions de morale avec plus de méthode, enfin des poëtes d'un goût plus pur; mais il n'y a pas un seul monarque qui se soit montré si grand sous tous ces aspects réunis, et dont le jugement, l'imagination, le cœur et le bras à la fois aient déployé une telle puissance. Au reste, tour à tour humble berger, guerrier plein de courage, ami généreux, chef de proscrits, roi couronné de gloire et docilement obéi, des épreuves de l'infortune passant sur le trône, rien ne lui manqua de ce qui forme les grandeurs et les félicités de la terre.

II

En donnant à la nation force et sécurité, David avait préparé le règne brillant de son successeur. En effet, Salomon dut aux travaux de son père, comme à sa propre sagesse, d'élever rapidement le pays des Hébreux et la ville de Jérusalem à leur plus haut période de grandeur et de prospérité. Aussi pacifique par son caractère et la nature des circonstances, que son père avait été belliqueux, il égala David sans le faire oublier; il profita des victoires remportées avant lui pour déployer son règne dans la magnificence. Il noua des amitiés avec les rois voisins, et tourna l'activité de son peuple vers le commerce et l'industrie. Les avantages que possédaient Tyr et Sidon, ces reines des mers, il comprit que la Judée, pour peu qu'elle le voulût, ne les revendiquerait pas en vain ; car elle s'étendait, sur un espace de quarante lieues, le long du littoral de la Méditerranée. Ses vaisseaux pouvaient visiter l'Égypte, cette riche nourricière du vieux monde, les côtes de l'Asie Mineure et les îles de l'archipel grec. Par la voie de terre, elle trouvait à ses portes la Phénicie, les villes assises sur le cours de l'Euphrate, l'Arabie, fertile en produits estimés, et la mer Rouge, qui ouvrait le chemin des Indes. Salomon se lia par des traités avec ces différents pays. Au nord, il bâtit Palmire ou Tadmor, qui était comme un entrepôt de Jérusalem à Babylone ; au midi, le comptoir d'Asiongaber lui livrait les richesses de l'Asie orientale. Son mariage avec la fille du roi d'Égypte, son alliance politique et commerciale avec le roi de Tyr, en donnant à son nom de l'éclat et du retentissement, assuraient à ses entreprises un puissant concours et un succès aussi complet qu'inévitable.

Salomon garda longtemps une âme droite, un cœur pur, une merveilleuse innocence de vie. Pour obéir aux sentiments de sa piété personnelle, ainsi qu'aux intentions de son père, il s'occupa de bâtir le temple de Jérusalem. Il envoya des ambassadeurs à Hiram, roi de Tyr, ami constant de David, pour lui demander la coopération des ouvriers sidoniens, alors les plus habiles de l'univers, qui devaient couper les cèdres du Liban. Le roi de Tyr reçut cette ambassade avec bienveillance et se rendit aux vœux de Salomon qui, en retour, lui donna, chaque année, pour l'entretien de sa maison et des ouvriers, vingt mille mesures de froment, autant d'orge, autant de vin et autant d'huile. Aux Sidoniens, Salomon joignit trente mille Hébreux qu'il envoya tour à tour, dix mille chaque mois, dans les montagnes du Liban, pour aider les premiers à couper les arbres et à préparer la charpente. En outre, soixante-dix mille étrangers portaient les fardeaux, quatre-vingt mille taillaient les pierres dans les montagnes, trois mille six cents surveillaient les divers ouvrages. Avant d'être transportés à Jérusalem, le bois et les pierres furent disposés d'une manière si complète et si précise, que dans la construction du temple, on n'entendit ni les coups du marteau ou de la cognée ni le bruit d'aucun instrument [1].

C'est la quatrième année du règne de Salomon que fut commencée la construction du temple. Des pierres d'un grand prix, des marbres et des porphyres furent employés pour les fondements de ce merveilleux édifice. Il devait, par son immensité, former comme une ville sur la montagne de Moriah. On l'environna d'une triple enceinte prenant ouverture sur le temple par quatre portes placées sur deux lignes perpendiculaires. La première enceinte était réservée aux Gentils ou étrangers, la seconde aux Israélites, la troisième aux lévites et à l'ordre sacerdotal. Chacune avait dans son pourtour intérieur des galeries soutenues par des colonnes où se trouvaient les logements des prêtres et les magasins remplis de tout ce qui servait au culte, c'est-à-dire de bois, de vin, d'huile et de froment. Au milieu de la plus étroite enceinte s'élevait le temple qui renfermait l'arche d'alliance. Il avait des lambris de cèdre tout couverts de lames d'or; les murailles étaient ornées de moulures et de sculptures où brillaient en relief des chérubins et des figures diverses. Le pavé

[1] *Livre des Rois*, III, chap. VI.

était de marbre précieux et revêtu d'or; partout c'était l'éclat de l'or rehaussant les matières les plus riches travaillées avec l'art le plus exquis. L'antiquité comptait ce temple au nombre de ses merveilles.

On fut sept ans à terminer un si grand ouvrage; Salomon en fit ensuite la dédicace avec une magnificence incomparable. D'un bout du royaume à l'autre, d'Antioche au fleuve d'Égypte, la foule accourut à cette solennité; les anciens d'Israël, les chefs des tribus, les princes des familles s'y étaient rendus comme pour un acte national. L'arche fut transportée de la citadelle de Sion dans le sanctuaire du temple. Le roi, suivi de sa cour et des anciens, ouvrait la marche; les lévites, répartis en trois chœurs, chantaient des hymnes à l'Éternel, aux accents mille fois répétés des cymbales, des cithares et des trompettes. Puis venait l'arche, portée par des prêtres. Ce fut un spectacle émouvant de la voir entrer dans l'asile qui lui était préparé et qui se remplit alors d'une nuée lumineuse. Salomon fit éclater les signes de la religion la plus vraie et la plus élevée : il prononça une prière touchante où la majesté de Dieu, le néant de l'homme et le gouvernement de la Providence sont dépeints en traits vifs et profonds. A peine avait-il achevé qu'une flamme descendit du ciel, dévora la victime offerte et inonda le temple comme d'un reflet de la gloire du Tout-Puissant. Les Israélites tombèrent la face contre terre et les hymnes sacrés retentirent.

Ainsi fut bâti et dédié par le pacifique Salomon, figure du Christ, qui est le prince de la paix, ce temple merveilleux de Jérusalem, qui était le centre visible de l'unité religieuse et par là même le symbole expressif de l'Église chrétienne, où il a été donné rendez-vous à tous les peuples de la terre. Ce n'est pas que les Juifs eussent l'habitude de repousser les étrangers du sein de la Judée; au contraire, ils accueillaient volontiers ceux qui ne refusaient pas de suivre le culte mosaïque. Mais, bien que leur doctrine religieuse ait pénétré chez les nations voisines, et que plus d'une âme ait été de la sorte initiée à la connaissance du vrai Dieu, il faut admettre néanmoins que ce prosélytisme ne fut ni bien actif ni bien étendu.

La constitution hébraïque avait quelque chose de puissant, mais d'exclusif. Il appartenait à l'Église catholique de créer un ordre nouveau où, sans abolir les limites des nationalités pas plus que la distinction des familles, tous les peuples pourraient s'agenouiller ensemble au même autel et prier Dieu dans l'unanimité d'une même croyance et d'un même sentiment.

Ensuite Salomon employa treize ans à se bâtir un palais splendide. A l'extérieur, ce palais était entouré de colonnes en bois de cèdre, disposées en galeries; à l'intérieur, on voyait des lambris et des parquets du même bois, et une salle où cinq cents boucliers et deux cents lances d'or massif étaient appendus à des colonnes de cèdre. Il y avait aussi dans le palais une immense quantité de vases d'or. Le trône de Salomon, par lequel les Hébreux ont longtemps juré pour rendre leurs serments plus solennels, était d'ivoire, enrichi d'or; deux lions d'or soutenaient le siége qui dominait une estrade de six marches recouvertes de lames d'or.

Salomon combla, en outre, la vallée de Mello qui se trouvait entre la montagne de Sion et l'ancienne ville de Jérusalem. Il y ménagea pour le peuple un lieu de réunion et y construisit un palais pour la reine, fille de Pharaon. Il fortifia la cité par des travaux nombreux, releva plusieurs villes détruites sur divers points du royaume; il plaça son pays dans les conditions de la plus grande prospérité, en lui donnant le repos d'une paix continuelle et la sécurité pour les entreprises les plus lentes et pour les excursions les plus lointaines. Le commerce faisait couler comme un fleuve de richesses au sein de Jérusalem; l'argent y était aussi commun que les pierres, dit l'historien sacré.

Le bruit de ces grandes choses avait parcouru les régions de l'Orient. La reine de Saba, dans l'Arabie Heureuse ou peut-être en Abyssinie[1], ne résista point au désir de visiter un si grand monarque, dont tous les rois de la terre eussent voulu connaître par

---

[1] *Voyage en Abyssinie*, par Combes et Tamisier, tome III, pages 40 et suiv.

eux-mêmes les éminentes qualités et expérimenter la sagesse. Elle se rendit donc à Jérusalem, suivie d'un nombreux et brillant cortége et munie des plus riches présents. Son but était de proposer à Salomon une foule de questions énigmatiques, afin de voir s'il égalait en sagesse la splendeur de sa renommée; mais elle ne réussit point à l'embarrasser par ses problèmes qu'il résolut avec une facilité et une justesse admirables. Puis, lorsqu'elle eut vu tous les grands ouvrages de ce monarque, l'ordre qui régnait dans sa maison, la magnificence de sa cour, la prospérité de ses États, et qu'elle eut entendu les réponses sorties de sa bouche : « Ce qu'on avait, dit-elle, publié dans mon royaume touchant vos discours et votre sagesse est bien vrai. Je n'y croyais pas, néanmoins, jusqu'à mon arrivée; mais j'ai vu de mes yeux, et j'ai constaté qu'on ne m'avait dit qu'une moitié de la vérité. Votre sagesse et vos actes dépassent la renommée. Heureux ceux qui sont à vous! heureux vos serviteurs qui jouissent de votre présence et entendent vos paroles! Gloire au Seigneur votre Dieu qui a mis en vous son affection et vous a fait asseoir sur le trône d'Israël! » Et la reine de Saba retourna dans son pays après avoir offert à Salomon cent vingt talents d'or, une infinie quantité de pierres précieuses et de parfums, et après avoir reçu, de son côté, des présents dignes de son hôte illustre[1].

Heureux le prince que les hommes élevaient par de tels éloges, s'il les eût mérités jusqu'à la fin de sa vie! Mais il imprima une tache à sa gloire : des femmes étrangères lui pervertirent le cœur; il offrit son encens et dressa des autels à leurs impures idoles. La menace de Dieu fut sur lui; un sourd mécontentement s'éleva dans la nation durant les dernières années de son long règne, et si sa prudence n'était pas évanouie, il dut comprendre qu'il léguerait à ses successeurs un avenir orageux. Mais l'éclat d'une jeunesse entraînante, la séduction du pouvoir, l'ascendant du génie, les charmes de

---

[1] *Livre des Rois*, III, chap. x.

sa personne avaient jeté sur son nom un si grand prestige, que, malgré sa vieillesse et ses fautes, il tint constamment tout l'Orient attentif à ses actes. Il subjugua tellement l'admiration de ses contemporains, qu'il put être entraîné à de funestes erreurs sans que sa réputation de sagesse y disparût : aujourd'hui encore, le monde entier l'appelle le sage Salomon [1].

La piscine Bethesda, nommée aussi dans l'Évangile Bethsaïda ou Probatique, parce qu'on y purifiait les brebis destinées aux sacrifices, est le seul reste des travaux accomplis par les premiers rois des Hébreux. On la voit encore dans la partie orientale de Jérusalem, près de la porte Saint-Étienne ; elle était au nord de l'ancien temple. C'est là que Jésus guérit un malade atteint de paralysie depuis trente-huit ans. Il y avait autrefois cinq portiques autour de cette piscine ; mais ils étaient déjà détruits au temps de saint Jérôme, qui mentionne seulement deux lacs, dont l'un se remplissait des eaux pluviales, et l'autre au moyen d'un aqueduc venant peut-être de la fontaine Scellée, à trois lieues de là. Bethesda n'a plus d'eau, et même elle va se comblant tous les jours. On ne peut savoir quelle a été sa profondeur ; mais elle a cent cinquante pieds de long, sur quarante de large. Les murs subsistent et permettent d'apprécier la maçonnerie du roi Salomon. Les terres sont d'abord soutenues par de grosses pierres que des crampons de fer relient ensemble ; sur ces pierres s'applique une maçonnerie mêlée, qui reçoit une couche de cailloutage, où vient enfin se coller un enduit ou ciment plus ou moins imperméable.

Voilà, si on excepte ses livres, tout ce qui nous est venu du puissant monarque qui a répandu sur Jérusalem un si grand éclat. Sans doute, c'est plus que n'en ont laissé beaucoup d'hommes ; mais c'est si peu de chose qu'on voit excellemment dans ce qu'il a fait la vérité de ce qu'il a dit : « Vanité des vanités, et tout est vanité. » Quelques arbres, des nopals, des grenadiers, une espèce de tamarin sauvage

---

[1] D'Herbelot, *Bibliothèque orientale*, Art. Soliman.

d'argent considérables pour orner la maison de Dieu. Mais le vieux pontife étant mort, Joas ne sut plus résister aux flatteries qu'on lui décernait avec des marques d'honneur. Trop fidèle au sang d'Achab, il retraça bientôt en lui toute l'impiété d'Athalie, et Jérusalem vit avec une stupeur douloureuse le temple du vrai Dieu dans le délaissement et le deuil, les insignes d'un culte sacrilége hissés sur les montagnes, et toute une foule impie adorant de muettes idoles.

Le grand prêtre Zacharie, fils de Joïada, se présenta devant le peuple pour lui reprocher son ingratitude; mais le peuple, ameuté, le fit périr sous une grêle de pierres. C'était Joas qui avait donné l'ordre barbare d'immoler ainsi le fils de son bienfaiteur. Le noble prêtre, avant d'expirer, en appela de la sentence de son lâche bourreau à la justice de Dieu : « Que le Seigneur voie et me venge, » dit-il. Le Seigneur, en effet, vit le crime et en tira une prompte vengeance. Les Syriens vinrent abaisser l'orgueil de Joas en faisant invasion sur les terres de Juda et en menaçant même la ville sainte. Pour lui épargner les horreurs d'un siége et les conséquences d'une prise d'assaut, le roi acheta la retraite des ennemis et dépouilla le temple et les palais, sans contenter néanmoins les Syriens, qui reparurent l'année suivante, défirent ses troupes et l'accablèrent lui-même de mauvais traitements. Bien plus, ses gens s'armèrent pour venger le meurtre de Zacharie, et le malheureux Joas périt assassiné dans son palais de Mello, charmante résidence bâtie par Salomon.

Peu de temps après, Jérusalem éprouva de nouvelles humiliations et de nouveaux malheurs. Amasias, qui remplaça Joas sur le trône de Juda, fit adresser un défi belliqueux au roi d'Israël. Celui-ci répondit avec une fierté calme : « Le chardon du Liban envoya dire, un jour, au cèdre du Liban : Donne ta fille en mariage à mon fils. Et les animaux qui peuplaient la forêt du Liban passèrent en écrasant le chardon. Parce qu'il vous est arrivé de battre les Iduméens, votre cœur s'est enorgueilli; soyez content de votre gloire et demeurez en paix chez vous. Pourquoi chercher le malheur et vous exposer

ardent, afin qu'il pût désormais annoncer la gloire du Très-Haut, reprocher aux Juifs leur ingratitude et tous leurs crimes, et leur parler avec autorité des vengeances célestes qui allaient frapper Jérusalem. Il faut l'entendre lorsqu'il fait tomber son blâme sur Israël, et qu'il prédit la fureur et la marche sanglante de l'armée chaldéenne :

« Toute tête est malade, s'écrie-t-il, et tout cœur abattu; de la plante des pieds jusqu'au sommet de la tête, il ne reste en Juda plus rien de sain; il n'y a que blessure et contusion, plaie brûlante qu'on n'a point bandée et que l'huile n'adoucit pas... Malheur à vous, qui joignez maison à maison, et champ à champ, jusqu'à ce qu'enfin le lieu vous manque! Voulez-vous donc habiter seuls sur la terre? Mes oreilles ont tout entendu, dit le Seigneur, et je le jure : ces maisons innombrables seront désertes, ces beaux et vastes palais seront sans habitants. Malheur à vous qui, dès le matin, courez après l'ivresse, et que le soir y trouve plongés! La cithare et la harpe, les flûtes, les tambours et le vin sont à vos banquets; de l'œuvre de Dieu, vous n'avez nul souci, vous n'y regardez pas. Aussi mon peuple sera-t-il emmené captif, parce qu'il m'oublie. Malheur à vous qui traînez sur vos pas une longue chaîne d'iniquités, et qui êtes attachés au mal comme aux traits d'un char! Malheur à vous qui nommez mal le bien, et bien le mal; qui appelez les ténèbres lumière, et la lumière ténèbres; qui dites amer ce qui est doux, et doux ce qui est amer! Malheur à vous qui êtes vaillants pour la débauche, hommes de cœur pour l'ivresse, qui justifiez l'impie à cause de ses dons, et ravissez au juste sa justice! C'est pourquoi la colère du Seigneur s'est allumée. Il élèvera son étendard pour donner le signal à une nation lointaine; il l'appellera, par un coup de sifflet, des extrémités de la terre, et elle arrivera en toute hâte. Aucun de ses guerriers qui se lasse ou s'arrête; elle ne prendra ni sommeil ni repos. Le baudrier ne quittera pas ses reins, le cordon de sa chaussure ne s'usera pas. Ses flèches sont acérées, et tous ses arcs tendus. Les pieds de ses chevaux sont comme le silex, les roues de ses chars comme le vol de la tempête. Ses rugissements sont d'un lion; elle rugira comme les lionceaux, grincera des dents, fondra sur sa proie et l'enlèvera sans qu'on puisse la lui arracher. Elle roulera sur Israël avec un fracas pareil au fracas des mers. Alors nous jetterons les yeux sur le sol, et nous n'y verrons que ténèbres et angoisses, sans que nulle lumière apparaisse dans l'obscurité de cette ruine. »

IV

Mais avant l'accomplissement de ces prophéties, Jérusalem vit son territoire ravagé et ses murs menacés par les rois de Syrie et d'Israël. Elle appela, pour la secourir, le monarque assyrien Téglath-Phalasar, qui se conduisit en maître tyrannique, et non en auxiliaire bienveillant; car il pilla le temple et les palais, et combla, par ses dévastations, les malheurs de la Judée. Peu de temps après, la cité sainte fut de nouveau en butte aux attaques des Assyriens, qui lui imposèrent les plus dures conditions, d'abord sous le roi Ézéchias, et puis sous Manassès, son fils et son successeur. Celui-ci souilla le temple et la ville par les pratiques de l'idolâtrie et par des actes de lâche cruauté. Les reproches du prophète Isaïe lui semblant importuns, il le fit couper en deux avec une scie; mais aussi faible devant l'ennemi que vaillant contre des citoyens désarmés, il ne sut défendre ni Jérusalem, qui fut dépouillée de tout, ni sa propre liberté, qu'il alla pleurer à Babylone. Josias, un de ses successeurs, s'opposant à Pharaon-Néchao, roi d'Égypte, qui marchait sur Babylone, fut battu à Mageddo et mourut d'une blessure qu'il y avait reçue. On mit à sa place son fils Joachas, qui n'y resta que trois mois : Néchao, revenant victorieux de la Babylonie, le prit, le chargea de chaînes et l'emmena captif sur les bords du Nil, en donnant le trône à Joakim. L'histoire ne dit pas qu'il ait pillé la ville ou le temple; mais il frappa les Juifs d'une lourde amende pour avoir résisté à ses armes et choisi leur roi sans son ordre. C'est ainsi que chaque règne, au lieu d'affermir Sion, ajoutait à ses malheurs et, diminuant ses forces ainsi que sa gloire, semblait la préparer à une catastrophe.

Un jour, le prophète Jérémie, voyant ses avertissements dédaignés, prit un vase de terre, et, le brisant avec violence aux yeux du peuple : « Voilà, s'écria-t-il, comment seront traitées Jérusalem et la nation. » L'un des intendants du temple frappa Jérémie, à cause de ses prédictions sinistres, et le jeta en prison. « Des traitements semblables te seront prochainement infligés à Babylone, » lui dit le prophète. En effet, la quatrième année du règne de Joakim, à peu près six siècles avant Jésus-Christ, Nabuchodonosor, roi de Babylone, assiégea la ville de Jérusalem, alors tributaire des Pharaons, s'en rendit maître et lui dicta des lois. Joakim gouverna donc sous la dépendance du vainqueur, comme il avait auparavant gouverné sous le bon plaisir des Égyptiens. Au bout de trois ans, il se lassa de cette soumission et se révolta; le monarque chaldéen, alors occupé en Orient, se contenta d'inquiéter et de désoler la Judée, en y envoyant divers corps de troupes. Joakim périt dans une rencontre, et, selon la prédiction de Jérémie, son cadavre demeura sans sépulture. Son fils Jéchonias hérita de son trône, de sa témérité et de ses malheurs; il essaya de s'affranchir du joug de l'étranger. Mais Nabuchodonosor courut à Jérusalem, la força de capituler, lui prit ses richesses et emmena dans les fers les principaux d'entre les Juifs avec leur malheureux prince; un petit nombre de misérables fut laissé dans le pays sous le gouvernement de Sédécias.

Parmi les captifs entraînés dans la Babylonie se trouvait Ézéchiel, de la race sacerdotale. Sa fidélité au culte du vrai Dieu n'avait souffert aucune éclipse, et il ne parut enveloppé dans le malheur de ses compatriotes que pour les instruire et les consoler. Un jour qu'il était sur les bords du fleuve Chobar, affluent de l'Euphrate, il fut saisi d'une extase prophétique : les cieux s'ouvrirent devant son regard, et il eut comme une révélation du plan de la Providence dans le gouvernement du monde. Le fils de l'Homme s'avançait sur

Gomorrhe : il contrefit l'émigrant, et, en plein jour, transporta ses meubles sur la place publique; le soir venu, il perça la muraille de sa maison, sortit par la brèche, la tête voilée et porté sur les épaules de quelques hommes. Puis, il expliqua lui-même, au nom du ciel, ces actions symboliques : « Les Juifs, dit-il, souffriront ce que j'ai figuré; ils passeront ainsi d'un pays à un autre et seront conduits en servitude. Leur roi sortira, la nuit, de Jérusalem par une trouée qu'on aura faite dans les murailles; il sera porté sur les épaules de quelques hommes, la face voilée; il sera pris et emmené à Babylone, dans la terre des Chaldéens qu'il ne verra pas et où il mourra. Ceux qui sont autour de lui, sa garde, ses bataillons, je les disperserai à tous les vents, et ils sauront que c'est moi qui suis le Seigneur. Je laisserai quelques-uns d'entre eux échapper au glaive, à la famine, à la peste, afin qu'ils racontent tous leurs crimes aux nations parmi lesquelles ils seront dispersés. » En effet, toutes ces menaces, prononcées au nom de l'Éternel, reçurent bientôt leur funèbre accomplissement.

V

La septième année de son règne, Sédécias prit des mesures secrètes avec Apriès, roi d'Égypte, pour secouer le joug des Chaldéens, et deux ans plus tard il refusa ouvertement de leur payer tribut. Nabuchodonosor, fatigué de l'inconstance et de la mauvaise foi des Juifs, résolut d'exterminer leur nation, de ruiner leur royaume et d'en transporter les habitants au delà de l'Euphrate. On sait, du reste, que ces guerres d'extermination étaient en usage parmi les anciens peuples et surtout parmi les puissantes races du vieil Orient. La plupart de ceux que le sort des armes venait de trahir sur le champ de bataille expiraient par le glaive ou dans les fers; les villes prises d'assaut étaient livrées aux flammes et au pillage; le corps entier de la nation, arraché au sol natal, allait végéter sous d'autres cieux où il ne lui était départi qu'une certaine mesure d'air, de mouvement et de vie, comme un arbre découronné qu'on transporte sur une terre étrangère et que les plantes indigènes semblent vouloir étouffer de leur ombrage ennemi. La victoire était sans pitié.

Le puissant monarque de la Chaldée vint donc, à la tête de forces redoutables, punir la téméraire défection de Sédécias ; rien ne lui résista sur sa route, il arriva devant Jérusalem et y mit le siége. La situation de la ville, l'épaisseur de ses murailles, la résistance des habitants, le détournèrent de tenter un assaut général ; il aima mieux y perdre plus de temps et moins d'hommes, et changea le siége en blocus. Après s'étant mis en campagne pour secourir son allié et dégager la place, Nabuchodonosor se porta à sa rencontre, le contraignit à la retraite et rentra promptement dans ses positions. Il poussa le siége de Jérusalem avec vigueur, fit battre les murailles avec toutes ses machines de guerre, pendant que la famine décimait les habitants. Une brèche s'ouvrit, Sédécias en profita pour s'échapper à la faveur des ténèbres, suivi de ses meilleurs soldats ; mais les Chaldéens, avertis par des transfuges, le poursuivirent dès la pointe du jour et l'arrêtèrent dans la plaine de Jéricho. On l'amena devant le vainqueur, qui lui fit crever les yeux, après avoir tué en présence du malheureux père tous ses enfants avec ses serviteurs les plus dévoués ; on le conduisit, chargé de fers, à Babylone, qu'il ne vit pas et où il mourut, selon la prophétie d'Ézéchiel. L'armée chaldéenne entra dans Jérusalem par la brèche et y promena le carnage et la désolation. La ville fut démantelée et livrée aux flammes ainsi que le sanctuaire, après qu'on eut enlevé du temple et des maisons tous les objets de quelque valeur. On fit périr une foule innombrable de Juifs, et on entraîna le reste à Babylone avec le butin, qui fut immense.

Nabuchodonosor pesa sur les vaincus de tout le poids de l'orgueil que lui inspiraient sa gloire et sa puissance ; car son vaste empire touchait aux rives de l'Indus et de la Méditerranée ; l'opulente Tyr s'était vainement défendue contre la rapacité de cet aigle dont l'essor avait déjà épouvanté l'Égypte. Babylone, sa fière capitale, traversée par l'Euphrate, et formant un carré parfait, avait une superficie de vingt lieues, des murailles larges de cinquante coudées, hautes de deux cents, flanquées de deux cent cinquante tours et environnées d'un fossé profond; elle comptait cent portes d'airain, vingt-cinq de chaque côté, autant de rues qui couraient d'une porte à l'autre et formaient six cent soixante-dix carrés remplis de palais, de cours, de jardins ou laissés en terres labourables; enfin elle avait des provisions pour vingt ans, de sorte qu'elle pouvait braver les rigueurs d'un siége opiniâtre et la tentative d'une prise d'assaut. Or, c'est le monarque de cette capitale invincible et de ce grand empire qui tenait sous ses pieds la nationalité juive et qui l'eût enfin étouffée sans retour si la politique de l'homme pouvait quelque chose contre ce que Dieu protége. Les lois, les mœurs, les croyances et le nom même des Juifs vaincus étaient à la merci de ce despote qui les couvrait d'opprobre et semblait devoir les effacer de la terre. Au milieu de cette infortune, Jérémie, qui l'avait prédite, écrivit à ses frères pour les consoler, en relevant leur espérance et en marquant la fin de leur captivité, qu'il fixait à soixante-dix ans. Ensuite il s'assit tout en larmes et pleura ses Lamentations sur Jérusalem, en tirant de son cœur blessé des soupirs inconsolables.

Après une touchante exposition de son sujet, le prophète ou plutôt le poëte peint la dispersion des Juifs, le dénûment absolu de Sion, ses princes chassés, la ville et le temple livrés au pillage, les peuples insultant à son malheur sans qu'une parole amie vienne la consoler. Dans sa pitié patriotique, il évite de rappeler que ce désastre est la punition de crimes nombreux; il ne veut voir et dire qu'une chose : la misère incomparable de la ville sainte faisant contraste avec sa félicité et sa gloire évanouies. Alors Jérusalem élève la voix; ce n'est plus une cité vaincue : c'est une mère en deuil, une veuve éplorée, dont le sort lugubre fait peur à tout le monde, et qui même ne trouve plus autour d'elle ses enfants, devenus ses ennemis; c'est une reine descendue des hauteurs splendides d'où elle commandait aux nations, pour être leur tributaire et leur esclave. Seule capable d'exprimer toutes ses souffrances, elle se compare à une vigne qui florissait un jour et voyait les cèdres ramper à ses pieds et les fleuves rouler leurs eaux sous l'ombrage de ses pampres, mais qui vient d'être vendangée et détruite par une tempête de la colère divine. Elle se compare à une vierge, hier dans toute la gloire de sa jeunesse et de sa beauté, aujourd'hui tombée dans la servitude et courbée sous un joug qu'elle désespère de briser jamais. Dieu a fait descendre sur elle un feu qui circule dans ses veines, la brûle et la dévore : c'est la guerre; puis, comme si ce destructeur rapide ne suffisait pas à le venger, Dieu a mandé le temps, ce ministre infatigable de l'éternité, et lui a donné mission d'exterminer les princes, le peuple et les soldats de Jérusalem. Aussi elle est devenue un objet d'horreur, et le monde détourne d'elle ses regards, en sifflant de mépris; il ne lui reste qu'à étendre vers le ciel et la terre ses mains découragées et à laisser couler ses larmes inépuisables.

Ainsi pleurait Jérémie avec des sanglots éloquents que les plaintes d'aucun proscrit n'ont jamais su égaler. Longtemps auparavant, la vue anticipée des maux de Jérusalem avait mis dans l'âme et sur la lyre d'un autre poëte ce chant mélancolique, le plus bel hymne qu'ait inspiré l'amour de la patrie : « Près des fleuves de Babylone, nous nous sommes assis, et nous avons pleuré, au souvenir de Sion. Aux saules de l'Euphrate, nous avons suspendu nos cithares. Et là, ceux qui nous ont réduits en servitude nous ont demandé de chanter nos cantiques; ceux qui nous ont expatriés : Chantez, ont-ils dit, quelque hymne de Sion. Ah! comment chanter un hymne joyeux sur, une terre étrangère? Si je t'oublie, Jérusalem, que ma droite elle-même s'oublie! Que ma langue s'attache à mon palais si je ne me souviens de toi, si Jérusalem n'est à jamais mon premier amour! Rappelez-vous, Seigneur, les enfants de l'Idumée dans le jour où ils criaient : Abattez, détruisez Jérusalem jusqu'en ses fondements. Malheur à toi, fille de Babylone! Heureux qui te rendra tous les maux que tu nous a faits ! Heureux qui prendra tes petits enfants et les brisera contre la pierre [1] ! »

Au reste, de tous les prophètes qui ont annoncé et décrit la captivité de Babylone, il n'en est pas un qui n'ait fait éclater ses sentiments de douleur et d'espérance avec des accents si pathétiques et si majestueux que nulle littérature humaine n'offre rien de supérieur, ni même d'égal. Quelle simplicité dans les paroles et quelle élévation dans les pensées ! quel charme d'innocence et de naïveté ! quelle grâce ingénue ! et en même temps quelle richesse d'images ! quelle force et quelle profondeur ! Jamais on n'a entendu des plaintes plus déchirantes, des cris d'angoisse plus sympathiques, des gémissements qui saisissent l'âme d'une émotion plus vive et plus intime ! Ce langage à la fois doux, tendre et terrible, ces prophéties vérifiées par l'événement, avaient frappé les Juifs d'un coup si sensible que la captivité de Babylone est restée parmi eux comme l'expression d'un châtiment et d'une misère incomparables.

VI

Il y avait soixante-dix ans que durait la captivité lorsqu'un édit de Cyrus, vainqueur de Babylone, permit aux Juifs de retourner à Jérusalem et d'y rebâtir le temple. Les plus zélés d'entre eux et principalement les tribus de Juda, de Benjamin et de Lévi profitèrent de cette liberté et, répartis en diverses colonnes, revinrent dans leur patrie, au nombre d'environ cinquante mille, sous la conduite de Zorobabel, chef politique, et de Josué ou Jésus, souverain pontife. Ils s'occupèrent de reconstruire leurs villes et de relever l'autel, puis on jeta les fondements du temple, au milieu des pompes de la religion et au chant des cantiques. Ce fut une grande joie pour ce débris de peuple qui retrouvait la cendre de ses pères et le lieu où ils avaient prié ; mais quelques prêtres, des lévites, des

[1] *Psaume* 136.

chefs de famille et les vieillards qui avaient vu les splendeurs de l'ancien temple ne purent retenir leurs larmes.

Jérusalem ne sortit de ses ruines que lentement et après avoir vaincu beaucoup d'obstacles suscités par les ennemis de la nation juive et surtout par les Samaritains, colonie assyrienne envoyée dans le pays de Samarie pour remplacer les tribus d'Israël, que Salmanasar avait emmenées à Ninive. Le temple ne fut achevé qu'au bout de vingt ans, et la ville seulement au bout de quatre-vingts. C'est Artaxerce à la longue main, cité dans l'Écriture sous le nom d'Assuérus, qui donna l'ordre de relever les murs de Jérusalem, comme Cyrus avait donné l'ordre de rebâtir le temple. Grâce à l'influence de la reine Esther, dont on connaît la touchante histoire, il envoya le prêtre Esdras en Judée avec une forte somme d'argent et des vases destinés aux usages religieux, en témoignage de la foi et de la munificence royale; il y joignit une lettre de créance prescrivant aux satrapes de fournir tout ce qui était nécessaire pour le rétablissement et le maintien du culte. Il envoya de même Néhémias, en qualité de gouverneur, à Jérusalem, afin d'achever aussi les travaux que réclamait la sûreté de la ville. L'ouvrage fut poussé avec ardeur et prudence; malgré les intrigues haineuses et les efforts des Samaritains, des Arabes et des Ammonites, il fut achevé en deux mois, tant on y mit de courage et d'activité! Les jeunes gens bâtissaient les murailles, ceints du glaive et gardant auprès d'eux leur lance et leur bouclier, afin de se porter contre l'ennemi, au premier cri d'alarme.

Esdras, secondé par les principaux chefs de la nation, réforma les abus, fit observer avec exactitude la loi de Moïse, « mit en ordre les Livres saints, dont il fit une exacte révision, et ramassa les anciens mémoires du peuple de Dieu pour en composer les deux livres des Paralipomènes ou Chroniques, auxquelles il ajouta l'histoire de son temps, qui fut achevée par Néhémias. C'est par leurs livres que se termine cette longue histoire que Moïse avait commencée, et que les auteurs suivants continuèrent sans interruption jusqu'au rétablissement de Jérusalem. Le reste de l'histoire sainte n'est pas écrit dans la même suite. Pendant qu'Esdras et Néhémias faisaient la dernière partie de ce grand ouvrage, Hérodote, que les auteurs profanes appellent le père de l'histoire, commençait à écrire. Ainsi, les derniers auteurs de l'histoire sainte se rencontrent avec le premier de l'histoire grecque; et quand elle commence, celle du peuple de Dieu, à la prendre seulement depuis Abraham, enfermait déjà quinze siècles [1]. »

Il était impossible que le long exil des Juifs à Babylone n'introduisît dans leurs mœurs un changement considérable. D'abord par le seul fait de la dispersion qui les tenait éloignés de Jérusalem et mêlés aux races de la haute Asie, leur loi demeurait inobservée en deux points importants : l'un qui fixait Jérusalem comme le seul lieu où il fût permis d'accomplir les solennités du culte; l'autre qui interdisait à l'Israélite le commerce des nations étrangères. Ensuite plusieurs de ces captifs, n'opposant qu'une conscience molle et un cœur débile aux difficultés de la situation, se plièrent aux habitudes du vainqueur : ils ne craignirent pas de lui demander des femmes et de lui emprunter ses dieux; ils parlèrent sa langue et mangèrent sans scrupule des viandes défendues. Bientôt l'hébreu fut généralement oublié, et il n'y eut plus que les savants qui l'entendirent; le vulgaire parla le syriaque ou chaldaïque, tel qu'il est dans le livre de Daniel et dans les paraphrases de l'Écriture qui furent rédigées ensuite pour l'instruction du peuple. Les caractères même de l'alphabet subirent le contre-coup de cette révolution profonde; et à la place des anciennes lettres conservées par les Samaritains, on adopta les chaldéennes, qui s'appellent aujourd'hui hébraïques.

Ceux d'entre les Juifs qui revinrent dans la patrie s'appliquèrent à reconnaître les héritages des familles et à reconstituer les tribus, autant qu'il se pouvait. De là vient qu'Esdras recueillit toutes les

---

[1] Bossuet, *Discours sur l'histoire universelle*, 8ᵉ époque.

généalogies qui ouvrent le livre des Paralipomènes, en rappelant surtout ce qui regarde les tribus de Juda, de Benjamin et de Lévi, et en marquant avec précision les terres qui leur étaient assignées. Il y eut néanmoins un grand trouble dans l'ordre des partages, d'abord parce qu'on reçut à Jérusalem tous ceux qui voulurent en devenir citoyens, afin de la peupler, ensuite parce que les droits des morts et des absents furent attribués, comme il était juste, à ceux qui travaillaient avec un patriotisme si courageux à réparer les ruines d'Israël. Toujours plus nombreuse et plus héroïque que les autres tribus, celle de Juda retint dans l'exil sa consistance et ses généalogies; en sortant de l'exil, elle reprit ses possessions et la prééminence que lui avait promise son aïeul Jacob : « Juda, tes frères te combleront de louanges; les fils de ton père se prosterneront devant toi; ta main sera sur la tête de tes ennemis. Tu ressembles à un lion toujours prêt à fondre sur sa proie, et qui, dans son sommeil, inspire encore la terreur. Le pouvoir ne sera point ôté de Juda, et il y aura toujours un chef de sa race, jusqu'à ce que vienne l'envoyé qui rassemblera les peuples. » En effet, l'énergique tribu s'incorpora les restes de Benjamin et de Lévi et tous les Israélites qui voulurent suivre la loi de Moïse : le nom de Juifs qui, dans l'origine, ne désignait que ses enfants, elle l'étendit à la nation tout entière. Bien plus, quoiqu'on eût concentré l'autorité dans le grand prêtre, qui était à la tête du peuple, et dans le sanhédrin, composé de soixante-dix membres tirés des diverses tribus et qui lui furent adjoints pour la décision des affaires les plus graves, la tribu conserva son importance politique et le gouvernement d'elle-même. Les prêtres, issus de Lévi, n'agirent point en leur nom, mais au nom des anciens et du peuple des Juifs; et quand on parle des chefs de la nation dans les livres d'Esdras et des Machabées, on les appelle toujours princes, anciens, grands et magistrats de Juda.

Sous cette manière de république gouvernée par le pontife suprême et par les anciens, les Juifs se rétablirent glorieusement et portèrent dans l'obéissance à leur loi plus d'exactitude qu'ils n'en avaient jamais montré. On n'entendit plus parler d'idolâtrie parmi eux. « Ils s'étaient trop mal trouvés, dit Bossuet, d'avoir rejeté le Dieu de leurs pères. Ils se souvenaient toujours de Nabuchodonosor, et de leur ruine si souvent prédite dans toutes ses circonstances, et toutefois plus tôt arrivée qu'elle n'avait été crue. Ils n'étaient pas moins en admiration de leur rétablissement, fait, contre toute apparence, dans le temps et par celui qui leur avait été marqué. Jamais ils ne voyaient le second temple sans se souvenir pourquoi le premier avait été renversé, et comment celui-ci avait été rétabli : ainsi ils se confirmaient dans la foi de leurs Écritures auxquelles tout leur État rendait témoignage. On ne vit plus parmi eux de faux prophètes. Ils s'étaient défaits tout ensemble de la pente qu'ils avaient à les croire, et de celle qu'ils avaient à l'idolâtrie[1]. » Comme l'impiété avait été punie par l'exil et l'esclavage, la fidélité fut récompensée par la paix et le bonheur. Grâce à un tribut assez léger qu'elle payait aux rois de Perse, ses protecteurs plutôt que ses maîtres, la Judée vécut sous ses propres lois sans être trop inquiétée. Le pays se repeupla ; toutes les ruines furent réparées, les villes et les bourgades magnifiquement rebâties, les terres mieux cultivées que jamais ; les campagnes refleurirent dans l'abondance. Comme aux meilleurs temps de la monarchie, chacun se reposa sous sa vigne et sous son figuier, selon le mot des Écritures. La paix et la tranquillité furent si grandes que, durant trois siècles environ, Jérusalem ne vit aucun mouvement, ni rien de ce qui fait la matière ordinaire des histoires. Telle fut la prospérité des Juifs après le retour de Babylone que les prophètes, en l'annonçant d'avance, l'ont présentée comme la riante image du règne du Messie et qu'on lit encore avec joie la belle peinture qu'ils en ont faite[2].

---

[1] *Discours sur l'histoire universelle*, 2ᵉ part., chap. XI.
[2] Isaïe, chap. XLI, XLIII, XLIX, LIV, LV, LIX ; Ézéchiel, chap. XXXVI et XXXVIII.

résolut de marcher contre Jérusalem dès qu'il aurait vaincu les Tyriens; et en effet, leur ville détruite, il entra dans la Palestine et fit tout reculer devant lui. Le grand prêtre, effrayé, recourut à Dieu par des prières et des sacrifices. Un songe le rassura; il y reçut l'ordre d'ouvrir les portes de la ville au redoutable capitaine, de s'avancer à sa rencontre avec tout le peuple, vêtu de blanc et couronné de fleurs, avec les prêtres dans leurs ornements de fête et dans l'éclat d'une pompe solennelle. A la vue de cette troupe qui marchait en ordre et comme pour célébrer un triomphe, Alexandre fut touché d'une émotion qui alla jusqu'au respect lorsqu'il aperçut le grand prêtre, la tiare sur la tête et portant au front une lame d'or où le nom de l'Éternel était gravé. Il quitta les rangs de son armée et vint le premier saluer Jaddus, aux acclamations des Juifs et à l'étonnement extrême de ses généraux et de ses soldats. Parménion seul osa demander pourquoi le prince que les hommages de tous les peuples venaient trouver à l'envi, se courbait de la sorte en présence du grand prêtre des Juifs. Alexandre répondit que ce n'était point à cet homme, mais à Dieu même, qu'il avait adressé ses adorations; « car, ajouta-t-il, lorsque j'étais encore en Macédoine, le Dieu des Juifs m'apparut sous la même forme et les mêmes vêtements où j'ai vu ce pontife; il m'encouragea, me dit de conduire promptement et sans crainte mon armée en Asie, promit de m'accorder les plus grands succès et de faire passer dans mes mains l'empire des Perses. Aussi, à l'aspect de ces vêtements, ma vision d'autrefois s'est présentée à ma mémoire, j'ai senti que mes entreprises étaient favorisées de Dieu et que, sous de tels auspices, je pouvais tout espérer. » Ayant dit ces mots, Alexandre embrassa Jaddus et fut introduit dans la ville par les prêtres; il visita le temple et offrit à Dieu des sacrifices, en se conformant aux usages sacrés des Juifs. On lui mit sous les yeux la prophétie de Daniel touchant la destruction de l'empire des Perses par un prince grec; il s'appliqua les paroles de l'oracle et s'affermit de plus en plus dans la pensée que Dieu l'avait choisi pour accomplir de grandes choses. Charmé du bon accueil des Juifs, il leur concéda

leur obéissance, il y envoya des colonies juives, leur donnant des places à bâtir et des terres à cultiver [1].

C'est ainsi que les Juifs furent disséminés dans toutes les provinces du vaste empire d'Alexandre, comme par un secret dessein de la Providence et pour répandre la connaissance de la loi mosaïque et préparer ainsi le monde à l'Évangile qui l'explique et la complète. Non pas que les Grecs ne connussent déjà les Juifs, leurs mœurs et quelques points de leur doctrine; car dans leurs fréquents voyages parmi les peuples d'Orient, et surtout en Égypte et en Syrie, ils durent visiter la Judée. Les plus anciens auteurs du christianisme, comme le martyr saint Justin et Clément d'Alexandrie, assurent que les poëtes, les législateurs et les philosophes grecs avaient appris de la nation juive ce qu'ils ont enseigné de meilleur. Ainsi Solon fit un voyage en Égypte, où les Hébreux eux-mêmes avaient longtemps séjourné, et l'on sait que les lois qu'il donna aux Athéniens n'étaient pas sans rapport avec celles de Moïse. Pythagore parcourut l'Égypte et se rendit à Babylone, sous le règne de Cambyse, fils de Cyrus; il est impossible qu'il n'ait pas connu les Juifs, et tout fait croire qu'il a profité de leur commerce. Platon étudia plusieurs années en Égypte, et quelques-unes des sentences qu'il met dans la bouche de Socrate s'accordent si bien avec les enseignements et les préceptes de Moïse qu'on l'a nommé le Moïse attique. « Les Juifs pratiquaient effectivement ce qu'il propose de meilleur dans sa *République* et dans ses *Lois* : de vivre chacun de son travail, sans luxe, sans ambition, sans pouvoir se ruiner, ni se trop enrichir, comptant la justice pour le plus grand de tous les biens, fuyant toute nouveauté et tout changement. On reconnaît en la personne de Moïse, en David et en Salomon, des exemples de ce sage qu'il souhaitait pour gouverner un État et le rendre heureux, et qu'il osait à peine espérer dans toute la suite des siècles. Il raconte en plusieurs endroits, sans les appuyer d'aucune preuve, certaines traditions dont il respecte l'antiquité, et qui

---

[1] Josèphe, *contre Apion*, I, 9 ; II, 2 ; *Antiquités judaïques*, liv. XI.

sont manifestement des parcelles de la véritable doctrine, touchant le jugement des hommes après leur mort et l'état de l'autre vie [1]. »

Au reste, que Platon et les philosophes grecs aient appris des Juifs les plus importantes vérités, ou qu'ils les aient apprises des autres peuples de l'Orient qui, plus rapprochés du berceau de la race humaine et plus anciens, avaient conservé d'assez beaux débris des traditions primitives, il est certain que les Grecs purent connaître la doctrine et les lois de Moïse après les conquêtes d'Alexandre et surtout après la traduction des Écritures par les soins de Ptolémée Philadelphe. Ce prince, comme l'histoire le rapporte, voulant enrichir de tous les livres curieux la bibliothèque qu'il formait dans Alexandrie, chargea Démétrius de Phalère, son bibliothécaire, de se procurer la loi des Juifs. Démétrius écrivit, de la part de son maître, à Éléazar, grand prêtre de Jérusalem, lui envoya trois députés avec des présents magnifiques, et lui demanda un exemplaire du code sacré et des interprètes pour le traduire en grec. La demande fut accordée : les ambassadeurs reçurent un exemplaire de la loi écrit en lettres d'or, et ramenèrent avec eux soixante-douze Juifs versés dans la connaissance du grec et de l'hébreu. Ptolémée les plaça dans l'île de Pharos avec Démétrius, et la traduction fut achevée en deux mois et demi, environ 280 ans avant Jésus-Christ. Tel est, en substance, le récit d'Aristée, officier du roi et l'un des trois ambassadeurs, récit confirmé par Aristobule et Philon, Juifs d'Alexandrie, et ensuite par l'historien Josèphe et quelques Pères de l'Église [2].

VIII

Mais les mœurs et les maximes des Juifs étaient d'un caractère trop sérieux et trop relevé pour ravir l'estime et l'admiration des Grecs

---

[1] Fleury, *Mœurs des Israélites*, XXX.
[2] Aristée, cité par Josèphe, *Antiquités judaïques*, liv. XII, chap. II; Eusèbe, *Préparation évangélique*, liv. XIII, chap. XII; Philon, *de la Vie de Moïse*, liv. II ; saint Justin, *Exhortations aux Grecs;* saint Irénée, *Contre les hérésies*, liv. III.

dégénérés, dont toute la force d'âme semblait s'être épuisée en domptant l'Asie. Les héritiers de Socrate, de Démosthène et de Miltiade s'abaissaient par un déclin rapide, et ce n'était déjà plus qu'une race de beaux esprits, de curieux et d'histrions, s'ingéniant à savoir, à dire et à faire quelque chose de nouveau, écrasés sous la gloire de leurs pères et incapables d'en maintenir et d'en garder les œuvres. Les sophistes remplaçaient les philosophes et ne s'occupaient de la vérité et de la vertu que pour en disputer avec les artifices de la dialectique et les ruses de la parole; les sciences et les arts d'agrément étaient devenus, comme on le voit parmi les peuples usés, la source de la renommée et de la fortune; un bon athlète était plus recherché et moins rare qu'un grand citoyen : la gymnastique conduisait à la gloire. De tels hommes ne pouvaient que prendre en mépris un peuple qui s'appliquait principalement à étudier la morale et à servir Dieu; ils le nommaient ignorant et barbare et tenaient sa religion pour triste et absurde; ils le regardaient comme l'ennemi du genre humain. « Les Juifs, disait un de ces parleurs élégants, les Juifs vivent séparés de tout le monde, n'ayant rien de commun avec nous, ni la table, ni les libations, ni les prières, ni les sacrifices. Ils sont plus éloignés de nous que les Susiens, les Bactriens et les Indiens [1]. »

Du mépris, les Grecs passèrent aisément aux violences et aux persécutions, surtout quand ils y trouvaient un intérêt politique. D'ailleurs, les Juifs eux-mêmes, après avoir résisté aux puissantes monarchies de l'Orient, se laissèrent amollir et gagner par l'esprit et les coutumes de la Grèce; en sorte qu'à côté des zélateurs de la loi nationale apparaissaient les amateurs de nouveautés profanes. L'idolâtrie, revêtue de magnificence, parut belle à quelques Juifs; d'autres voulurent se rendre illustres à la manière des Grecs, en célébrant des jeux pour divertir leurs concitoyens, et en préférant l'ostentation d'une vaine pompe à la gloire réelle de la vertu. En outre, des disputes s'élevèrent au sujet du souverain sacerdoce, qui

---

[1] Philostrate, *Vie d'Apollonius*, V et suiv.; Tacite, *Histoire*, liv. V; Origène, *Contre Celse*, liv. IV et V.

était la principale dignité de la république : les ambitieux s'attachèrent aux rois de Syrie pour y parvenir, et en effet, cette magistrature devint plus d'une fois le prix de la flatterie et fut donnée à des courtisans. Ainsi les Juifs, se trahissant eux-mêmes, livraient leurs affaires à l'étranger, qui trouvait déjà dans sa politique et ses haines tant de motifs et de prétextes d'y mettre les mains.

Séleucus Philopator, informé par un traître qu'il y avait d'immenses richesses cachées dans le temple de Jérusalem, y envoya son ministre Héliodore pour enlever cet argent. La ville, alors en paix avec le roi de Syrie, apprit non sans stupeur qu'on se préparait à cet étrange exploit. Le grand prêtre représenta que les sommes déposées dans le temple devaient servir à la subsistance des veuves et des orphelins; qu'il était cruel et sacrilége de tromper ceux qui avaient mis leurs aumônes sous la garde de la religion. Pour toute réponse, Héliodore allégua la volonté de son maître et entreprit de l'exécuter. Il pénétra dans le temple pendant que les prêtres et tous les Juifs, consternés, répandaient leur douleur en prières et en lamentations. Le souverain pontife surtout était en proie au plus amer chagrin, et l'on pouvait juger, par l'altération de ses traits, quelle profonde blessure faisait saigner son cœur. Mais tout à coup, les gens d'Héliodore tombèrent à la renverse, en voyant un cavalier richement équipé, d'un visage terrible, fondre sur le spoliateur, l'abattre et le fouler aux pieds, pendant que deux hommes frappaient sans relâche la malheureuse victime. On l'emporta enfin sans connaissance et dans un état désespéré. Le grand prêtre Onias, craignant que les Juifs ne fussent accusés d'avoir fait mourir le ministre syrien, s'il venait à perdre la vie, pria pour qu'elle lui fût conservée. A l'instant, les guerriers célestes, revêtus d'habits splendides, apparurent à Héliodore, en l'invitant à remercier le pontife, qui, par ses prières, le sauvait de la mort, et à publier partout la miraculeuse puissance de l'Éternel. Héliodore, guéri, retourna vers Séleucus et lui rendit compte du châtiment dont il était encore effrayé. « Si vous avez un ennemi, ajouta-t-il, ou quelqu'un qui en veuille à votre couronne, il faut l'envoyer là ; il vous reviendra déchiré de coups, s'il en revient ; car la vertu de Dieu habite en ce temple. » L'histoire d'Héliodore, consignée dans l'Écriture, est aussi rapportée par les auteurs juifs, et l'un d'eux assure qu'au souvenir de sa visite à Jérusalem, il abandonna l'idolâtrie pour s'attacher à la loi de Moïse.

Mais Jérusalem ne fut pas toujours délivrée de ses ennemis aussi aisément; ses larmes et son sang coulèrent à grands flots sous Antiochus Épiphane, successeur de Séleucus. Ce surnom d'Épiphane ou d'illustre lui avait été donné par flatterie insensée plutôt que par propre et vraie signification; car Antiochus n'eut rien de remarquable que son extravagance et sa cruauté. Ambitieux et injuste, il aspirait à tenir les Juifs sous le joug de ses armes; avare et impie, il convoitait les richesses du temple et méditait la ruine de la religion. Il prit d'assaut la ville de Jérusalem et fit égorger ou vendre quatre-vingt mille habitants de tout âge et de tout sexe; ses cruautés furent inouïes. Il lança contre Dieu d'impurs blasphèmes et souilla de sa présence la maison sainte que ses ancêtres avaient révérée; il lui ravit ses vases sacrés, qu'il livra à des profanations lamentables, et toutes ses richesses avec lesquelles il répara les ruines de son trésor épuisé. Il rentra dans Antioche, laissant le gouvernement des vaincus à des hommes qui ne lui cédaient point en barbarie. Mais le sang des peuples opprimés devient fertile en héros. Des femmes, préférant la mort à l'apostasie, furent précipitées du haut des murailles de Jérusalem avec leurs enfants à la mamelle; plusieurs Juifs périrent brûlés dans des cavernes où ils s'étaient retirés pour honorer le jour du repos par des exercices religieux. Éléazar, vieillard vénérable par sa science et sa sagesse encore plus que par ses cheveux blancs, expira dans un cruel martyre plutôt que d'enfreindre la loi, et laissa de la sorte à toute la nation un exemple permanent de vertu et de fermeté dans le souvenir de sa mort. C'est le désespoir des tyrans qu'il y ait dans l'homme quelque chose par quoi il échappe au glaive; mais c'est aussi la consolation des victimes qu'elles puissent se réfugier avec ce qu'elles ont de plus cher, la conviction, dans ce qu'elles ont de plus inviolable, la conscience, et là, sur la foi du devoir accompli, attendre que la justice de l'éternité répare les injustices du temps.

Après son exploit sanguinaire contre Jérusalem, Antiochus se retira en Syrie. De là il pressait l'exécution de son dessein, qui était d'incorporer la république des Juifs à son royaume. Pour donner une base solide à l'unité politique des deux États, il voulait effacer toute différence de lois, de mœurs et de religion, et amener de la sorte une fusion entre les deux peuples. Au défaut du droit, la violence devait venir en aide à cette entreprise; car il n'y a que deux forces dans le monde : la persuasion et le glaive. Mais, pour courber des nations entières sous le joug d'une idée, il faut du génie et du temps, surtout lorsqu'on a la vérité contre soi. Antiochus n'avait pas les ressources du génie, et son royaume que le souffle d'Alexandre venait d'élever, avec plusieurs autres, sur les fondements ruineux d'une civilisation décrépite, son royaume n'avait pas le temps d'attendre. Il appela donc les Juifs au culte des divinités païennes, et les sollicita à l'apostasie par l'attrait des mœurs corrompues de la Grèce; surtout il provoqua la défection et combattit la résistance par des supplices.

Entre tous les actes de courage dont la nation juive offrit alors le spectacle, on doit citer avec éloge le trépas des Machabées et de leur mère. Femme d'une rare constance, elle regarda la mort d'un œil tranquille, soutint le courage de ses fils par une exhortation généreuse et les vit expirer au milieu des tourments; puis elle-même souffrit le martyre, ajoutant l'autorité de son sang répandu à celle de sa parole, et faisant comprendre à tous les siècles comment la tendresse maternelle se développe et s'ennoblit par l'amour de la religion et de la patrie. Si l'histoire donne à cette femme et à ses enfants le nom de Machabées, ce n'est pas qu'ils aient appartenu à la famille de ces vaillants guerriers qui, dans le même temps, défendaient, les armes à la main, l'autel national et le foyer domestique. Quelques-uns ont pensé que cette femme, ou peut-être l'aîné de ses enfants s'appelait Machabée; ce qu'il y a de certain, c'est que dans le livre qu'il nous a laissé sur cet épisode de l'histoire juive, Josèphe désigne les fils et la mère sous le nom commun de Machabées, et que l'Église chrétienne s'est conformée à cette manière de parler. Rien n'empêche de croire que Judas Machabée, le chef militaire de la lutte organisée contre Antiochus, s'étant alors couvert d'une gloire qui remplissait Israël, son nom fut donné en signe d'honneur et de fraternité, non-seulement à tous les membres de sa famille, mais encore à tous ceux qui souffraient pour Dieu et leurs concitoyens. C'est même par cette raison qu'on appelle livre des Machabées le récit de toutes les guerres et de toutes les persécutions qui affligèrent la Judée à cette malheureuse époque.

Quoi qu'il en soit, la violence passa, sans changer les dispositions générales du peuple juif, et, par suite, sans amener le triomphe de la pensée chère à Antiochus. Soit lassitude, soit qu'il eût à combattre, ailleurs, des ennemis plus pressants, il suspendit la persécution. En ce temps même, Judas Machabée venait de succéder à son père dans le commandement des troupes juives; il fut bientôt maître de forces redoutables, et, le courage secondant la justice, il réprima l'audace des Syriens. Les généraux d'Antiochus se virent obligés de réclamer des secours pour tenir la campagne devant le capitaine juif; et toutefois ils furent honteusement défaits en quatre rencontres consécutives. Antiochus reçut cette nouvelle dans la haute Asie, où il était allé piller quelques temples renommés par leurs richesses; il revint à la hâte, menaçant avec fureur de faire de la Judée un vaste tombeau. A peine avait-il proféré ces paroles qu'il fut attaqué d'une effroyable douleur d'entrailles. Il donna l'ordre de précipiter le retour; mais ses chevaux courant avec impétuosité, il tomba de son char et se meurtrit tous les membres. Ses plaies étaient hideuses, et ses chairs s'en allaient par lambeaux. La souffrance l'avertit de ce qu'il était; son fol orgueil fut vaincu et comme aplati. Reconnaissant la main qui lui envoyait ces angoisses, il pro-

ne porta plus de grands hommes; il est vrai qu'un siècle et demi plus tard elle tressaillit sous les pas d'un Dieu.

Les services rendus par cette noble famille des Machabées ou Asmonéens engagèrent le peuple reconnaissant à mettre en ses mains le pouvoir suprême, afin qu'elle en jouît, comme porte le décret, jusqu'au temps où devait s'élever le véritable et fidèle prophète. En effet, elle exerça l'autorité royale jusqu'à la venue du Messie et s'en servit pour donner aux Juifs une paix et une prospérité qu'ils n'avaient pas vu fleurir depuis l'époque de David et de Salomon. Il y eut toutefois des jours difficiles. D'abord Antiochus Sidètes, roi de Syrie, irrité des échecs que lui avait fait subir Simon Machabée, essaya d'en punir son fils et successeur, Jean Hircan, et vint assiéger Jérusalem. Il établit son camp à deux cent cinquante pas du temple, vers la partie septentrionale de la ville, partagea ses troupes en sept corps pour l'environner tout entière et empêcher les communications avec le dehors et les approvisionnements. Les murs de Jérusalem étaient forts et élevés, le livre des Machabées nous l'apprend, et Josèphe, qui nous en a laissé une description très-exacte, leur donne une hauteur surprenante. Antiochus les fit saper, et, afin de protéger ce travail, dressa cent trente tours mobiles d'où ses soldats repoussaient, à coups de flèche, les assiégés dans l'intérieur de la place. Les Syriens, trouvant les murailles appuyées sur pilotis, ne firent que retirer les terres d'entre les pièces de bois et remplir les vides de matières combustibles et de fascines goudronnées auxquelles on mit le feu. Une large brèche s'ouvrit et ils y montèrent. Les Juifs soutinrent l'assaut avec une bravoure qui arrêta tout l'effort des ennemis; Hircan fit une sortie vigoureuse, mais prudente, et après avoir repoussé les Syriens dans leur camp, revint brûler leurs tours et détruire une partie de leurs travaux.

Ce qui rendit surtout ce siège remarquable, ce sont les circonstances qui en marquèrent la fin. La fête des Tabernacles étant arrivée, Hircan envoya demander une suspension d'armes jusqu'après la solennité qui devait durer huit jours. Antiochus, touché de voir le

la royauté était annexée. Ainsi, pour régler un différend tout national, ils appelèrent Pompée, qui venait de vaincre Mithridate et répandait sur toute l'Asie l'éclat de son heureuse fortune et de ses armes. Pompée accourut, supprima, en passant, le royaume de Syrie, et se présenta devant Jérusalem qui tenait pour Aristobule. Il prit la ville, en fit abattre les murailles, pénétra dans le temple et jusque dans le sanctuaire, mais sans toucher aux richesses qui s'y trouvaient, remit le souverain sacerdoce au faible Hircan avec un vain titre d'autorité, et garda prisonnier Aristobule, qui devait orner, dans Rome, le triomphe du vainqueur. Pompée avait respecté les trésors du temple; un peu plus tard, Crassus, son collègue, les enleva en traversant la Judée pour entreprendre, contre les Parthes, une expédition d'où il ne revint pas. Jules César, sinon plus religieux, au moins plus politique, favorisa les Juifs; à la prière d'Hircan, et pour reconnaître les services qu'il en avait reçus en Égypte, il permit de rebâtir les murs de Jérusalem. Mais la nation était réduite au plus misérable état, divisée en partis rivaux et pillée par les Romains, qui en tirèrent plus de quarante millions dans l'espace de quelques années.

Les Romains, maîtres absolus de la Judée, en modifièrent profondément la situation politique, et firent passer le pouvoir des mains des Asmonéens, à qui elle s'était librement soumise, aux mains d'Hérode, étranger et Iduméen, dont le père avait été ministre d'Hircan. Les dissensions intestines des Juifs avaient contraint Hérode de chercher un refuge jusque dans Rome; là, par le crédit de Marc-Antoine et de César, il obtint le titre de roi. Il rentra dans la Palestine, et, soutenu par Sosius, qui commandait l'armée romaine en Syrie, il vint assiéger dans Jérusalem Antigone, le faible et dernier rejeton des vaillants Machabées. La ville fut prise après cinq mois de siége; les Romains, qui l'avaient emportée de force, se vengèrent de sa résistance par des scènes de pillage et des actes de cruauté; leur fureur ne s'apaisa qu'au bout de quelques jours. Le malheureux Antigone fut d'abord jeté dans les fers et ensuite

bosquets, des jardins agréables où des statues de bronze versaient une eau abondante sous les plus frais ombrages.

De tous les travaux exécutés par Hérode, le plus important, à divers titres, est sans doute le temple de Jérusalem. Quand il proposa de le rebâtir à neuf, les Juifs eurent d'abord quelque peine à y consentir, craignant qu'après avoir démoli l'ancien, il ne pût achever le nouveau ; mais ils changèrent bientôt d'avis, en voyant rassemblés d'avance tous les matériaux nécessaires à une si vaste construction. On se mit à l'œuvre et l'on eut terminé en moins de dix ans ; plus de dix mille hommes y furent occupés à la fois. Ce monument gigantesque s'élevait sur la crête du mont Sion, élargie par un travail de plusieurs siècles ; les terres étaient soutenues par des murs ayant quatre cents pieds de haut en quelques endroits et dominant ainsi des vallées profondes où le regard ne pouvait plonger sans vertige : on aurait dit une forteresse imprenable plutôt qu'une maison de prière. De là vient que les apôtres, contemplant avec surprise ces murs formés d'énormes quartiers de roche que le fer et le plomb tenaient comme soudés ensemble, dirent un jour à Jésus-Christ : « Maître, voyez quelles pierres et quelles constructions ! » Le temple seul avait environ huit cent trente mètres de tour et comprenait plusieurs enceintes séparées l'une de l'autre par des cours assez vastes, le long desquelles régnaient des galeries élégantes avec pavés et colonnes de marbre ; sur les portes étincelaient des lames d'or et d'argent ; les lambris de cèdre étaient artistement travaillés. A l'angle septentrional de la première enceinte, s'élevait une tour extrêmement forte, bâtie par les rois asmonéens ; Hérode la mit encore en meilleur état de défense, lui donna le nom d'Antonia pour honorer Marc-Antoine, son protecteur, et la rattacha par des travaux souterrains à une autre tour placée à la porte orientale du temple, afin d'avoir plus d'un refuge en cas de sédition.

C'est à peine si quelques débris informes marquent aujourd'hui l'endroit où furent admirés, un moment, tous ces splendides édifices. Une de ces forteresses, après avoir remplacé le château de David,

Parthes, pleins d'effroi, renvoyaient les étendards enlevés à Crassus et tous les prisonniers romains, et les Indes offraient leur amitié ; au Midi, l'Éthiopie demandait la paix avec empressement; au Nord, tout jusqu'au Veser se courbait sous les lois de César. Le temple de la guerre était fermé. Jésus-Christ apparut et inaugura son règne pacifique.

Quarante jours après la naissance de Jésus, la vierge Marie, sa mère, vint à Jérusalem pour accomplir la loi de son pays, bien qu'elle en fût dispensée par le caractère merveilleux de son enfantement. Toutes les femmes qui avaient donné naissance à un fils devaient l'offrir au temple et se soumettre elles-mêmes à la cérémonie de leur propre purification. Marie, sans tache et sans souillure, obéit avec d'humbles sentiments à une loi qui ne la concernait point, et présenta l'offrande non des riches, mais des pauvres ; les femmes riches donnaient un agneau ; les femmes pauvres, deux tourterelles. Un homme juste et qui attendait le consolateur d'Israël et le salut du monde, avait connu d'une manière prophétique qu'il ne mourrait pas sans voir auparavant l'objet de ses vœux si ardemment nourris. Dans l'instant même où Jésus était offert au temple, le vieillard arriva, prit dans ses bras l'Enfant divin, et, le présentant à l'Éternel comme la victime destinée à sauver les hommes, il prononça, parmi des transports de joie sainte, ces paroles si célèbres : « Maintenant, Seigneur, votre serviteur peut mourir en paix selon votre promesse, puisque mes yeux ont vu l'auteur du salut que vous envoyez au-devant de tous les peuples, pour être et la lumière qui éclairera les nations, et la gloire d'Israël, votre peuple. » Puis il ajouta, s'adressant à Marie : « Cet enfant est venu pour la ruine et la résurrection de plusieurs en Israël ; il sera en butte aux contradictions, et vous-même, quand les pensées secrètes de quelques-uns seront dévoilées, vous aurez l'âme transpercée d'un glaive. » Une sainte femme, nommée Anne, qui passait les jours et les nuits en prières en en jeûnes, sans quitter le temple, vint aussi mêler sa voix à celle du vieillard Siméon, et, proclamant les futures gran-

rité, ainsi que les miracles par lesquels il appuyait sa mission, plusieurs Juifs crurent à sa parole et suivirent sa doctrine.

Un autre jour, Jésus était dans le temple et instruisait la foule rassemblée autour de lui. Tout à coup les scribes et les pharisiens arrivèrent en tumulte, amenant une femme coupable d'adultère. « Maître, dirent-ils à Jésus, cette femme vient d'être surprise en adultère. Or, dans la loi, Moïse punit ce crime par la lapidation ; vous donc, que dites-vous ? » Il faut croire que Moïse avait lui-même expliqué la loi, ou qu'une coutume légitime était venue l'interpréter ; car, d'un côté, le texte prononce simplement la peine de mort, et les rabbins modernes disent que cette peine s'appliquait par la strangulation ; d'un autre côté, les faits historiques établissent qu'elle s'appliquait par la lapidation dans les six siècles qui ont précédé Jésus-Christ. Quoi qu'il en soit, au reste, les pharisiens se proposaient de créer à Jésus une grave difficulté en soumettant la cause à son jugement. Absoudre la femme coupable, c'était trahir la loi et blesser le patriotisme de la nation ; en prononçant, au contraire, la peine capitale, Jésus-Christ perdait sa renommée de mansuétude, il se mettait en contradiction avec son passé, il attaquait l'autorité des Romains, qui s'étaient réservé sur les Juifs le droit de vie et de mort. C'est pourquoi les ennemis du Sauveur, se tenant bien sûrs du succès, lui firent cette question : « Moïse prescrit de lapider ; vous donc, que dites-vous ? » Jésus s'inclina vers le sol et y traça du doigt quelques caractères. Mais, comme les interrogateurs poursuivaient leurs questions avec une curiosité impatiente, il se releva et leur dit : « Que celui d'entre vous qui est sans péché jette la première pierre. » Puis, se baissant de nouveau, il continua d'écrire. Les scribes et les pharisiens se sentirent écrasés sous cette haute et calme parole. Ils se retirèrent l'un après l'autre et comme furtivement, les vieillards d'abord, soit que leur conscience se reconnût plus coupable ou que l'âge et l'expérience les rendissent mieux avisés. La place qu'ils s'étaient faite à leur bruyante arrivée demeura vide ; il n'y avait plus que la femme coupable qui attendait une sentence, et Jésus qui

conduit d'une manière dérisoire par des magistrats hypocrites et lâches, le Sauveur fut condamné à mort, tout un peuple poussant ce cri barbare : Que son sang retombe sur nous et sur nos enfants ! Il y retomba quarante ans après ; Jérusalem en fut écrasée, et la nation mise en poudre et jetée aux quatre vents du ciel.

XI

Mais avant cette grande ruine, Jérusalem offrit un beau et touchant spectacle : il s'y éleva sur les ruines de la synagogue une Église qui fut non-seulement le modèle, mais la tige et la source de toutes les autres. A la parole de saint Pierre, trois mille hommes se rangèrent parmi les disciples de l'Évangile. Peu de jours après, cet apôtre allant au temple avec saint Jean, à l'heure du sacrifice, un homme de quarante ans, boiteux dès sa naissance, leur demanda l'aumône : « Je n'ai ni or ni argent, lui dit Pierre ; mais ce que j'ai, je te le donne : au nom de Jésus-Christ, lève-toi et marche. » Le boiteux fut guéri sur-le-champ ; on le vit entrer dans le temple, avec des transports de joie et en rendant grâce à Dieu. Le peuple accourut en foule au bruit de ce miracle, et cinq mille hommes reçurent la doctrine de Jésus-Christ. On ne pouvait se défendre d'honorer et de louer ces bateliers de Galilée, à la vue des prodiges qu'ils opéraient tous les jours. On exposait les malades sur des lits le long des rues, afin que l'ombre de saint Pierre tombât sur eux quand il passerait ; on en apportait même des villes voisines, et tous s'en retournaient guéris [1]. La persécution s'éleva contre les apôtres, mais sans les décourager ; le nombre des disciples croissait de jour en jour, et l'Église considérable par la foule de ceux qui s'en déclaraient les enfants, frappait d'ailleurs vivement l'attention par le caractère et la perfection de leurs mœurs.

---

[1] Josèphe, *Antiquités hébraïques*, liv. XIV, chap. VIII ; *Actes des Apôtres*, chap. III et V.

n'était ni imposée aux fidèles, ni pratiquée ailleurs qu'à Jérusalem, ni entendue dans un sens exclusif de la propriété. D'abord les apôtres n'obligeaient personne à faire le sacrifice de ses biens : lorsque Ananie et Saphire, ayant vendu un champ, apportèrent une partie du prix aux pieds des apôtres pour la distribuer en aumônes, saint Pierre leur dit : « N'étiez-vous pas maîtres de garder votre champ ou d'en retenir le prix après l'avoir vendu ? » On voit donc que cette manière d'exercer la charité était entièrement libre. Ensuite la vie ne devint commune entre les fidèles que dans l'Église de Jérusalem ; elle y dura peu de temps et sous des conditions qui la rendaient impraticable ailleurs : ce fut un fait local et exceptionnel. Il était même difficile à cette société assez nombreuse de subsister par elle-même et sans revenus assurés ; aussi voyons-nous par les Actes des Apôtres et les Épîtres de saint Paul qu'elle avait besoin du secours des autres Églises, et que de toutes les provinces on envoyait des sommes considérables pour les fidèles de Jérusalem. Puisque ceux qui mettent tout en commun ne sauraient se suffire, il est nécessaire que plusieurs gardent quelque chose afin de leur venir en aide. Enfin on se trompe ou l'on veut tromper si l'on croit et si l'on dit que la communauté des biens parmi les fidèles de Jérusalem était organisée dans un sens exclusif de la propriété. Elle consistait simplement dans la libéralité généreuse avec laquelle chacun pourvoyait aux besoins d'autrui : tous étaient prêts à se dépouiller de leurs possessions, et souvent, en effet, ils les vendaient pour secourir les pauvres. C'est ainsi que les croyants n'avaient qu'un cœur et qu'une âme et que tout était commun parmi eux : de même qu'on dit d'un homme généreux qu'il n'a rien à lui et qu'entre les amis tous les biens sont communs.

Au surplus, les fidèles avaient, pour organiser et maintenir, un moment, la communauté des biens dans l'Église de Jérusalem, deux vertus qui manquent aux réformateurs modernes et à la plupart de leurs adeptes : la charité mutuelle et la modération des désirs. Les premiers chrétiens se regardaient comme des frères unis en une seule famille, où tous les enfants sont nourris des mêmes biens par

des réalités tolérables, elle s'embarque, sur la foi des ambitieux, dans des espérances impossibles.

Aux faux prophètes qui séduisaient le peuple, aux voleurs et aux brigands qui désolaient la ville et promenaient l'effroi dans les campagnes, se joignirent les haines réciproques des citoyens, les dissensions des prêtres, les disputes des sectes rivales, les persécutions dirigées contre les fidèles. Ainsi le pontife Ananus fit condamner à mort plusieurs chrétiens, parmi lesquels était Jacques le Mineur, évêque de Jérusalem, parent de Jésus-Christ, et respecté des Juifs et des païens eux-mêmes à cause de son éminente sainteté. Sa vie était austère : il ne buvait ni vin, ni autre liqueur qui pût enivrer; il marchait sans chaussure, s'habillait pauvrement, priait avec assiduité, et donnait à tous les preuves de la charité la plus tendre. On l'appelait le Juste, et sa vertu contribuait d'une manière puissante au progrès de l'Évangile à Jérusalem. C'est pourquoi sa mort fut résolue. Un jour, les ennemis de la religion chrétienne le précipitèrent du haut de la terrasse du temple ; puis, comme il ne mourut pas sur-le-champ, et qu'il se mit à genoux en priant Dieu de pardonner à ses bourreaux : « Il faut le lapider, » s'écrièrent-ils, et ils lancèrent sur lui une grêle de pierres ; enfin un foulon, qui se trouvait là, prit son maillet et lui en brisa la tête par un coup violent. Le saint évêque fut enterré à côté du temple, au lieu même de son martyre, et l'on y dressa une petite colonne. Il avait une telle réputation de vertu que, la guerre des Juifs et la ruine de Jérusalem étant survenues peu de temps après, on regarda ces fléaux comme envoyés du ciel pour venger sa mort [1]. (An de J.-C. 62.)

XII

Les Juifs s'animant de jour en jour contre les Romains et la révolte prenant un caractère formidable, les plus sages de la nation s'en-

---

[1] Josèphe, *Antiquités judaïques*, liv. XX; Eusèbe, *Histoire ecclésiastique*, liv. II, chap. XXIII.

CITADELLE DE JÉRUSALEM.

blé se vendait un talent, ce qui vaut à peu près deux mille francs de notre monnaie; bientôt même on ne vendit plus : la faim chassait la honte, et le plus fort l'emportait.

Lorsque Titus, voyant qu'il ne pouvait ni effrayer ni adoucir tous ces furieux, eut environné Jérusalem d'une muraille soutenue de treize forts où l'on faisait garde nuit et jour, afin qu'aucun assiégé ne sortît, la mort parcourut toutes les rues, en laissant derrière elle un affreux silence. On ne voyait plus que des fantômes muets errer sur la place et tomber tout d'un coup. Ils n'avaient plus ni le courage, ni la force d'enterrer les morts. Les larmes ne coulaient plus, les cris avaient cessé : c'était toute l'horreur d'une funèbre nuit. Les séditieux seuls animaient cette scène lamentable par leurs violences tumultueuses : ils forçaient les maisons pour dépouiller les morts, et après ces profanations, ils s'en allaient en riant; ils essayaient la pointe de leurs épées sur ces cadavres et quelquefois même sur ceux qui respiraient encore. Les mourants tournaient les yeux vers le temple, comme pour y chercher un vengeur et se plaindre à Dieu qui laissait vivre de si grands coupables. La famine et la peste allaient si vite qu'en deux mois et demi plus de cent mille morts furent enlevés par une seule porte de la ville; on jeta des milliers de cadavres dans les précipices qui s'ouvraient au pied des remparts. A l'aspect de cet horrible cimetière, et frappé de l'odeur qui en sortait, Titus soupira, il tendit les mains vers le ciel et prit Dieu à témoin qu'il avait tout fait pour prévenir de telles extrémités; et il pressa les travaux, afin de réduire promptement la malheureuse Jérusalem.

En effet, Titus, après quelques efforts, se rendit maître de la tour Antonia et ensuite des deux galeries extérieures qui fermaient le temple au nord et à l'occident. Le fléau de la famine s'aggravait; des restes de vieux foin, les courroies des sandales et le cuir des boucliers, tout semblait bon pour soutenir un misérable souffle de vie; on fouillait jusque dans les égouts. C'est alors qu'une femme, dépouillée de tout par les tyrans fangeux qui tenaient la ville dans leurs mains, outrée de douleur, vaincue par la faim, égarée par le désespoir, prit son enfant encore à la mamelle et fixant sur lui de sombres regards : « Malheureux ! dit-elle, à quoi te réserverais-je ? à périr de faim, à devenir esclave du vainqueur, ou à rester au pouvoir de ces furieux pires encore ? » Elle l'égorgea, le fit rôtir, en mangea la moitié et cacha le reste. Aussitôt les brigands arrivèrent, attirés par l'odeur, et menacèrent de tuer cette femme, si elle ne montrait ce qu'elle avait caché. « Je vous en ai gardé une part, » dit-elle en leur présentant ce qui restait de son effroyable repas. Ils se tinrent immobiles et comme glacés de stupeur. « C'est mon enfant, continua-t-elle, c'est moi qui l'ai tué. Vous pouvez bien en manger après moi : vous n'êtes pas plus délicats qu'une femme, ni plus tendres qu'une mère. » Ils sortirent en frissonnant, et la ville entière resta muette d'horreur, en apprenant un si prodigieux désastre ; l'armée romaine eut peine à y croire, et Titus protesta de nouveau que les Juifs avaient refusé la paix et l'amnistie, et qu'ils s'acharnaient eux-mêmes à leur perte.

Cependant les Romains attaquèrent la seconde enceinte du temple ; mais ils ne purent ni abattre les murs à coups de béliers, ni déraciner le seuil des portes, ni escalader les galeries. Titus fut contraint de faire alors ce dont le respect du lieu l'avait détourné jusque-là : il mit le feu aux portes. La flamme gagna les galeries, dévora les appartements des prêtres, et elle allait envahir le corps même du temple, quand Titus ordonna d'éteindre l'incendie. Pendant qu'on y travaillait, les Juifs firent encore deux sorties et furent refoulés. Alors un soldat romain, sans attendre aucun ordre, mais poussé comme d'un mouvement surnaturel, dit Josèphe, prit un tison allumé, se hissa sur les épaules de son camarade et, par une fenêtre, lança la flamme dans l'intérieur du temple. Le feu prit aussitôt de toutes parts et avec tant de violence qu'on ne put l'arrêter ; d'ailleurs, les soldats, dans l'ardeur de la mêlée, n'écoutaient plus la voix du commandement. Le massacre et le pillage s'ajoutèrent aux horreurs de l'incendie. On ne pardonnait ni à l'âge, ni à la qualité : vieillards, enfants, prêtres, tout passait par le tranchant de l'épée. Les cris des mourants se mêlaient au petillement des flammes. « On ne saurait, dit Josèphe, rien imaginer de plus terrible que le bruit dont l'air retentissait au loin. Car quel n'était pas le tumulte des légions romaines dans leur fureur? Quels n'étaient pas les cris des factieux qui se voyaient, de toutes parts, environnés et du glaive et des flammes? Quelles plaintes ne faisait pas entendre cette portion du peuple qui, se trouvant alors dans le temple, était en proie à une telle frayeur qu'elle se jetait, en fuyant, au milieu des ennemis! Et quelles voix confuses n'élevait pas vers le ciel la multitude qui, du haut de la montagne opposée au temple, voyait un si affreux spectacle! Ceux même que la faim avait réduits à l'extrémité et dont la mort allait fermer les yeux, apercevant cet embrasement du temple, ramassaient tout le reste de leurs forces pour déplorer un malheur si irréparable. Les échos des montagnes voisines et du pays qui est au delà du Jourdain redoublaient encore cet horrible bruit; mais, si épouvantable qu'il fût, il avait sa cause en des maux encore plus épouvantables. Le temple était en proie à des flammes si animées et si violentes que la montagne même où il était assis semblait brûler jusque dans ses fondements. Le sang coulait avec une extrême abondance, et l'on eût dit qu'il disputait avec l'incendie à qui s'étendrait davantage. Il y avait plus d'hommes tués qu'il n'y en avait pour les sacrifier à la colère et à la vengeance; tout le sol était couvert de morts, et les soldats marchaient dessus pour suivre, par un chemin si effroyable, ceux qui prenaient la fuite [1]. »

Les plus acharnés des factieux gagnèrent la ville haute ou montagne de Sion, pour s'y défendre encore. Titus les somma de se rendre à discrétion, en leur promettant la vie sauve; mais ils demandèrent qu'on les laissât se retirer avec leurs femmes et leurs enfants. Le vainqueur répondit en faisant brûler la ville basse, puis en attaquant la ville haute où il entra par la brèche. Durant un jour et une nuit,

---

[1] Josèphe, *De la guerre des Juifs,* liv. VI et VII, pour les détails de ce siége.

les soldats romains se livrèrent au massacre, et ils ne s'arrêtèrent que par lassitude. Plus d'un million de Juifs avaient péri durant le siége; on fit encore cent mille prisonniers. On trouva dans les égouts les cadavres de deux mille hommes que la faim et la peste avaient tués, ou qui s'étaient tués les uns les autres, plutôt que de se rendre aux Romains. Deux principaux chefs de faction, Jean de Giscale et Simon, qui s'étaient cachés dans ces hideux refuges, se remirent aux mains du vainqueur et furent gardés pour orner son triomphe.

Après que la fureur du meurtre et du pillage se fut apaisée parmi les soldats romains; après qu'ils eurent fouillé les maisons et les tombeaux, et retiré des ruines fumantes et du sang un immense butin, ils abattirent les murs du temple qui étaient restés debout et en arrachèrent jusqu'aux fondements. La ville fut renversée de fond en comble, et sur ses débris épars on passa la charrue. Titus ne réserva qu'une partie des murailles à l'occident avec les tours Hippicos, Phasaël et Mariamne, afin qu'on sût la place où s'était élevée Jérusalem. Les villes d'Orient vinrent offrir des couronnes au général romain, qui les refusa, disant que sa victoire n'était pas son ouvrage, et qu'il avait seulement prêté ses mains à la vengeance de Dieu irrité contre les Juifs. L'année suivante, en rentrant dans Rome, il triompha de la Judée avec l'empereur son père. En ce triomphe furent menés sept cents Juifs des plus forts et des mieux faits, avec leurs chefs, Jean de Giscale et Simon; on y porta les principales richesses du temple, la table revêtue de lames d'or, le chandelier d'or à sept branches, des vases sacrés et le livre de la loi avec les rideaux de pourpre qui ornaient le sanctuaire. A cette occasion, des médailles furent frappées qui sont venues jusqu'à nous et qui représentent une femme assise au pied d'un palmier, couverte d'un grand manteau, la tête penchée et appuyée sur la main, avec cette inscription : La Judée captive.

CHAPITRE QUATRIÈME

LA JÉRUSALEM DES TEMPS CHRÉTIENS

Les saints lieux profanés par l'empereur Adrien et rendus à la religion par Hélène et Constantin. — Julien l'Apostat, Cosroès, roi de Perse, et le calife Omar à Jérusalem. — Destinée des saints lieux sous la domination arabe et sous les rois chrétiens de Jérusalem. — Prise de la ville sainte par Saladin, courage de Balian d'Ibelim, la mosquée d'Omar. — La Terre-Sainte abandonnée de l'Europe, Jérusalem ravagée par les Karismiens, les Franciscains en Palestine. — Authenticité du Saint-Sépulcre, ce qu'il y a de ridicule à la contester. — Question des lieux saints; le rôle de la France à ce sujet. — L'église du Saint-Sépulcre, l'immortalité d'un tombeau, le triomphe de la croix, l'épée de Godefroy. — Caractère du procès et condamnation de Jésus ; la Voie douloureuse. — Les tombeaux des Rois, le tombeau de la Vierge, la vallée de Josaphat, le jardin et la montagne des Oliviers. — Le peuple juif, le torrent de Cédron, Sion et la cour de David, le symbole des apôtres. — Physionomie, population et destinée de Jérusalem.

I

Les chrétiens revinrent à Jérusalem peu de temps après sa ruine; ils y parurent avec un grand éclat de vertus et de miracles ; et en particulier leur évêque Siméon, qui avait succédé à saint Jacques et qui était comme lui parent du Seigneur, illustra son Église, en souffrant pour la foi un généreux martyre, sous le règne de Trajan. Ainsi les disciples du Christ n'abandonnèrent pas les saints lieux, même au temps de la plus dure persécution, et ce qui prouve que, si ce poste était périlleux, du moins il n'était pas déserté, c'est que treize évêques, en trente ans, passèrent sur le siége de Jérusalem. Sans doute la persécution sévissait en Palestine encore plus que partout ailleurs, à cause de la turbulence séditieuse des Juifs, que l'on confondait souvent avec les chrétiens.

Déjà sous Trajan les Juifs avaient agité Alexandrie, l'Égypte, la Cyrénaïque, et commis toutes sortes de violences; ceux de la Mésopotamie avaient résisté, les armes à la main, aux mesures administratives qui les dispersaient sur divers points de la haute Asie. On s'était vu contraint de les attaquer, les uns et les autres, en bataille rangée. Sous Adrien les troubles gagnèrent la Palestine : les Juifs creusèrent des cavernes et des souterrains pour s'y réunir en secret, y préparer la guerre et s'y ménager un refuge en cas de désastre. Les Romains firent d'abord peu d'attention à ce commencement de révolte; mais bientôt apprenant qu'une conspiration sourde s'organisait dans tout l'empire, ils résolurent d'y mettre fin par un terrible et dernier coup. Le gouverneur de la Judée, Tinnius Rufus, profita du désespoir des Juifs pour les traiter cruellement; il en fit périr un grand nombre sans épargner les femmes et les enfants, et confisqua leurs terres au profit du peuple romain. Puis les autres continuant la lutte sous la conduite d'un brigand nommé Barcochébas qui se donnait pour le Messie, l'empereur envoya contre eux Jules Sévère, qui n'osa les attaquer en masse à cause de leur multitude et de leur fureur exaltée, mais qui les prit séparément et par corps détachés, et de la sorte les abattit et les ruina sans retour. Très-peu lui échappèrent. Cinq cents forteresses et plus de neuf cents bourgades furent détruites; près de six cent mille hommes périrent par le glaive dans cette lutte suprême, sans compter ceux que tua le feu, la faim, la fatigue; le reste fut vendu ou transporté en Égypte. La Judée devint une solitude.

L'empereur Adrien défendit aux Juifs d'entrer désormais à Jérusalem et de mettre le pied sur son territoire, en sorte, dit Ariston de Pella, qu'ils n'avaient pas le droit de contempler, même de loin, le sol de la patrie. Il envoya dans la cité, veuve de ses anciens habitants, une colonie païenne, et de son nom d'Ælius il appela Jérusalem Ælia Capitolina. Il mit sur la porte qui regardait Bethléem un pourceau de marbre, animal réputé immonde par les Juifs, mais que les Romains portaient entre leurs enseignes. Il fit dresser une idole de Jupiter au lieu même où s'était accomplie la résurrection de Jésus-Christ, et une idole de Vénus au Calvaire sur la roche de la croix, qu'il enferma dans la nouvelle ville. Au temps de Dioclétien, le nom de Jérusalem était si profondément oublié, même en Palestine, qu'un martyr l'ayant prononcé devant les magistrats de Césarée qui l'interrogeaient sur le lieu de sa naissance, le juge s'imagina qu'il s'agissait de quelque cité factieuse bâtie en secret par les chrétiens [1].

Jérusalem sortit enfin de ses ruines et de son obscurité sous Constantin. On avait voulu faire disparaître les traces des mystérieux événements qui servent de preuves à la religion chrétienne : la grotte du Saint-Sépulcre était non-seulement comblée, mais couverte de terres et de pierres amoncelées; par-dessus s'élevait le temple de Vénus, afin que les chrétiens parussent adorer cette idole en venant adorer Jésus-Christ sur son tombeau. Constantin fit abattre l'impur édifice et exécuter des fouilles qui amenèrent la découverte du tombeau d'où le Christ était sorti vivant. Il donna l'ordre d'y bâtir une magnifique église, et écrivit à Macaire, évêque de Jérusalem, en lui recommandant de prendre les soins nécessaires pour qu'elle surpassât tout autre monument en grandeur et en beauté. « J'ai, dit-il, prescrit à Dracilien, vicaire des préfets du prétoire et gouverneur de la province, d'employer, selon votre avis, les meilleurs ouvriers pour élever les murailles. Mandez-moi quelles colonnes et quels marbres vous jugez plus riches et plus convenables, afin que je les fasse transporter; car il faut qu'un lieu si auguste dans le monde ait des ornements dignes de sa sainteté. Quant à l'intérieur de la basilique, je voudrais savoir s'il y aura des lambris ou quelque autre genre d'ouvrage; dans le premier cas, on y pourra mettre de l'or. Faites donc connaître bientôt à mes officiers le nombre d'ouvriers et les sommes d'argent qui seront nécessaires, et informez-moi promptement de vos intentions au sujet des marbres, des colonnes et des ornements. »

Hélène, mère de Constantin, alla surveiller elle-même l'exécution

---

[1] Voir, pour tous ces faits. Eusèbe, *Histoire ecclésiastique*, liv. IV, chap. II et suiv.; et son livre *Des Martyrs de la Palestine*, chap. XI ; l'*Abrégé de Dion* sur Adrien; saint Jérôme, *Épître à Paulin*.

de belles pierres. L'église avait son portail à l'orient et son chevet à l'occident, contre la pratique habituelle. Elle était haute et vaste; l'intérieur resplendissait de l'éclat des marbres rares ornant les murailles, et de l'or revêtant les lambris artistement travaillés; les combles étaient couverts de plomb. Sur les côtés de l'église régnaient deux galeries, l'une supérieure et l'autre inférieure, aussi longues et aussi ornées que la basilique, soutenues, du côté de la nef, par de hautes colonnes, et appuyées, à l'intérieur, sur des piliers chargés d'ornements. La partie principale de l'édifice formait un hémisphère entouré de douze colonnes surmontées de corbeilles d'argent. Les trois portes, placées à l'orient, donnaient sur une grande place bordée, au nord et au sud, de galeries élégantes, et conduisant, vers l'est, à la place du marché, d'où l'on découvrait avec admiration la splendeur et l'immensité du monument de la piété impériale.

Comme on le voit, ces constructions renfermaient la chapelle du Saint-Sépulcre, la grande église et plusieurs autres bâtiments. Elles sont appelées par les écrivains de cette époque tantôt le témoignage, ou le lieu de la Passion, et encore le Golgotha, tantôt le Saint-Sépulcre, l'église de Sainte-Croix, ou le monument de la Résurrection[1]. Il est donc certain que la basilique, c'est-à-dire le grand espace qui comprenait l'église avec les bâtiments adjacents, avait dans son enceinte le lieu du crucifiement et de la mort de Jésus-Christ et le lieu du sépulcre et de la résurrection. Au reste, de l'un à l'autre lieu, il n'y avait qu'environ quatre-vingts pas ou un jet de pierre, comme dit l'Itinéraire de Bordeaux, et tous les auteurs ne parlent que d'une seule église bâtie par Constantin pour honorer les deux mystères de la mort et de la résurrection du Sauveur.

On avait mis six ans à bâtir l'église de la Résurrection. Lorsqu'elle fut achevée et pourvue de vases d'or et d'argent dont plusieurs même étaient ornés de pierreries, Constantin provoqua la réunion d'un concile pour la dédier. Les voitures publiques furent mises à

---

[1] Sozomène, *Histoire ecclésiastique*, liv. II, chap. xxvi; Eusèbe, *Vie de Constantin*, liv. III; saint Cyrille de Jérusalem, *Catéchèse* IV; saint Paulin, *épître* 11.

entreprise, les femmes travaillèrent de leurs mains et crurent accomplir ainsi un acte de religion. On les vit porter la terre dans les pans de leurs robes et exciter par leur exemple le fanatisme des hommes. Il y en eut qui se servirent, pour ce pieux travail, de bêches, de pelles et de corbeilles d'argent. Saint Cyrille, évêque de Jérusalem, regardait d'un œil tranquille tous ces préparatifs, se confiant en la vérité des prophéties et assurant qu'on les verrait bientôt se vérifier avec éclat.

Les Juifs se mirent à creuser les fondations du nouveau temple, et, pour cela, abolirent les derniers restes de l'ancien. Le comte Alypius, aidé du gouverneur de la province, pressait fortement l'ouvrage, lorsque survint un tremblement de terre qui combla les fouilles, dispersa les matériaux amassés, fit périr ou blessa plusieurs hommes. Des globes de feu, ou mieux « d'effroyables tourbillons de flammes, qui, par des élancements répétés, sortaient des endroits contigus aux fondements, brûlèrent les ouvriers et leur rendirent la place inaccessible. Ainsi le feu les repoussant avec opiniâtreté, on abandonna l'entreprise. » A cette parole d'Ammien-Marcellin, qui ne peut être suspecté, puisqu'il professait le paganisme, admirait l'empereur et détestait la religion chrétienne, se joint le témoignage des auteurs chrétiens qui rapportent les circonstances suivantes. Le prodige s'accomplit durant la nuit qui précéda le jour où l'on devait poser les premières pierres. Le feu consuma les instruments de travail laissés sur la place et dans un bâtiment séparé. Au moment où les Juifs accouraient pour voir le désordre survenu, la flamme s'élança de toutes ces ruines et s'étendit comme un fleuve, en brûlant et tuant ceux qu'elle rencontra. La même merveille se reproduisit plusieurs fois ce jour et les jours suivants, et aussi longtemps qu'on essaya de reprendre le projet impie de Julien. Des Juifs et des païens, étonnés d'un fait si étrange en lui-même et dans ses circonstances, reconnurent la divinité de Jésus-Christ et embrassèrent la religion chrétienne [1].

---

[1] Ammien-Marcellin, *Histoire*, l. XXXIII; Ruffin, Théodoret, Socrate et Sozomène,

Omar menaçant tout l'Orient, Héraclius abandonna la Syrie et se retira à Constantinople, où il fit même porter la relique de la croix, parce qu'il vit que Jérusalem ne résisterait pas au choc des Barbares. Dès la première conquête qui marqua leurs pas, les Sarrasins jetèrent le regard sur la cité de David et de Salomon que Mahomet avait visitée, disent les musulmans, et d'où il était parti pour monter au ciel dans son voyage nocturne. Ils firent donc des efforts incroyables pour la prendre. Fatiguée par un long blocus, ensuite par un siége rigoureux qui dura quatre mois et où elle avait à repousser, presque chaque jour, un assaut de l'ennemi, Jérusalem se rendit par composition. Le calife Omar vint lui-même en Palestine pour recevoir les clefs et la soumission de la ville conquise; il y entra, vêtu comme par dévotion d'un sale et vieux cilice tissu de poil de chameau.

Le vainqueur voulut parcourir les lieux chers aux chrétiens et il profana de sa présence l'église du Saint-Sépulcre. Puis il demanda ce qu'était devenue la pierre qui avait servi d'oreiller à Jacob lorsqu'il eut sa vision miraculeuse; on lui montra l'emplacement du temple. Il s'indigna de le trouver rempli d'immondices; il en prit gravement autant qu'il en put tenir dans le pan de sa robe et les alla porter au loin; les Sarrasins l'imitèrent en foule, et, le lieu nettoyé, il résolut d'y bâtir une des plus belles mosquées de l'islamisme. En effet, par ses ordres on jeta les fondements de la mosquée qui porte son nom et qui est presque aussi sacrée pour les musulmans que celles de Médine et de la Mecque. Toutefois, elle ne fut achevée que par les successeurs d'Omar. Du reste, ce calife, dont tout l'Orient vantait la modération, contint le fanatisme de ses coreligionnaires et donna aux chrétiens une lettre de sauvegarde ainsi conçue : « Au nom du Dieu puissant et miséricordieux. De par Omar, fils d'Hittab, sûreté est accordée aux habitants de la ville d'Ælia, tant pour leur personne que pour leurs enfants, leurs femmes, leurs biens, et pour toutes leurs églises, qui ne seront ni abattues, ni fermées. » Il est vrai qu'en laissant aux chrétiens cette sorte de liberté, Omar

d'échecs et une horloge dont le mécanisme ingénieux ravit d'admiration les guerriers francs et les clercs du palais. Il reçut avec bienveillance les ambassadeurs occidentaux, consentit à toutes leurs demandes, et accorda, de plus, à Charlemagne d'avoir les saints lieux en sa puissance, comme le marquaient les clefs et l'étendard remis par le patriarche de Jérusalem [1].

Semblables à un malade dont les douleurs s'apaisent ou s'augmentent, selon que le ciel est serein ou chargé d'orages, les chrétiens de Jérusalem et de la Palestine étaient toujours placés entre un jour de repos et une persécution imminente. Élie, patriarche de la cité sainte, tourna les yeux et éleva la voix vers les princes, les prélats, les guerriers et les dames illustres de l'Occident, pour implorer secours et protection au milieu des misères et des périls où les Églises d'Orient se trouvaient engagées (année 881). Le vaste empire des Abassides s'étant écroulé de toutes parts, et le monde, selon un chroniqueur arabe, demeurant à qui pouvait s'en emparer, Jérusalem, la Palestine et la Syrie tombèrent au pouvoir des califes Fatimites, qui venaient de s'établir sur les bords du Nil et profitaient du désordre et des troubles répandus dans tout l'Orient pour y établir leur domination. Hakem, le troisième d'entre eux, signala son règne par tous les excès du fanatisme et de la démence. Dans la folie de ses pensées et l'ivresse de son pouvoir, il se crut dieu et se fit élever des autels. Ayant pour mère une femme chrétienne, et pour oncle maternel Oreste, patriarche de Jérusalem, il parut d'abord favorable aux disciples de la croix; mais bientôt, soit que cette parenté le compromît aux yeux de ses sujets, comme le rapporte Guillaume de Tyr, soit qu'il cédât aux menaces des Juifs, comme le dit Glaber, il donna le signal de la persécution contre les chrétiens et trouva partout des bourreaux [2]. Entre autres mesures funestes, il fit détruire l'église de la Résurrection, élevée sous Constantin et réparée sous Héraclius; c'est Hyaroé, l'un de ses intendants et gou-

[1] Éginhard, *Vie et gestes de Charlemagne* ; Guillaume de Tyr, liv. I.
[2] Guillaume de Tyr, liv. I, page 9, Collect. Guizot; Glaber, liv. III, chap. VII.

senter sept esclaves nés dans les sept climats de l'empire arabe, afin de marquer ses droits sur cette vaste étendue de pays; enfin il ceignit ses reins de deux cimeterres et son front de deux couronnes, en signe de domination sur l'Orient et l'Occident (1055). L'empire irritait la dévorante ardeur des Turcs Seljoucides, et trente ans après qu'ils eurent conquis la Perse, leurs bandes s'agitaient de l'Oxus à l'Euphrate et de l'Indus à l'Hellespont : le bruit de leurs pas arrivait jusque dans les murs de Constantinople.

Les califes Fatimites reculèrent devant les armes de Malek-Schah, un des successeurs de Togrul, en lui abandonnant la Syrie et la Palestine. Jérusalem tomba au pouvoir des Turcs, qui replantèrent le drapeau noir des Abassides sur les remparts de la ville sainte où la postérité d'Omar n'avait pu le maintenir. Les chrétiens et les sectateurs d'Ali furent confondus dans une commune réprobation, les églises et les mosquées livrées au pillage, et, sous ce pouvoir nouveau et mal assuré, les disciples de la croix eurent à souffrir des calamités que leurs pères n'avaient point connues sous le dur empire des califes de Bagdad et du Caire. Ce déplorable état ne cessa qu'au bout de trente-huit ans, lorsque la vaillante épée de Godefroy vint affranchir le tombeau du Sauveur.

Godefroy planta ses pavillons sur une esplanade qui s'étend vers le côté septentrional de la ville, presque en face de la porte de Damas, gracieux monument d'architecture arabe, flanqué de deux tours, élégamment crénelé, s'ouvrant par une large et haute ogive. Le bouillant Tancrède dressa ses tentes à droite de Godefroy et par conséquent au nord-ouest, non loin du Golgotha; à l'ouest, en face de la porte de Jaffa, Raymond de Toulouse établit son camp, dont il porta ensuite une partie sur le mont Sion, au midi de la ville, afin de concourir plus efficacement aux opérations du siége. Encore qu'ils n'eussent aucune machine de guerre, mais seulement leur épée et leur audace pour abattre les remparts, les soldats chrétiens voulurent livrer l'assaut. Malgré l'huile et la poix bouillante, les pierres et les poutres énormes qui tombaient sur eux, ils abattirent l'avant-mur,

lem, en armes, les enseignes déployées, au son des timbales et des trompettes, mais nu-pieds, la tête découverte, et précédés de leurs prêtres, qui portaient les images des saints et chantaient des psaumes et des cantiques. Ils s'émurent d'un prodigieux enthousiasme, en contemplant la ville du haut de la montagne des Oliviers. Godefroy prit à la hâte de nouvelles dispositions, ramena son camp à l'est, près de la porte Saint-Étienne, et donna le signal de l'assaut, le jeudi 14 juillet 1099. Le premier choc des chrétiens fut terrible, mais partout la résistance fut énergique; les assiégés firent pleuvoir les flèches enflammées, l'huile bouillante, le feu grégeois; douze heures de combat ne purent décider la victoire. Une lutte désespérée s'engagea le lendemain. Raymond de Toulouse, sur le mont Sion, avait pour adversaire l'émir de Jérusalem. Au nord, Tancrède, impatient de frapper de la lance et du glaive, se tenait sur sa tour roulante pendant que les béliers ébranlaient la muraille, et il voyait avec joie les Sarrasins se presser de son côté. A l'est, la tour de Godefroy, surmontée d'une brillante croix d'or, appelait la fureur et les efforts des musulmans. Les pierres, les poutres, les flèches, le feu, tout venait battre cette forteresse menaçante et frapper les guerriers qui la défendaient. Néanmoins, au milieu de la plus terrible décharge, elle put se mouvoir, avancer et jeter enfin son pont-levis sur la muraille. Godefroy passa, précédé des deux frères Engelbert et Léthalde de Tournay, suivi de Baudouin, d'Eustache et de quelques chevaliers. Devant la lance et l'épée des croisés, les soldats du Coran reculèrent et furent renversés l'un sur l'autre par la marche impétueuse des Francs. De son côté, Tancrède s'élança dans la place avec ses chevaliers, et le comte de Toulouse escalada, sous les yeux et les coups des Sarrasins, la muraille qu'il avait devant lui. Tous les chefs entrèrent dans la ville en soldats, par-dessus les remparts croulants, aucun n'y pénétra par les portes [1].

Après avoir élu pour roi de Jérusalem leur illustre chef, les croi-

---

[1] Voir les chroniqueurs cités plus haut, et l'éloquent historien des Croisades, liv. IV.

dépouilla les églises, et l'on convertit en monnaie les métaux précieux qui ornaient la chapelle du Saint-Sépulcre.

L'attaque fut vive, la résistance opiniâtre. Dans des sorties fréquentes, les assiégés firent des prodiges de valeur, et malgré les travaux de la mine dirigés contre leurs remparts, ils eussent continué de se battre et peut-être réussi à vaincre, si la découverte d'un complot n'était venue renverser tout leur courage. Les chrétiens d'Orient, en haine de ceux d'Occident, avaient formé le projet de livrer une porte à Saladin dans un assaut général. Les principaux de la ville, accompagnés de Balian d'Ibelim, vinrent demander une capitulation; elle fut refusée. Ils renouvelèrent plusieurs fois leurs supplications qui trouvaient Saladin toujours inexorable. Alors Balian lui tint ce discours : « Si nous ne pouvons obtenir de vous miséricorde, nous prendrons une résolution terrible, et l'excès de notre désespoir vous remplira d'épouvante. Ces temples et ces palais que vous prétendez conquérir seront renversés de fond en comble; toutes nos richesses qui excitent l'ambition et l'avidité des Sarrasins deviendront la proie des flammes. Nous détruirons la mosquée d'Omar, et la pierre mystérieuse de Jacob, objet de votre culte, sera brisée et mise en poudre. Jérusalem renferme cinq mille prisonniers mulsumans; ils périront tous par le glaive. Nous égorgerons de nos propres mains nos femmes et nos enfants, pour leur épargner ainsi la honte de devenir vos esclaves. Quand la ville sainte ne sera plus qu'un amas de ruines, un vaste tombeau, nous en sortirons, suivis des âmes indignées de nos amis et de nos proches; nous en sortirons le fer et le feu à la main. Aucun de nous n'ira en paradis sans avoir envoyé en enfer dix musulmans. Nous obtiendrons ainsi un trépas glorieux, et nous mourrons en appelant sur vous la malédiction du Dieu de Jérusalem [1]. »

Ces paroles effrayèrent Saladin; d'ailleurs, on lui fit comprendre qu'il pouvait accepter la capitulation sans manquer à son serment.

---

[1] Cité par Michaud, d'après les chroniqueurs latins et Arabes, *Histoire des Croisades*, liv. VII. Bernard le Trésorier donne d'autres détails, page. 122. Collect. Guizot.

vertit toutes les églises en mosquées, après en avoir fait laver les murailles et effacer les peintures par les chrétiens esclaves. Des musulmans zélés lui conseillèrent de ruiner tout à fait l'église du Saint-Sépulcre et les monuments chers à l'ennemi, afin que le tombeau du Christ comblé et le sol remué par la charrue, il n'y eût plus aucun motif pour les Occidentaux d'y venir en pèlerinage et d'entreprendre des croisades. Mais de très-habiles théologiens du Coran représentèrent qu'il ne convenait pas d'être plus scrupuleux que le calife Omar et qu'il fallait, à son exemple, conserver l'église; que, du reste, ce n'était pas l'édifice, mais l'emplacement lui-même qui attirait la dévotion des chrétiens, et qu'ainsi, fût-il possible d'y amasser de la terre jusqu'à la hauteur du ciel, les disciples de la croix ne cesseraient point d'affluer à Jérusalem. Saladin se rendit à ces raisons; d'ailleurs les Syriens rachetèrent l'église à prix d'or, et il fut permis de visiter les saints lieux comme auparavant, pourvu qu'on y vînt sans armes et qu'on se soumît à payer un impôt [1].

C'est à la mosquée d'Omar que Saladin donna ses soins les plus empressés; il fournit, pour la restaurer, des marbres, de l'or et des objets précieux. Toutes les marques du christianisme en furent effacées. Le jour même où les vainqueurs étaient entrés dans la ville, quelques-uns d'entre eux avaient escaladé le dôme de l'édifice pour abattre la grande croix de cuivre doré qui étincelait sur la coupole. Chrétiens et musulmans, tous tenaient les yeux tournés vers cet endroit, et regardaient avec une attente inquiète le travail de démolition. Quand la croix fléchit et tomba, il s'éleva de toutes parts un cri formidable; les disciples de Mahomet faisaient entendre les accents d'une joie insultante, les disciples du Christ tiraient de leur cœur déchiré des plaintes lamentables : tel était le bruit, dit un chroniqueur arabe, qu'on eût cru que le monde s'abîmait dans un suprême écroulement. A l'intérieur de l'édifice, on commit les mêmes ravages qui s'étaient accomplis à l'extérieur : on brisa les

---

[1] Guillaume de Nangis, *Chronique*, an 1187; voir aussi les auteurs arabes, dans la *Bibliothèque des Croisades*, tome II.

MOSQUÉE D'OMAR.

l'église de Bethléem qu'en celle du Saint-Sépulcre et autres qu'ils ont démolies.

« Dans le temple il y a trente-deux colonnes de marbre gris en deux rangs, dont seize grandes soutiennent la première voûte, et les autres le dôme, chacune étant posée sur son pied-d'estail et leurs chapiteaux. Tout autour des colonnes il y a de très-beaux ouvrages de fer doré et de cuivre, faits en forme de chandeliers, sur lesquels il y a sept mille lampes posées, lesquelles brûlent depuis le jeudi au soleil couché jusqu'au vendredi matin ; et tous les ans un mois durant, à savoir au temps de leur ramadan, qui est leur carême.

« Dans le milieu du temple, il y a une petite tour de marbre, où l'on monte en dehors par dix-huit degrés. C'est où se met le cadi tous les vendredis, depuis midi jusqu'à deux heures que dure leur cérémonie, tant la prière que les expositions qu'il fait sur les principaux points de l'Alcoran.

« Outre les trente-deux colonnes qui soutiennent la voûte et le dôme, il y en a deux autres moindres assez proches de la porte de l'occident que l'on montre aux étrangers, auxquels ils font accroire que lorsqu'ils passent librement entre ces colonnes ils sont prédestinés pour le paradis de Mahomet, et disent que si un chrétien passoit entre ces colonnes, elles se serreroient et l'écraseroient. J'en sais bien pourtant à qui cet accident n'est pas arrivé, quoiqu'ils fussent bons chrétiens.

« A trois pas de ces deux colonnes il y a une pierre dans le pavé, qui semble de marbre noir, de deux pieds et demi en carré, élevée un peu plus que le pavé. En cette pierre il y a vingt-trois trous où il semble qu'autrefois il y ait eu des clous, comme de fait il en reste encore deux. Savoir à quoi ils servoient, je ne le sais pas : même les mahométans l'ignorent, quoiqu'ils croient que c'étoit sur cette pierre que les prophètes mettoient les pieds lorsqu'ils descendoient de cheval pour entrer au temple, et que ce fut sur cette pierre que descendit Mahomet lorsqu'il arriva de l'Arabie Heureuse, quand il fit le voyage du paradis, pour traiter d'affaires avec Dieu. »

La mosquée s'élève sur une grande place à peu près carrée; c'est un bâtiment octogone, dont chaque côté offre sept arcades en ogives d'une gracieuse architecture, et qui, surmonté d'une coupole de quarante pieds de diamètre, porte le croissant dans les airs par-dessus une lanterne octogone et percée de huit fenêtres. A l'extérieur, les murs sont recouverts de carreaux de faïence peints de diverses couleurs et chargés d'arabesques et de versets du Coran. L'édifice se trouve au milieu d'un parvis où l'on monte par huit degrés de marbre et qui lui-même est au milieu d'un parvis fermé, à l'est et au sud, par les murailles de la ville, à l'ouest par des maisons, et au nord par une caserne et les ruines du prétoire de Pilate. Dans ces cours ou parvis croissent quelques cyprès et de vieux oliviers. Voilà ce qui remplace le temple de Salomon. Les Juifs vont encore s'agenouiller dans ces lieux et répandre des larmes sur la gloire passée et les malheurs présents de leur race, en tournant vers l'avenir des regards pleins d'espérance. Mais, selon l'expression d'un prophète, ils ne sont plus que des chênes dont les feuilles flétries ne pourront jamais reverdir.

V

Jérusalem ne retomba plus aux mains des chrétiens d'Occident. La division qui affaiblit si tristement les forces de la troisième croisade protégea seule la fortune de Saladin contre l'ascendant de l'Europe. Que de fois les soldats se plaignirent de l'inaction où les laissaient leurs chefs! que de fois ils demandèrent comme une grâce qu'on leur permît de marcher sur la ville sainte pour la délivrer! En 1191, le courageux, mais fantasque Richard d'Angleterre, après avoir longtemps hésité, s'avançant vers les montagnes de la Judée, annonça le projet d'affranchir enfin Jérusalem. On était au milieu de l'hiver; les pluies faisaient périr en grand nombre les bêtes de somme; les orages dévastaient le camp, les vivres ne se conservaient plus, les vêtements des croisés tombaient en lambeaux, les guerriers sans vigueur laissaient rouiller leurs armes, plusieurs étaient malades. Mais, à la pensée de Jérusalem, ils reprirent leur courage et leurs forces; de Ptolémaïs et de Jaffa, ils accoururent en hâte, et ceux que la maladie empêchait de marcher se faisaient porter sur des lits et des brancards. Il semblait que rien ne dût résister à leur belliqueux élan, et Saladin faisait des efforts et des sacrifices inouïs pour réparer les fortifications de Jérusalem, l'entourer de fossés profonds et la rendre imprenable, lorsque les vaillants pèlerins furent avertis qu'on les ramenait vers les rivages de la Méditerranée. « Nous ne verrons donc pas Jérusalem! » s'écrièrent-ils avec tristesse et désespoir. Les uns élevèrent des plaintes amères contre leurs chefs, contre Richard et contre le ciel lui-même; les autres, n'espérant plus rien de la guerre sainte, se rendirent à Ptolémaïs, à Jaffa, dans les villes maritimes, avec le dessein de s'embarquer pour l'Occident.

Quarante ans après, en 1229, un traité intervint entre le sultan Malek-Kamel et l'empereur d'Allemagne, Frédéric II, qui laissait aux chrétiens Jérusalem avec quelques villes et villages, mais qui réservait aux musulmans dans la cité sainte la mosquée d'Omar et le libre exercice de leur culte. Cette paix fut blâmée comme une honteuse apostasie par les chrétiens et les musulmans. Le pape déplora la conquête de Jérusalem faite sous de telles conditions, et compara le nouveau roi de la Judée à ces monarques impies que Dieu, dans sa colère, avait fait asseoir sur le trône de David. Ce n'est pas que Frédéric n'eût essayé, par une lettre fort habile, pour ne pas dire hypocrite, de prévenir cette explosion de plaintes et d'anathèmes : il écrivit au pape et à tous les princes de l'Europe qu'il avait reconquis Jérusalem sans effusion de sang et comme par un miracle de la puissance divine. De son côté, Malek-Kamel fut obligé d'écrire au calife de Bagdad pour se justifier; car, lorsque les dispositions du traité furent connues, un sanglot immense s'éleva de toutes les villes musulmanes : dans la capitale de la Syrie, l'iman Ibn-Giouzi, un des plus célèbres orateurs de l'islamisme, prononça le panégyrique de Jérusalem, et, rappelant en paroles pathétiques la perte qu'on venait de faire, il arracha des larmes à la foule consternée[1].

Au reste, on avait stipulé une trêve de dix ans. Ce terme expiré, l'émir de Pétra se rendit maître de Jérusalem, abattit la tour de David et les murailles élevées par les chrétiens. Toutefois l'émir dut bientôt se retirer et l'on commençait à se mettre en état de défense lorsque les bandes féroces des Karismiens se précipitèrent sur la Palestine. Trop faibles pour soutenir un siége, les chrétiens sortirent de la ville avec tout ce qu'ils purent emporter et s'acheminèrent lentement vers Jaffa. Surpris et irrités de ne trouver à Jérusalem ni victime ni butin, les Karismiens s'éloignèrent en grand nombre, pendant que les autres rappelaient les habitants, en sonnant toutes les cloches et en faisant flotter sur les remparts les drapeaux de la croix, comme pour célébrer une victoire des chrétiens. Trompés par ce stratagème, ceux-ci revinrent sur leurs pas avec tout ce qu'ils croyaient avoir sauvé du pillage et tombèrent au milieu des Barbares embusqués dans les chemins et les défilés des montagnes. Les uns périrent par le glaive, les autres furent mis aux fers. Les Karismiens, traînant leurs captifs et chargés de dépouilles sanglantes, rentrèrent à Jérusalem, où une troupe de religieuses, d'enfants et de vieillards qui s'étaient réfugiés dans l'église du Saint-Sépulcre fut massacrée au pied des autels. Ils parcoururent la ville, et quand leur glaive ne rencontra plus rien de vivant, pour assouvir leur fureur, ils ouvrirent les sépulcres, profanèrent la cendre et le repos des morts, et mirent le feu dans leurs cercueils. Ils souillèrent indignement le Calvaire et l'église de la Résurrection, ils détruisirent les marbres placés à l'entrée du saint tombeau, et les colonnes qui ornaient le sépulcre de Notre-Seigneur allèrent enrichir celui de Mahomet. Des ossements vénérés, des cendres illustres, les reliques des martyrs et des héros de la foi n'échappèrent pas aux insultes. Jérusalem vit

---

[1] Voir Matthieu Pâris, *Grande chronique*, ann. 1229, pour les lettres et faits qui regardent Frédéric et l'Europe chrétienne; et les auteurs arabes, *Bibliothèque des Croisades*, tome I, pour les faits concernant Malek-Kamel et les musulmans.

alors des profanations et des cruautés qu'elle n'avait point vues dans les guerres les plus barbares et dans les jours les plus sinistres [1].

Peu de temps après, les Karismiens furent exterminés par les Mameluks baharites, dont la dynastie venait de remplacer celle des Mameluks ayoubites, et Jérusalem tomba sous le joug des sultans du Caire. Dès lors, la perte de la Terre-Sainte fut consommée : les troupes de la chrétienté ne sont plus allées présenter les armes au tombeau du Sauveur. Seulement, Robert, roi de Sicile, et Sanche, sa femme, pour mettre les lieux saints à l'abri de la persécution, les rachetèrent à grand prix du sultan d'Égypte, qui en contestait injustement la propriété, et les cédèrent au souverain pontife, qui en confia la garde aux Franciscains, comme on le voit par une bulle de Clément VI, en date du 30 novembre 1342. Ces humbles religieux, soldats désarmés, défendent, depuis cette époque, par leurs prières et quelquefois au péril de leur vie, des monuments que la politique et l'épée de l'Europe ne protégent plus guère, mais qui sont restés chers à toute âme chrétienne. Le fanatisme des Turcs fit périr, en 1368, les douze religieux qui gardaient le Saint-Sépulcre; quatre furent tués vingt ans après; tous, à diverses reprises, se virent accablés d'avanies et de mauvais traitements par les hérétiques du pays et les sectateurs de l'islamisme, et ils n'échappèrent pas toujours aux calomnies et aux sarcasmes des philosophes et des touristes d'Occident.

En 1517, Sélim Ier réunit l'Égypte et la Syrie à l'empire ottoman; Jérusalem a toujours reçu, depuis cette date, la loi de Constantinople, si l'on excepte la courte période durant laquelle nous avons vu Méhémet-Ali lutter contre la Porte, et son fils Ibrahim battre les armées turques à Nézib et à Koniah.

---

[1] Lettre de Robert, patriarche de Jérusalem, d'Henri, archevêque de Nazareth, et des autres prélats de la Terre-Sainte à leurs frères de France et d'Angleterre, rapportée par Matthieu Pâris, *Grande chronique,* ann. 1244.

VI

Nous avons groupé, comme on vient de le voir, et présenté de suite les faits principaux qui peuvent éclairer le lecteur sur les vicissitudes subies par le tombeau de Jésus-Christ et montrer tout ce qu'il y a de plausible et d'incontestable dans les traditions catholiques touchant l'authenticité des saints lieux. Certes, personne ne le niera : les premiers chrétiens étaient exactement renseignés sur la véritable situation du Calvaire. Lorsque s'ouvrit le siége de la ville par Titus, ils se retirèrent à Pella, pour revenir à Jérusalem bientôt après, comme l'histoire le prouve. Or, qu'ils aient pu reconnaître et retrouver parmi les ruines l'emplacement du Golgotha, il serait absurde de le contester. Les débris amoncelés du temple marquaient le mont Moriah; les tours d'Hippicos, de Mariamne et de Phasaël, conservées par Titus, faisaient voir une moitié de l'enceinte de Jérusalem et servaient de point fixe pour diriger les recherches. Eusèbe nous a laissé la liste des évêques qui se transmirent le périlleux gouvernement de la cité sainte, durant la fin du premier et le commencement du second siècle. Croire que des pasteurs qui vivaient et mouraient pour la foi n'ont eu nul souci de garder les traces sacrées du Sauveur et de prier sur le théâtre de sa victoire, c'est ne rien comprendre au sentiment religieux, c'est se dérober à l'évidence. D'ailleurs, lorsqu'en l'année 134, Adrien voulut décourager la foi des chrétiens et mettre un terme à leurs pèlerinages, il choisit les lieux où ils se rendaient en foule et fréquemment, c'est-à-dire le Saint-Sépulcre et le Golgotha, pour y présenter à leurs adorations Vénus et Jupiter. Ainsi donc, amis et ennemis, tous étaient d'accord pour vénérer ou insulter un coin de terre déterminé, une pierre de cent pas d'étendue, tombeau d'un Dieu, et berceau d'une religion qui, déjà, remplissait le monde.

A partir d'Adrien et de l'année 134, la tradition tout entière prouve, d'une manière péremptoire, que les chrétiens n'ont pris ni pu prendre le change sur la véritable situation des saints lieux. Les idoles d'Adrien ne tombèrent que pour faire place au monument bâti par Constantin, là même où notre piété baise aujourd'hui le sépulcre du Sauveur. Ce monument a sans doute été mutilé dans tous les désastres qui atteignirent Jérusalem, vingt fois prise et reprise par les fidèles et les infidèles; mais il n'a jamais été renversé de fond en comble; son histoire se continue sans interruption; son identité n'est combattue par aucun fait, ni par aucun texte. En conséquence, toute la difficulté, s'il y en avait une, consisterait à savoir si, de l'an 70, où tomba Jérusalem, jusqu'à l'an 134, où nous voyons et les fidèles à genoux sur le Golgotha et l'empereur Adrien occupé à les insulter, ils ont pu perdre de vue soit les lieux sanctifiés par le Seigneur, soit le théâtre de sa mort qui a racheté le monde, et de sa résurrection qui a inauguré le règne de l'Évangile.

Telle étant la question, je suis frappé de ce contraste : les chrétiens qui habitèrent Jérusalem, de l'an 70 à l'an 134, nés dans cette ville ou dans le voisinage, contemporains et témoins d'événements où ils se mêlaient avec une foi si vive et si ingénue, s'attachant à leur Dieu malgré les privations, et le suivant jusqu'au trépas, ces chrétiens dévoués, évêques, prêtres et fidèles, et après tout gens du pays, sont accusés de n'avoir ni pu, ni su, ni daigné s'enquérir des lieux où vécut, souffrit et mourut ce Dieu qu'ils adorent et pour lequel eux-mêmes vivent, souffrent et meurent; et par qui sont-ils accusés? Par des hommes qui, ayant pour unique religion la religion du bien-être, n'attachent nulle importance à la foi d'autrui et s'imaginent que tout le monde leur ressemble; par des étrangers qui, venus d'une contrée lointaine sur une terre inconnue, examinent un monument âgé de quinze siècles et élèvent la singulière prétention de savoir mieux où il est bâti que ceux même qui en ont posé la première pierre et l'ont scellée de leur sang; par des philosophes qui, loin d'affronter les prisons et l'échafaud pour un symbole, ne possèdent pas même une doctrine; par des touristes qui voyagent pour échapper à l'ennui du désœuvrement, et écrivent pour divertir le public ; enfin par des manières de savants qui mesurent des pierres pour se débarrasser des témoignages historiques, et déclament ridiculement, au lieu de produire de bonnes raisons [1].

La seule raison, non pas solide, mais spécieuse sur laquelle on se fondait pour nier l'authenticité des saints lieux, a même disparu sans retour devant les recherches et les découvertes des voyageurs modernes. On disait : Le Calvaire et le sépulcre du Christ se trouvaient hors des murs de Jérusalem, d'abord parce que l'Écriture le marque, et ensuite parce que ni les sentences capitales n'étaient exécutées, ni les sépultures n'avaient lieu dans la ville; or, le Saint-Sépulcre et le rocher du Golgotha sont aujourd'hui au centre de Jérusalem; donc il n'y a pas d'identité. La réponse est facile. En effet, prise et ruinée plusieurs fois, la cité sainte a pu se déplacer et s'étendre sur un terrain qu'elle n'a pas toujours occupé. Et elle s'est déplacée : dans sa Dissertation sur l'étendue de l'ancienne Jérusalem, le savant géographe d'Anville, examinant un texte d'Abulfarage, conforme d'ailleurs à un texte d'Eusèbe, reconnaît que l'enceinte qui existe depuis la conquête d'Omar ne répond pas exactement à celle d'un âge plus reculé. Les anciens auteurs disent qu'Adrien, en rebâtissant la ville, y a renfermé par une disposition de la Providence, le rocher du Calvaire. Des voyageurs modernes, et en particulier M. Schultz, consul de Prusse à Jérusalem, proclament que toutes choses, ici, justifient les traditions catholiques sur le Saint-Sépulcre. « Si vous vouliez connaître mon sentiment, je dois dire que la tradition sur l'emplacement du Saint-Sépulcre, d'après les circonstances que je viens de développer, me paraît digne de foi, et comme tout porte du moins à me le faire croire, que l'église du Saint-Sépulcre marque la place qui s'appelait

---

[1] On sait que beaucoup de voyageurs anglais se distinguent par une espèce d'érudition et de philosophie propre à John Bull, et qui lui fait voir de la superstition partout où il n'y a pas de manufacture ou de haut fourneau. Il est regrettable que les écrivains de notre nation n'aient pas toujours échappé à des habitudes d'esprit si peu françaises.

Golgotha[1]. » Un autre voyageur ajoute : « Tout cet angle occidental, qui paraît à l'œil comme une adjonction si contraire à la symétrie, et dans lequel se trouvent le couvent latin, la plus grande partie du couvent grec et l'église du Saint-Sépulcre, est en dehors des anciens murs, dont on remarque des restes incontestables, près de la porte Judiciaire. Cette partie de la ville actuelle où, dès l'époque de Jésus-Christ, il y avait des maisons isolées d'un quartier nouveau et entourées de jardins, fut sans aucun doute, sous le règne de Claude et par les soins d'Agrippa, environnée d'un mur; cette modification apportée à l'ancien contour de la ville n'eut lieu toutefois qu'environ dix ans après le crucifiement de Jésus-Christ[2]. »

« Les premiers voyageurs étaient bien heureux, dit à ce sujet Chateaubriand; ils n'étaient point obligés d'entrer dans toutes ces critiques : premièrement, parce qu'ils trouvaient dans leurs lecteurs la religion, qui ne dispute jamais avec la vérité; secondement, parce que tout le monde était persuadé que le seul moyen de voir un pays tel qu'il est, c'est de le voir avec ses traditions et ses souvenirs. C'est en effet la Bible et l'Évangile à la main que l'on doit parcourir la Terre-Sainte. Si l'on veut y porter un esprit de contention et de chicane, la Judée ne vaut pas la peine qu'on l'aille chercher si loin. Que dirait-on d'un homme qui, parcourant la Grèce et l'Italie, ne s'occuperait qu'à contredire Homère et Virgile? Voilà pourtant comme on voyage aujourd'hui : effet sensible de notre amour-propre, qui veut nous faire passer pour habiles, en nous rendant dédaigneux[3]. »

Au reste, si nous défendons ici l'authenticité des saints lieux, c'est par respect pour la vérité historique; car la doctrine religieuse du monde n'est point engagée dans la question. Qu'importe la prose lourde et éphémère d'un Anglais à des traditions de quinze siècles?

---

[1] Schultz, *Jérusalem*, cité par M. Mislin, dans *les Saints Lieux*, tome II, page 40.
[2] De Schubert, *Voyage en Orient*, cité par M. Mislin; d'Anville, *Dissertation* citée, n° 2; *Revue orientale*, n° du 1er janvier 1852, article de M. Michon.
[3] *Itinéraire*, dans les Œuvres complètes, édit. 1826, tome IX, page 20.

Cet événement se rattacherait ainsi à tout un système d'usurpations pratiqué par les Grecs depuis longues années, et toujours combattu par les chrétiens d'Occident, qui néanmoins ont échoué en plusieurs rencontres, à cause de la connivence et de la vénalité des agents turcs. L'incendie ne serait donc qu'une manœuvre des Grecs pour atteindre leur but. Ils savaient que les Pères de Terre-Sainte, n'ayant que des resssources très-réduites, ne pourraient reconstruire l'édifice, et qu'alors eux-mêmes ne se présenteraient pas en vain pour exécuter les réparations nécessaires : c'était un moyen de faire valoir sur le monument des prétentions jusque-là combattues et repoussées. Ils réussirent dans leur projet, et s'attribuèrent une sorte de propriété sur tout ce qu'avait touché leur marteau.

Pour comprendre ce débat et ceux qui s'y rattachent et peuvent occuper encore la diplomatie et l'opinion, il faut se rappeler que les sanctuaires du Saint-Sépulcre sont desservis par différentes communions chrétiennes, ou, pour abréger, par les Grecs et les Latins. Les Latins ont répandu leur or et surtout leur sang pour avoir le droit de prier en paix dans ces lieux : l'histoire et les traités l'attestent [1]. Les Grecs ont successivement élevé des prétentions qui se sont traduites en actes et en habitudes, et qui s'étendent chaque jour d'une manière abusive et odieuse. En cela les Grecs obéissent à leur génie contentieux, fourbe et bassement jaloux : voilà bien les héritiers de ces sophistes qui, apercevant, du haut des murs de Constantinople, les armées de Mahomet II et le sombre reflet de son cimeterre, disputaient subtilement sur la nature de la lumière apparue au Thabor dans la transfiguration de Jésus-Christ ; voilà bien les héritiers de ces politiques frauduleux et lâches qui, ne sachant ni vaincre l'ennemi, ni supporter de libérateurs, juraient amitié

---

[1] Les titres de propriété qu'invoquent les religieux latins, titres déclarés vrais et authentiques par des actes solennels de la Porte, depuis la conquête ottomane, subsistent tous dans les archives de leur couvent de Saint-Sauveur. En outre, les capitulations ou traités conclus entre la France et la Porte reconnaissent et confirment les droits des Latins, et obligent l'honneur français et la loyauté des Turcs à protéger les religieux latins dans la possession des saints lieux. On peut lire, à ce sujet, une excellente brochure de M. Eugène Boré, publiée sous ce titre : *Question des lieux saints*.

droits et des croyances dont elles sont l'emblème. Or, des croyances, des intérêts et des droits ne sont ni frivoles, ni vains, parce qu'il plaît à quelqu'un de les dédaigner. Le dédain peut venir de tout le monde et de partout, d'en bas comme d'en haut, et c'est pour cela qu'il ne prouve rien ; mais la foi ne vient que d'un cœur sincère et touché d'un noble sentiment, et c'est pour cela que plusieurs ne savent ni la comprendre, ni la respecter.

Aussi c'est avec une véritable douleur qu'on doit signaler l'abaissement où l'autorité musulmane tient les lieux saints. Il faut lui payer un impôt pour jouir des sanctuaires, et tout moyen de les réparer s'engloutit ainsi dans l'avidité d'un officier turc et les exigences de son gouvernement. La profanation se mêle aux mesures vexatoires et ajoute à la tristesse des vrais chrétiens. « Le jour de Pâques, dit un voyageur russe, j'ai vu la pierre que les anges ont ôtée du sépulcre, et qu'on a depuis convertie en autel et où descend le Saint des saints, servir comme de tronc pour recevoir les contributions levées par la fiscalité turque. Les satellites musulmans battent les chrétiens à côté des autels et se placent où il n'est permis qu'aux prêtres de se tenir... Qui n'a point vu Jérusalem ne saurait avoir l'idée de l'asservissement où se trouve le culte chrétien ; qui a visité Jérusalem et a prié sur le tombeau du Sauveur, au milieu des profanations dont il est l'objet, celui-là ne saurait comprendre l'indifférence de l'Europe pour cette pierre angulaire de son salut. »

VIII

Le monument qui couvre le coin de terre où fut enseveli le Sauveur se compose de trois églises : celle du Saint-Sépulcre, celle du Calvaire et celle de l'Invention de la Sainte-Croix. Il est surmonté d'un double dôme, se trouve masqué par des constructions adjacentes, et n'a point de décorations extérieures. Du premier regard, on voit qu'il a été bâti, non pour présenter aux yeux une forme architectonique qui les ravisse, mais pour renfermer des lieux chers à la piété

ÉGLISE DE LA PURIFICATION.

où fut trouvée la croix ; elle a deux chapelles, l'une marquant la place où Jésus fut attaché sur l'instrument de son supplice, et l'autre la place où la croix fut érigée. Toutes deux sont revêtues de marbre et constamment éclairées de trente ou quarante lampes entretenues dans la première par les Franciscains et dans la seconde par les Grecs. En celle-ci, on voit, à travers un grillage, le trou creusé dans le roc pour recevoir la croix du Sauveur, et à peu de distance le lieu où s'élevèrent les gibets des deux larrons : celui du bon larron au nord, et l'autre au sud. En sorte que le Sauveur, ayant le premier à sa droite et le second à sa gauche, et placé d'ailleurs à l'ouest de Jérusalem, tenait les bras ouverts et le visage tourné vers l'Europe, comme augure de ce qui devait arriver. Car, c'est surtout l'Europe qui a prêté l'oreille à sa voix et reçu ses embrassements ; et c'est pour cela qu'elle a mis la main sur ses sœurs en signe de domination, et qu'elle préside, après Dieu, à la marche générale de l'humanité.

En effet, l'Europe est uniquement redevable à l'Évangile de l'empire qu'elle exerce sur les destinées du monde : de l'Évangile, elle a tiré sa supériorité intellectuelle et morale, la mansuétude progressive de ses mœurs, la perfection de ses lois, la grandeur de ses institutions et même ce qu'elle a d'espérance en l'avenir. Si nous pouvions tomber dans la décrépitude, ce ne serait qu'en perdant l'Évangile ; et si les peuples plus ou moins barbares de l'Asie, de l'Afrique, des îles océaniques et du nouveau continent s'assoient un jour, comme il n'en faut pas douter, au banquet de la civilisation, c'est seulement le jour où ils accepteront l'Évangile désormais inséparable de tout ce qu'il y aura de grand dans l'univers.

Au-dessous de la chapelle de la Croix se trouvaient, avant l'incendie de 1808, les sépultures de Godefroy de Bouillon et de Baudouin son frère ; sur les tombes, on lisait ces deux titres écrits en latin : — « Ici repose l'illustre duc Godefroy de Bouillon, lequel conquit toute cette terre à la religion chrétienne. Que son âme règne avec le Christ. Ainsi soit-il. — Le roi Baudouin, autre Judas Machabée,

sans que le marbre des autels lui-même semble par son dépouillement inaccoutumé, convier tous les hommes à la morne solennité d'un grand deuil.

IX

Il n'est aucun pèlerin qui, visitant Jérusalem, ne parcoure, la prière dans le cœur et sur les lèvres, la Voie douloureuse : on nomme ainsi le chemin qu'a suivi le Sauveur, avant de mourir, lorsque, chargé de sa croix, il monta du prétoire au Calvaire. La distance est d'un quart de lieue. Des tronçons de colonnes couchés contre les maisons marquent les endroits auxquels se rattachent les principaux incidents de l'étrange et mystérieux triomphe de notre Rédempteur.

Jésus, trahi par un de ses disciples, renié par un autre, abandonné de tous, entraîné violemment devant le grand prêtre, frappé au visage par un valet : voilà comment s'ouvrit le dernier jour que le Fils de l'Homme passa sur la terre, avant de consommer son sacrifice. « Si j'ai mal parlé, dit Jésus avec une inexprimable douceur, montrez ce que j'ai dit de mal; mais si j'ai bien parlé, pourquoi me frappez-vous? » Deux faux témoins se présentèrent; Jésus garda le silence. Le grand prêtre l'interrogea : « Je vous adjure par le Dieu vivant de nous dire si vous êtes le Christ, le Fils de Dieu béni. — Vous l'avez dit : je le suis, et vous verrez le Fils de l'Homme assis à la droite de Dieu fort, et venant sur les nuées du ciel. — Il mérite la mort! » s'écria la foule. C'était la nuit; le matin venu, nouvel interrogatoire. « Vous êtes donc le Fils de Dieu? demandèrent les scribes, les docteurs, les anciens. — Vous le dites, je le suis, » répondit Jésus. Cela se passait dans la maison de Caïphe, située aujourd'hui hors de la porte de Sion et convertie en un couvent qui appartient aux Arméniens.

On conduisit Jésus, le vendredi matin, de la maison de Caïphe au prétoire, chez le gouverneur romain, Ponce-Pilate. Le prétoire était

gellation. Et néanmoins, pourquoi punir l'accusé, s'il est innocent? et pourquoi le renvoyer, s'il est coupable?

On montre, à côté du prétoire, le lieu où Jésus fut couronné d'épines et flagellé. La chapelle bâtie autrefois sur cet emplacement vient d'être réparée par un prince de Bavière. La couronne d'épines fut acquise à la France sous saint Louis et gardée dans la Sainte-Chapelle jusqu'à la révolution; en 1806, elle fut solennellement transférée à Notre-Dame, où les fidèles vont la vénérer. A cent pas environ des ruines du prétoire, et en avançant vers le Golgotha, on remarque, au-dessus de la rue, une galerie couverte ayant une double fenêtre. C'est de là, selon la tradition, que Pilate, pour attendrir les Juifs, leur montra Jésus conspué, couronné d'épines, portant à la main un sceptre dérisoire et sur les épaules un manteau de pourpre, et leur dit ces paroles mémorables qui s'appliquent à toute notre race, non moins qu'au Rédempteur : Voilà l'homme !

A ce spectacle douloureux, la foule impitoyable s'écria : « Qu'il soit crucifié ! — Mais quel mal a-t-il fait? demanda Pilate. Et elle s'écria plus fort : « Qu'il soit crucifié ! — Crucifierai-je votre roi ? — Nous n'avons d'autre roi que César. — Alors crucifiez-le; mais je suis innocent du sang de ce juste. — Que son sang retombe sur nous et sur nos enfants! » Agents provocateurs, corruption par argent, trahison infâme, arrestation illégale, séquestration de personne, scènes de violence, interrogatoire captieux, témoins subornés, juge qui s'emporte et néglige de protéger l'accusé contre les injures et les sévices, hypocrisie et lâcheté du magistrat qui représentait la justice et la loi d'un grand empire, et avait une armée pour les faire triompher : voilà ce qu'on trouve dans le procès de Jésus-Christ et ce qui fait de cet acte une des choses les plus monstrueuses dont parle l'histoire, quand même il n'y aurait pas là, d'ailleurs, un autre grand et inexpiable crime, un déicide. Au reste, le sang du Juste poursuit partout ce peuple qui a jeté un défi à la justice éternelle, et ce juge qui a déserté son devoir. « Lave tes mains, Pilate, elles sont teintes du sang innocent! Tu l'as octroyé par faiblesse, tu

esprit altier. Où le génie tombe, la sœur de charité ne trébuche même pas.

Au bout de la rue, on voit les ruines de la porte Judiciaire, nommée aussi porte de l'Angle, où finissait la ville, au temps de Notre-Seigneur. Là commence le Golgotha; c'était le lieu des exécutions, c'est aujourd'hui une partie de la cité et le lieu le plus vénéré de toute la terre : les souffrances et le sang d'un Dieu l'ont couvert de gloire et en feront descendre jusqu'à la fin des siècles la plus haute et la plus utile leçon que puissent recevoir les hommes. En effet, le mystère de la vie et de la douleur dont elle est pleine se trouve expliqué sur le Calvaire d'une manière éclatante et persuasive. En passant par l'âme et les membres du Verbe incarné, la douleur a contracté quelque chose d'auguste et de fécond. Son rôle n'est pas uniquement de faire souffrir, mais bien de nous aider dans ce travail d'expiation qu'on nomme la vie, et de perfectionner en nous par les épreuves la vertu qui est la source de toute félicité. Quand le grain est confié à la terre et décomposé par l'humidité, il semble perdu sans doute à qui ne connaît pas les lois de la nature; mais le laboureur le regarde périr avec confiance, sachant qu'il en viendra de nombreux épis. Tel fut le Sauveur au Golgotha : c'était un grain brisé sous les humiliations, mais qui devait bientôt germer et refleurir pour la gloire. Tel est l'homme aussi : souffrir est le secret de sa puissance; toute gloire véritable vient de là, et la croix est comme un pont sublime jeté de la terre au ciel pour nous conduire de la souffrance au bonheur.

X

L'intérieur de Jérusalem offre en outre à la curiosité du voyageur et à la piété du pèlerin une foule de monuments ou de débris qui rappellent les plus beaux noms et les plus grands faits de l'histoire sacrée. Au sud de la mosquée d'Omar, bâtie sur l'emplacement

votre maison; vous ne m'avez pas donné d'eau pour me laver les pieds, et elle, au contraire, a baigné mes pieds de ses larmes et les a essuyés de ses cheveux. Vous ne m'avez point donné de baiser, et elle, depuis qu'elle est entrée, n'a cessé de baiser mes pieds. Vous n'avez pas versé de parfums sur ma tête, et elle a versé sur mes pieds une huile précieuse. C'est pourquoi, je vous le dis, beaucoup de péchés lui sont remis, parce qu'elle a beaucoup aimé. Mais celui-là aime moins à qui on remet moins. » Puis il dit à la femme : « Vos péchés vous sont remis. » Et, comme les convives étonnés se demandaient intérieurement : « Qui est celui-ci qui remet même les péchés ? » Jésus confirma sa parole en ajoutant : « Votre foi vous a sauvée; allez en paix [1]. »

On trouve encore dans l'enceinte de Jérusalem un couvent très-vaste et une riche église bâtis sur l'emplacement occupé autrefois par la maison d'Anne, beau-père de Caïphe et grand prêtre des Juifs. Ces édifices appartiennent aux Arméniens, qui sont schismatiques. Dans le périmètre de l'église est renfermé le lieu où Hérode-Agrippa fit décapiter Saint-Jacques le Majeur, pour se rendre agréable aux Juifs qui détestaient le zèle évangélique de cet apôtre. L'endroit où le Sauveur, après sa résurrection, apparut aux saintes femmes; un autre assez proche du Calvaire, où saint Pierre fut mis en prison par Hérode et miraculeusement délivré par un ange; un autre enfin, où s'élève une église dédiée à saint Jean, sur l'emplacement de la maison qu'habitait le disciple bien-aimé : tels sont, avec ceux que nous avons déjà décrits, les principaux lieux qui attirent l'attention du chrétien visitant Jérusalem.

Sur un point de la voie douloureuse, dont toutes les pierres crient que Dieu aime tendrement les hommes, deux pierres restent pour montrer que les hommes ne s'aiment pas toujours entre eux : c'est la maison du mauvais riche, et vis-à-vis, l'endroit où se tenait le pauvre Lazare. « Il y avait un homme riche qui se vêtissait de

---

[1] Saint Luc, chap. VII.

vie méprisée n'était qu'un vil objet de divertissement entre les mains de tous, grands et petits? On a cité souvent, à l'honneur du paganisme, ce mot du poëte : « Je suis homme, et rien de ce qui touche un homme ne m'est indifférent, » et ce mot, a-t-on ajouté, était applaudi sur la scène par tout le peuple. C'est vrai ; mais de la scène où il avait applaudi, tout le peuple s'en allait au cirque voir tomber quelques centaines de gladiateurs qui s'entre-tuaient pour son plaisir ; et quand l'un d'eux était atteint d'un coup d'épée mortel, ce peuple philanthrope criait de joie en battant des mains : Il en tient ! il en tient [1] !

C'est le Christ qui est venu tout réparer et tout ennoblir, en nous rassemblant, hommes et peuples, dans la charité. Il a proclamé l'unité de Dieu et du genre humain plus haut que ne l'avait fait le mosaïsme ; il a présenté toutes les races et tous les siècles comme rachetés par le même sang d'un Dieu ; il a placé sur les lèvres de tout homme, libre ou esclave, vainqueur ou vaincu, cette parole d'espérance, de gloire et de vraie fraternité : Notre Père, qui êtes aux cieux. Il a de la sorte élevé les esprits et les cœurs au-dessus des jalousies internationales et des distinctions superficielles des sociétés ; il a créé un royaume unique dont tout homme de bonne volonté peut devenir citoyen, dont la vérité est le roi, la charité la loi, et qui a pour mesure de sa durée l'éternité. « Soyez miséricordieux, a-t-il dit, comme votre Père céleste est miséricordieux. » La bonté d'en haut, il a voulu qu'elle fût pratiquée ici-bas par chacun de nous dans la mesure de nos forces : voilà pourquoi il nous a rappelé la sainte obligation de l'aumône et de la pitié par ce tableau du riche enseveli dans l'enfer pour n'avoir pas secouru le pauvre qui souffrait à sa porte.

Nulle part plus qu'à Jérusalem ne se fait sentir la grandeur et la beauté de ces doctrines. Toute cette ville est un Évangile de pierre écrit avec les larmes et le sang d'un Dieu qui ne se montre plus

---

[1] Au reste, le peuple ne faisait qu'imiter et suivre les philosophes, lesquels regardaient la pitié comme une faiblesse et s'en abstenaient avec un dur orgueil.

taillée dans les rochers; des ornements d'un travail délicat courent le long des corniches. Après avoir franchi non sans quelque peine une sorte de corridor en ruines, on arrive dans trois salles contenant trente chambres sépulcrales, qui étaient fermées autrefois par des portes de pierre. Mais le temps et les hommes ont brisé ces portes et dispersé les cendres et les ossements des morts qui habitaient ce froid palais; car les anciens voyageurs disent qu'ils y ont vu des ossements, et aujourd'hui on n'y trouve même plus ces malheureux restes, qui n'ont plus de nom dans aucune langue, comme dit Bossuet. Qui a fait ces demeures et qui les a occupées? Les savants le recherchent depuis longtemps, ce qui ne les empêche pas de le dire depuis tout aussi longtemps. Chateaubriand, qui a traité la question avec quelque étendue, croit que ces tombeaux ne peuvent être ni ceux des rois de Juda, ni ceux des Machabées, ni ceux d'Hélène, reine d'Adiabène, et de son fils Izate, comme sembleraient l'indiquer deux passages de Josèphe et de Pausanias, ni enfin la sépulture d'Hérode le Grand, qui fut enterré ailleurs. Il présume que ce monument a été construit par Hérode le Tétrarque. Si cette conclusion est rendue probable par le caractère des ornements, qui sont du style grec et de l'époque romaine, on peut dire aussi que les excavations rappellent certains monuments de la haute Égypte et sont bien antérieures à Hérode. Quoiqu'il en soit, toutes ces chambres sépulcrales n'ont pas reçu leurs hôtes; et si petite place que l'homme choisisse pour y laisser tomber ses cendres, il ne peut se promettre ni de l'obtenir ni de la garder.

Non loin des Sépulcres des rois, dans un monticule, est creusée une grotte qui peut avoir soixante-dix pieds de longueur et trente ou quarante de hauteur, et qui porte le nom du prophète Jérémie. Ici on se trouve au nord de la ville, et l'on arrive, en avançant vers l'est, à la vallée de Josaphat. Une église souterraine est là, qui contient le tombeau de la Vierge, et où l'on descend par un escalier de cinquante degrés. Toutes les communions de la chrétienté y ont un oratoire où elles viennent prier: les Turcs eux-mêmes y apportent leurs hommages à la fille d'Abraham. Après le nom du Sauveur, il n'en est pas de plus grand que celui de sa mère; aussi la confiance des chrétiens s'y est-elle attachée avec amour, en le plaçant partout comme un charme magique, sur la porte de l'église de village, au front de la superbe basilique, au pied de la statue incrustée dans le chêne qui borde la route pour guider le voyageur, sur la tête de l'enfant longtemps attendu, au seuil d'une destinée chérie, partout enfin où l'homme répand des larmes et des prières, où son âme et ses membres travaillent et souffrent, où son cœur palpite d'amour, de crainte et d'espérance. Le culte de la vierge Marie résulte de la doctrine générale du christianisme qui consacre la suprématie de l'esprit sur le corps et la sujétion des sens à l'âme baptisée; à son tour, il a favorisé le développement de la doctrine évangélique sur la sainteté de la chair, en inspirant à toute créature humaine le respect d'elle-même, et en transformant ainsi d'une façon lente, mais inévitable, la famille d'abord, la société ensuite. Nulle langue mortelle ne peut dire ce qu'a produit, pour l'honneur de notre race, le culte de Marie, épouse d'un charpentier de Nazareth, supérieure aux plus illustres femmes par l'éclat de ses vertus, égale à la plus pauvre par l'humilité de sa condition, plus pure que toutes les vierges dont elle est l'exemple et la patronne, plus compatissante que toutes les mères dont elle est la protectrice et le soutien.

L'église de la Vierge et le village de Gethsémani sont proches du chemin qui conduit à la montagne et au jardin des Oliviers, en traversant la vallée de Josaphat et le torrent de Cédron. La vallée court du nord au sud, entre le mont Moriah, où Jérusalem est assise, et le mont des Oliviers, qui touche à la montagne du Scandale, ainsi nommée parce que Salomon y avait élevé les signes de l'idolâtrie. Au-dessous de Gethsémani, la vallée est très-étroite. Le Cédron est souvent à sec; les pluies longues ou violentes, en mêlant la terre à ses eaux, leur donnent une couleur rougeâtre. L'aspect général de ces lieux est triste et lugubre : Jérusalem, cachée derrière ses murs gothiques, demeure silencieuse; le silence est dans la vallée où personne ne se trouve attiré par ces grandes voies de communication et ces travaux qui emplissent de mouvement et de vie les abords de nos cités européennes. Quelques vignes et des oliviers sauvages jettent un peu de verdure sur le sol inculte et presque nu. Des tombes brisées et des pyramides funèbres qui s'affaissent et se renversent sur les ossements des morts achèvent de donner à ce coin de terre quelque chose de solennel et de désolé, comme il convient à la vallée du Jugement.

Car, selon la tradition chrétienne, c'est en ce lieu plein d'une sainte horreur que, des quatre vents du ciel, se réuniront les légions des morts convoqués par la trompette des anges et que se tiendront les grandes assises du genre humain. Là, dorment à rangs pressés des cendres qui paraissent avoir voulu se trouver d'avance au rendez-vous de la résurrection générale et du jugement dernier. On y remarque, en effet, un grand nombre de pierres tumulaires apportées par tous les cultes, chrétien, juif et mahométan. Les fils d'Israël surtout se font un honneur de reposer dans la vallée de Josaphat et de mêler leur poussière à celle des anciens Hébreux. Chaque année, quelques-uns de leurs vieillards viennent, des divers points du monde, acheter le droit de cité dans cet empire de la mort; ils veulent du moins dormir à l'ombre des remparts sacrés au milieu desquels ils n'ont pas eu la liberté de vivre. Entre tous ces tombeaux modernes, on en distingue trois qui sont fort anciens, ce sont les sépulcres de Zacharie, de Josaphat et d'Absalon. Celui d'Absalon est taillé dans le roc, mais il s'en détache assez pour qu'on en puisse faire le tour. Il présente, sur chaque face, quatre colonnes d'ordre dorique engagées aux trois quarts dans l'épaisseur du tombeau élevé en pyramide.

Près du village de Gethsémani, un peu au-dessus du lit que trace le torrent de Cédron, se trouve le jardin des Oliviers; on y voit la grotte de l'Agonie. C'est là que le Rédempteur, à la pensée du calice qu'il allait boire pour accomplir la volonté de son Père, répandit une sueur semblable à des gouttes de sang et prononça ces mots pleins d'une douleur résignée : « Mon Père, que ce calice passe loin de moi, si c'est possible! Cependant que votre volonté se fasse, et non la mienne! » Sauf la distance qui tient la créature si loin du Créateur, la situation du Christ est celle des hommes, et son exemple marque notre devoir. La joie sur terre s'explique difficilement ; et partout et toujours il y a matière aux gémissements et aux actes de courage. L'humanité ne marche que par un chemin détrempé de sueurs, de larmes et de sang. Déjà soixante siècles y ont passé, et ils sont morts à la peine. Le nôtre court les rejoindre, en soupirant, et attendre, à côté d'eux, le dénoûment de cette tragédie prodigieuse qui remplit la vie et où tous les acteurs ont pour rôle de travailler, de pleurer, et de mourir. Devant ce rôle douloureux, on comprend la terreur et les défaillances de l'homme ; mais aussi l'exemple et les mérites du Rédempteur nous ont rendu possibles et obligatoires le courage et la résignation. C'est du moins à ces pensées que s'ouvre l'âme du voyageur en contemplant la grotte, le jardin, la montagne des Oliviers, et ces vieux arbres que la tradition fait remonter jusqu'au temps de Jésus-Christ, et qui de la sorte auraient vu les douleurs de l'Homme-Dieu et recueilli sur leurs racines vénérables ses larmes et sa sueur de sang. Il reste aujourd'hui huit de ces oliviers quinze ou vingt fois séculaires ; deux ont vingt-cinq pieds de tour ; la plupart sont creux, on les a remplis de pierres, afin qu'ils puissent mieux résister au vent qui en a brisé un dans le siècle dernier. La lenteur avec laquelle les oliviers croissent et se développent, la grande vétusté qu'ils peuvent atteindre et qui les a fait nommer immortels, autorisent à dire que ceux du jardin de Gethsémani ont couvert de leur ombrage les divines angoisses de Jésus [1].

La montagne des Oliviers a trois sommets. C'est de celui du milieu que Notre-Seigneur s'éleva au ciel en présence de ses disciples. Sainte Hélène a fait bâtir en cet endroit une église, dont il reste des pans

---

[1] De Schubert, *Voyage en Orient,* tome II ; Chateaubriand, *Itinéraire,*, tome II ; édit. déjà citée ; de Lamartine. *Voyage en Orient,* tome I. édit. citée ; *Voyage du duc de Raguse,* t. III.

de murs, les bases des colonnes et le pavé : cet édifice est devenu une mosquée. Un vestige de pied d'homme qu'on aperçoit sur une roche blanchâtre, et qui est vénéré des Turcs comme des chrétiens, ne serait rien moins, si l'on s'en rapporte à de graves auteurs, que le dernier pas de Jésus-Christ quittant la terre. Les anciens voyageurs disent qu'il y avait autrefois deux empreintes, et que les Turcs ont enlevé celle du pied droit pour la garder dans la mosquée d'Omar. « Je me tais par respect, sans pourtant être convaincu, devant des autorités considérables : saint Augustin, saint Jérôme, saint Paulin, Sulpice Sévère, le vénérable Bède, la tradition, tous les voyageurs anciens et modernes, assurent que cette trace marque un pas de Jésus-Christ. En examinant cette trace, on en a conclu que le Sauveur avait le visage tourné vers le nord au moment de son ascension, comme pour renier ce midi infesté d'erreurs, pour appeler à la foi les Barbares qui devaient renverser les temples des faux dieux, créer de nouvelles nations et planter l'étendard de la croix sur les murs de Jérusalem [1]. »

XII

Quel spectacle se déroule autour du voyageur placé sur la cime du mont des Oliviers ! Au midi, le regard suit le cours tortueux du Cédron et plonge jusque sur les collines arides et les déserts de Bethléem : tout semble stérile et desséché. A l'orient, la cime déchirée des hauteurs laisse voir la mer Morte, le fleuve du Jourdain marqué par la verdure dont se couvrent ses rives, plus loin la chaîne des monts arabiques défendant comme un rempart gigantesque les campagnes de Moab. Au nord, les collines de Samarie se montrent à l'horizon et s'abaissent vers celles d'Éphraïm, qu'elles vont rejoindre du côté de l'occident. Toutes ces pierres semblent tres-

---

[1] Chateaubriand, *Itinéraire*, tome II, page 40.

saillir encore au son des paroles qu'elles ont entendues et raconter l'histoire du vieux peuple juif, histoire qui devient plus éloquente et plus sombre, quand l'œil s'abat tout à coup, à l'occident, sur la cité étrange que le monde appelle à la fois sainte et déicide, sur Jérusalem morne et désolée.

Un peuple a passé là qui promène aujourd'hui son exil sous tous les soleils et s'assied au foyer de toutes les nations, sans pouvoir ni se recomposer ni être détruit. Troublé dans sa destinée par les éternelles vicissitudes qui fatiguent les choses humaines; vingt fois attaqué, vaincu en apparence et foulé aux pieds, mais toujours plus fort que ses vainqueurs et survivant à leurs triomphes; déchiré en lambeaux par la dispersion d'Israël et jeté comme la poussière aux quatre coins du monde, mais résistant jusqu'en cet état de faiblesse à l'action des siècles destructeurs, aux colères des révolutions, à l'influence des systèmes politiques, des philosophies et des religions qui se partagent le globe, ce peuple a vu naître et tomber les puissantes monarchies du haut Orient et les républiques de la Grèce et de Rome; il a pu respirer et vivre jusque sous ces flots de Barbares qui étouffèrent l'empire romain; il n'a point été absorbé par le moyen âge qui s'est écroulé sans l'entraîner dans sa ruine; il est représenté aujourd'hui dans toutes les capitales de l'Europe par les fils de ceux qui le représentaient, il y a trois mille ans, sur les bords de l'Euphrate et du Jourdain. Sans patrie, sans gouvernement, sans magistrature, sans pontificat, mais fidèle à ses lois et à ses dogmes religieux, il révère Moïse, adore Jéhovah, et attend le Messie annoncé dans ses livres, comme l'attendait Abraham, son père, et Adam son aïeul. On dirait un peuple de granit, sculpté par une main qui n'a pas d'égale et posé par elle à l'entrée des âges, comme ces sphinx de la vieille Égypte qui dorment sur le seuil des déserts : tant il reste immobile au milieu des générations que la vie fait rouler autour de lui, ainsi que des flots de sable chassés par le vent!

Cette histoire, ces destinées de la nation juive reviennent d'elles-mêmes à la pensée, quand on a sous les yeux ce paysage triste et grandiose, ce sol tourmenté et stérile, ces ruines accumulées, où sont empreints les pas de vingt peuples, où Dieu a laissé les traces profondes de sa colère et l'horreur d'une malédiction permanente. Tout ce qui frappe le regard, en descendant du haut de la montagne pour rentrer à Jérusalem, est plein d'enseignements semblables. Voilà le chemin que prit David lorsqu'il fuyait devant son fils révolté. Il quitta son palais de Sion et sortit de Jérusalem à pied, suivi de ses serviteurs fidèles et de six cents braves qui étaient, depuis vingt ans, ses compagnons d'armes. Il franchit le ravin du Cédron, peut-être à ce même endroit où l'on voit aujourd'hui un pont d'une seule arche jeté sur ce torrent; il gravit la montagne des Oliviers, les yeux en pleurs, les pieds nus, la tête couverte en signe de deuil, et tous ceux qui lui faisaient escorte marchaient également la tête voilée et en versant des larmes. C'est cette même route que suivit plus tard un autre prince, fils de David selon la chair, lorsque, près de livrer sa vie pour le salut du monde, il allait endurer à Gethsémani l'agonie pleine d'amertume où, voyant se dérouler sous son regard les crimes et les malheurs de tous les siècles, il eut d'indicibles angoisses. Hélas! partout ce chemin s'ouvre sous les pas de l'homme, autre monarque de douleur, qui, du berceau à la tombe, traverse le large fleuve des tribulations, en cherchant la paix et en tirant de sa grande âme déchirée ces cris de détresse et ces soupirs pénibles qui font pleurer l'histoire. Car, écoutez ce lugubre concert de sanglots, de plaintes et de malédictions qui retentit dans les annales du monde. Monarques et peuples, riches et pauvres, bourreaux et victimes, despotes et anarchistes, hommes libres se débattant les uns contre les autres, esclaves fendant le marbre pour le palais de leurs tyrans, serfs brisant la glèbe pour en extraire un peu de pain noir, ouvriers amollissant de leurs sueurs le granit des montagnes pour y tracer une route plus directe à l'industrie haletante et fatiguée, cœurs de volcans qui bouillonnent sous l'effort des passions, génies puissants et terribles que la soif du pouvoir brûle et précipite dans le hasard des révolutions et sur les champs de bataille : il sort de toutes ces poitrines une voix qui émeut et fait trembler, une voix lamentable qui porte la douleur de six mille ans!

Au-dessous du pont et vers le midi, la vallée s'élargit et quitte son nom pour prendre celui de Siloé ; c'est le nom d'un hameau qui occupe le versant occidental du mont de l'Offense. Le hameau est pauvre et ses masures sont éparses au milieu des tombeaux qui se pressent surtout dans cette partie de la vallée. La source de Siloé est située entre Jérusalem et le Cédron, dans une gorge que forment par leur réunion les deux collines de Sion et d'Acra. La fontaine coule avec lenteur et d'une manière irrégulière, saint Jérôme dit intermittente ; elle donne une eau légèrement salée et de qualité médiocre ; sur ses bords, elle entretient un peu de verdure. Au-dessus s'élève le mont Sion avec ses ruines et ses souvenirs : c'est la montagne sainte dont la poésie a porté le nom dans tout l'univers. Là, se trouvaient les tribunaux, les prisons, l'arsenal au temps des rois de Juda ; là David eut son palais. Là, près de l'arche sainte qui attendait un temple, il composa les hymnes que l'on chantait dans les cérémonies solennelles et qui sont rassemblés et connus aujourd'hui sous le titre de Psaumes. Quel flot de riche poésie est descendu des hauteurs de Sion ! Comme les accents du roi-prophète retentissent dans l'âme, excitant la crainte, la douleur, l'espérance et l'amour ! C'est tantôt la désolation de l'élégie, l'enthousiasme de l'ode, tantôt la grave et pénétrante douceur de l'hymne et du cantique. Rome et la Grèce s'émurent au bruit de chansons harmonieuses qui racontaient des batailles ou seulement des jeux et des plaisirs ; mais le poëte de Sion a franchi, dans son essor, la sphère des réalités grossières et périssables, il a fait parler une voix qui appelle et emporte l'âme dans des horizons infinis. Qui s'est élevé plus haut ? qui a mieux pénétré et décrit les mystères du sentiment religieux ? Il a tourné son regard sur les siècles écoulés ; il l'a porté sur les siècles futurs ; il a interrogé ce livre si fécond qu'on appelle le cœur de l'homme, et ce livre étincelant qui, sous le nom de nature, publie de si grandes choses. Chargé des secrets du ciel et de la terre, il les a répétés avec la puissance d'un langage qui captive l'attention des peuples. Pontife universel, il a placé sur sa harpe l'hommage de toutes les créatures, depuis la goutte de rosée qui bénit Dieu sans le savoir, jusqu'aux anges qui volent sous les pieds de l'Éternel comme les roues d'un char précipité ; il a décrit le soleil vêtu de gloire, la mer se balançant sous le doigt de son maître, les cieux se déployant en pavillon d'azur, les étoiles semées au loin dans l'espace comme une poussière éblouissante. Barde national, il a redit les durs travaux de ses ancêtres, le long enfantement de la grandeur d'Israël, le Sinaï s'illuminant de la face de Jéhovah, le Jourdain fuyant d'effroi vers sa source étonnée, la Judée souriant à son ciel, parée de sa verdure et de ses fleurs, et riche de ses produits et de son peuple. Poëte de l'humanité, il a déroulé les replis de la conscience et montré la source profonde d'où jaillissent les larmes du repentir qui purifie ; ses gémissements éveillent dans l'âme un ineffable sentiment de l'éternité. Poëte de la religion, il a chanté sur un mode merveilleux le médiateur envoyé du ciel aux hommes, sa génération éternelle, sa naissance dans le temps, ses douleurs et sa mort, sa résurrection et son triomphe, enfin son empire s'étendant sur les cœurs, d'un bout du monde à l'autre.

Du palais et du tombeau de David, il ne reste plus rien. On montre encore, sur divers points de la colline qui s'abaisse vers le Cédron, ici une grotte, là quelques ruines, ailleurs une église marquant les lieux vénérés où le Fils de Dieu apprit aux hommes cette prière sublime et populaire qui se nomme l'Oraison dominicale, où les prophètes ont leurs tombeaux, où le sacrement de l'Eucharistie fut institué et le Saint-Esprit envoyé aux apôtres, où fut composé le symbole qui parcourt le monde depuis dix-huit siècles, sans qu'on en ait rien détaché, sans qu'on y ait rien ajouté. C'est dans une caverne, non loin du sépulcre des prophètes, à la porte de Jérusalem, que douze pêcheurs, cachés dans les entrailles de la terre, à cause de la persécution d'Agrippa, dressèrent la profession de foi qui allait prendre possession de toutes les intelligences. « Si quelque Romain de la cour d'Auguste, passant auprès de ce souterrain, eût aperçu les douze Juifs qui composaient cette œuvre sublime, quel mépris il eût témoigné pour cette troupe superstitieuse! Avec quel dédain il eût parlé de ces premiers fidèles! Et pourtant ils allaient renverser les temples de ce Romain, détruire la religion de ses pères, changer les lois, la politique, la morale, la raison et jusqu'aux pensées des hommes[1]. » Car enfin ces douze hommes, soldats d'un roi crucifié, disciples d'un maître en qui personne n'avait voulu croire, prédicateurs d'un Dieu qui mourut; ces douze hommes sans puissance, puisqu'ils étaient pauvres et de profession vulgaire, sans considération, parce qu'ils étaient de naissance obscure; proscrits par les décrets des empereurs, combattus par les faux sages, immolés par la haine des peuples, ces douze hommes-là ont vaincu l'univers. Et leur conquête est durable, comme elle fut rapide.

XIII

L'enceinte actuelle de Jérusalem date du seizième siècle; c'est une muraille crénelée, ayant peut-être quarante pieds de haut et une épaisseur de trois ou quatre pieds. Des tours nombreuses et un château la fortifient, et, du reste, elle est bien entretenue. La ville s'étendait autrefois un peu moins vers le nord et un peu plus vers le midi; en sorte que les remparts, relevés par Soliman, comme les remparts d'Adrien, renferment le Calvaire et laissent au dehors une partie de la montagne de Sion. Il faut presque une heure et demie pour faire le tour de ville, et quelques voyageurs, en le faisant, n'ont point dédaigné de prendre des mesures exactes et de compter leurs pas: ils en accusent environ quatre mille cinq cents. Cette étendue est occupée aujourd'hui par quinze ou dix-huit mille habitants. Lorsque Alexandre le Grand la visita, Jérusalem comptait cent cinquante mille âmes; lorsqu'elle fut ruinée par Titus, elle avait dans ses murs six

---

[1] Chateaubriand, *Itinéraire*, tome II, page 38.

cent mille hommes, selon Tacite, et douze cent mille, selon Josèphe. Les chroniqueurs du moyen âge nous la dépeignent comme une cité de moyenne grandeur, et un voyageur du dix-septième siècle la compare, non pour la topographie, mais pour l'étendue, « à notre petite ville de Saint-Denis, le tour de laquelle se peut faire facilement en moins d'une heure [1]. » Si la population était agglomérée dans les autres quartiers, comme dans celui des Juifs, Jérusalem contiendrait environ cent mille âmes.

Jérusalem n'a que des rues sales, étroites, quelquefois voûtées, toujours obscures et à peu près désertes. Les maisons sont basses, carrées, surmontées d'une terrasse qui les écrase et leur donne un air de sépulcre massif. Les boutiques étalent la misère, et non pas le luxe, ni aucune des merveilles de l'industrie. Il ne s'y fait pas de commerce : les relations avec le dehors sont difficiles et les transports coûteux, parce qu'il n'y a ni chemin, ni canaux, ni sécurité dans le pays. L'agriculture manque avec la sécurité; là on ne peut semer et moissonner que le fusil à la main. Le paysan vit dans la détresse; l'Arabe est vagabond et déteste le travail; le Turc pille ceux qu'il devrait garder. On impute le mal aux pachas et à l'autorité supérieure, qui rejettent la faute sur le caractère indolent et indisciplinable de la population. Ce qu'il y a de certain, c'est que la misère se montre générale et persistante à Jérusalem, comme dans le reste de la Palestine.

Le caractère religieux de Jérusalem et la diversité des cultes ou même des sectes qui s'y trouvent rassemblés lui impriment une physionomie particulière, et que nulle autre cité ne saurait offrir. Jérusalem n'a pas de peuple; c'est un camp où, guidés par leur croyance, des hommes de toutes les nations viennent pour un moment poser leur tente, sans s'y créer un séjour permanent. Nul pays ne ressemble moins à une patrie, nul ne ressemble plus à une terre d'exil. Les Turcs,

---

[1] Doubdan, *le Voyage de la Terre-Sainte*, chap. xcviii ; Josèphe, *Contre Appion*, liv. I, chap. xxii ; Tacite, *Histoire*, liv. V, chap. xiii ; Guillaume de Tyr, liv. VIII ; Jacques de Vitry, liv. I.

après le temps de leur gouvernement ou de leur service militaire, se retirent à Damas ou à Constantinople; l'Arabe indompté veut revoir son désert et y mourir; l'Européen rapporte son cercueil auprès de son berceau et revient chercher pour sa cendre baptisée un lieu de repos à l'ombre du clocher de son village. Il n'y a donc guère à Jérusalem qu'une population sans cesse renouvelée par des pèlerinages religieux et par cette instabilité décourageante qu'une administration inepte et despotique porte partout avec elle. On voit d'abord par là que les habitants ne sauraient avoir entre eux des rapports fréquents et intimes. D'ailleurs, les mahométans chôment le vendredi, les juifs le samedi, les chrétiens le dimanche; en outre, chacun de ces cultes a ses déchirements intérieurs, ses sectes rivales. Par conséquent, tout devient un obstacle au rapprochement et à la fusion des races là même où jaillit la source puissante qui a répandu la paix sur le monde, avec la doctrine de l'Évangile et le sang d'un Dieu.

Sur les dix-huit mille habitants de Jérusalem, on compte environ trois mille quatre cents chrétiens, dont neuf cents catholiques, ensuite cinq mille musulmans et plus de sept mille juifs. Ils occupent des quartiers séparés : celui des chrétiens environne le Saint-Sépulcre, c'est la partie de la cité que ne renfermaient pas les enceintes primitives; celui des musulmans est principalement sur le mont Moriah et la colline d'Acra, et il comprend la mosquée d'Omar et la Voie douloureuse; les juifs occupent avec les Arméniens le mont Sion. Presque tous les juifs de la Palestine sont à Jérusalem; ce ne sont pas des familles qui se perpétuent, mais des hommes qui se remplacent et qui viennent demander à la mort une patrie que, vivants, ils n'ont pu conquérir. On dit qu'il y en a de riches parmi eux; mais tous semblent fort pauvres; ils sont entassés dans un quartier plus malpropre que le reste de la ville et où la peste vient les décimer périodiquement.

Située sur des collines élevées, Jérusalem n'a pas d'eau. Salomon et quelques-uns de ses successeurs entreprirent des travaux gigantesques pour alimenter les bassins publics; l'eau venait de deux ou trois lieues. Ces ressources devant être supprimées, en cas de siége, par l'ennemi, qui ne manquerait pas de couper les aqueducs, on creusa, hors des murs comme en dedans, un grand nombre de citernes, où l'eau des pluies était conservée avec soin. Allait-on puiser à la source de Siloé par des souterrains? ou faisait-on monter l'eau dans la ville par des machines hydrauliques? C'est peu probable. Dès le temps des croisades, la ville n'avait, comme aujourd'hui, que les eaux pluviales ; pour la fontaine de Siloé, on y allait par le chemin extérieur qu'on suit encore, et non par des souterrains.

Telle est Jérusalem. On ne saurait ni la contempler, ni parcourir son histoire, sans éprouver les sentiments et sans prononcer les paroles de joie et de désolation que les prophètes et les écrivains ont eus dans le cœur et sur les lèvres. Les prophètes, en effet, nous dépeignent Sion bâtie de sang, Jérusalem bâtie d'injustices; ils se lamentent sur ce peuple dont la tête n'est plus qu'une plaie et le cœur qu'une défaillance; ils pleurent la cité veuve de ses enfants, abattue, ravagée, inconsolable. Voyez-la : ses chemins sont en deuil ; ses sacrificateurs sanglotent ; ses princes marchent sans force devant l'orgueilleux vainqueur qui les pousse ; ses précepteurs n'ont plus rien à dire de la part de l'Éternel; ses anciens sont dispersés ou gémissent dans les fers ; ses vierges baissent la tête, en se voilant de leur affliction; ses petits enfants tombent morts au milieu des places publiques ou sur le sein flétri de leurs mères, en demandant du pain. Mais la scène change, et un autre tableau se déroule : les prophètes proclament d'avance les destinées spirituelles de l'humanité, tous les royaumes de la terre s'écoulant comme l'eau sous la main de Dieu pour laisser la place au royaume immortel du Christ, l'Église enfin flottant comme une arche de salut sur l'océan des âges et portée, à travers les révolutions, par le souffle du Tout-Puissant, vers ce pays de lumière et d'amour indéfectibles qui se nomme l'éternité. Jérusalem alors se revêt d'un gracieux éclat, la paix habite ses murailles, les rois viennent lui rendre hommage et les peuples implorer ses bienfaits ; la vérité sort de sa bouche comme le doux épanchement d'une source sacrée, et, semblable à une vierge dans tout le

moment de repos ; car déjà toutes mes veines sont remplies de tes amertumes. Encore un moment! que je pense à Ohola (Samarie), et puis j'achèverai ton amer breuvage ; encore un court souvenir d'Oholiba (Jérusalem), et puis je viderai jusqu'à la lie [1]. »

[1] Judas Hallévi, cité par M. Munk, dans l'*Univers pittoresque, Palestine,* page 627. Hallévi fit le voyage de la Palestine vers le milieu du douzième siècle, et Jacques de Vitry, mort en 1244, est né, comme on le conjecture, vers 1170.

que le rapporte l'Évangile[1]. Plus loin, à égale distance de la ville sainte et de Bethléem, se trouve la citerne des Trois-Rois ; c'est là que les mages revirent l'étoile qui leur était apparue en Orient et qui les dirigea vers l'étable où se tenait voilée la lumière du monde. Entre autres monuments ou souvenirs de l'histoire sainte, le voyageur peut voir encore le monastère de Saint-Élie et l'endroit où ce prophète prit quelque repos lorsqu'il fuyait la colère de Jézabel. Des caloyers ou religieux grecs habitent ce couvent qui ressemble à une forteresse, à cause de ses hautes murailles, et qui est entouré d'un jardin très-agréable, où des oliviers et des grenadiers fleurissent au bord d'une eau limpide.

Cet autre édifice carré soutenu par quatre piliers assez lourds et surmonté d'un dôme blanc et disgracieux, un peu plus loin que le monastère et à droite du chemin, c'est le tombeau de Rachel. « Malgré Thévenot, Monconys, Roger et tant d'autres, dit Chateaubriand, je ne puis reconnaître un monument antique dans ce qu'on appelle aujourd'hui le tombeau de Rachel : c'est évidemment une fabrique turque consacrée à un santon. » Personne, je crois, n'a prétendu que ce fût le sépulcre élevé par le patriarche Jacob à la mémoire de Rachel, et l'on n'a pas besoin d'être archéologue pour affirmer que c'est un ouvrage relativement moderne. Mais la question n'est point là : elle consiste à savoir si la douce mère de Benjamin a reçu la sépulture en ces lieux. Or, toute la tradition chrétienne le prétend, la critique historique n'y est point opposée, et Chateaubriand ni personne ne dit un seul mot qui prouve le contraire. Donc, s'il y a quelque chose d'évident ici, c'est que l'édifice n'est pas consacré à un santon, mais bien plutôt à Rachel. Et, en effet, c'est là qu'elle mourut. Jacob, quittant Béthel à la saison du printemps, se dirigeait vers la campagne d'Ephrata, nommée depuis Bethléem. Les douleurs de l'enfantement surprirent Rachel, et bientôt même sa vie fut en péril. « Ne craignez pas, lui disait-on, vous mettrez

---

[1] Saint Luc, chap. II.

vidence ayant établi cet ordre pour nous faire entendre qu'elle convie toutes les races au banquet de la foi, comme elle promet le pardon à tous les repentirs. Celui qui est venu du ciel épouser l'humanité a enveloppé tous les siècles et tous les peuples dans les splendeurs de ses noces augustes; car il est miséricorde et vérité, il est notre frère à tous, et il n'a porté nos fautes que pour les expier, et nos faiblesses que pour les guérir.

II

Bethléem, l'ancienne cité de David, est assise sur une colline qui s'étend de l'est à l'ouest. Sa campagne est fertile, et, comme au temps de Booz et de Ruth, se couvre de riches moissons. Ses jardins sont plantés d'oliviers et de figuiers dont la verdure contraste avec la couleur sombre et rougeâtre du sol. La ville peut avoir deux mille cinq cents âmes, et il ne paraît pas qu'elle ait jamais renfermé une population plus considérable; souvent, au contraire, elle a compté beaucoup moins d'habitants : ce n'était qu'un hameau à la naissance de Notre-Seigneur; elle acquit de l'importance à l'occasion des guerres saintes; au dix-septième siècle, elle n'avait que cent cinquante maisons à peu près. Les habitants sont en majorité catholiques; un tiers de la ville est attaché au schisme grec; il n'y a qu'un petit nombre de musulmans, surtout depuis qu'en 1834 Ibrahim a détruit le quartier turc. La culture des terres et la confection d'objets religieux, de chapelets, de crucifix, de médaillons en bois d'olivier et en nacre de perle : voilà le mouvement industriel et commercial de Bethléem.

Mais cette ville est illustre et sainte; car c'est d'elle qu'est sorti le Dominateur d'Israël, celui dont la génération remonte à l'éternité, selon la parole d'un prophète, marquant ainsi que Jésus-Christ, Dieu-Homme, a deux naissances, l'une antérieure à tous les siècles, l'autre arrivée au milieu des âges. César-Auguste ayant mis la paix dans l'univers, voulut savoir, par un dénombrement général, ce que

manière authentique à la piété de tous les siècles. C'est là que saint Jérôme a cherché un refuge contre les souvenirs de Rome corrompue et que, pour le remède de son âme et la gloire de celui qui reçut le jour dans l'étable de Bethléem, il a passé plus de la moitié de sa vie à étudier et expliquer l'Écriture[1]. De saint Jérôme jusqu'à nous, les témoignages ont continué sans interruption. Il est vrai qu'aujourd'hui presque tous les hommes de cette contrée sont muets pour la chrétienté; mais les pierres y parlent un langage que nulle révolution, nul despotisme n'a fait taire.

Au-dessus de la grotte s'élève une église qui a cinq nefs soutenues par quarante-huit colonnes de marbre disposées sur quatre rangs. La nef du milieu est très-élevée, mais sans voûte; une charpente, qu'on dit être de cèdre ou de cyprès, la surmonte et porte une couverture de plomb. Au-dessous de la charpente, les murs sont percés de larges fenêtres par où la lumière pénètre jusque dans les nefs latérales, d'ailleurs basses et sombres. Les anciens voyageurs parlent de peintures en mosaïque et de textes de l'Écriture qui décoraient, de leur temps, les parois intérieures de l'Église; il n'y en a plus aujourd'hui que des restes pour faire regretter ce qui a disparu sous la main du fanatisme musulman. On y voyait représentés les principaux miracles, la passion et la mort de Notre-Seigneur; les figures étaient roides, sans mouvement et sans ombre, comme dans certaines œuvres du moyen âge; mais elles avaient un grand caractère de noblesse et d'inspiration religieuse. Les mosaïques étaient composées de pierres fines, transparentes et de couleurs très-vives. L'église a la forme d'une croix; la nef sert, en quelque sorte, de vestibule aux divers couvents et de bazar aux sectateurs de l'islam; le chœur seul est consacré à l'office divin; une cloison le sépare du reste de l'édifice dont l'unité est ainsi rompue.

Sous le chœur ou sanctuaire se trouve l'étable où l'on descend, au sud et au nord, par deux escaliers de quinze degrés. C'est une

---

[1] Saint Justin, *Apologie II*, et *Dialogue avec le Juif Tryphon;* Origène, *Contre Celse*, liv. I; saint Jérôme, *Lettre à Paulin;* Eusèbe, *Vie de Constantin*.

CHAPELLE DE LA NATIVITÉ.

et ces grandeurs, qui voulait venir saluer un berceau où il n'y avait que pauvreté, pureté sans tache, humble dévouement, toutes choses méprisées sur terre et seulement puissantes au ciel? Mais de ce faible et obscur berceau un pouvoir est venu qui a subjugué le monde et qui n'en sortira désormais qu'après avoir scellé la tombe du dernier fils d'Adam. Car, à la différence des choses humaines qui ont d'autant moins à vivre qu'elles ont vécu davantage, le Christianisme peut donner ses victoires passées comme garanties de ses futurs et irréprimables triomphes. Et la raison en est bien plus haute que la sphère où ses contradicteurs vont chercher leurs critiques illusoires : ce qui autorise à dire qu'il est une révolution définitive, c'est l'élévation et la sainteté de son principe. Pour les croyants, ce n'est pas douteux; pour les autres, qu'ils interrogent l'histoire et qu'ils jugent. En effet, le Christianisme n'a pas été un simple renouvellement des formes politiques et sociales, ni un de ces accidents qui s'attaquent à la superficie des États; renouvellement et accidents qui commencent à perdre de leur prestige et à reculer dès qu'ils ont achevé de se produire; il a été surtout et avant tout un changement des cœurs, c'est-à-dire, pour quiconque a réfléchi, une révolution qui vient de plus haut que la créature et descend jusqu'aux profondeurs de la conscience, dernier rempart où la liberté de l'homme se retranche, et où la main de Dieu seul arrive. Et c'est précisément par là que cette révolution est si radicale en elle-même et si étendue dans ses effets.

III

En quittant la grotte de la Nativité, on visite d'autres chapelles souterraines dédiées à saint Joseph et aux saints Innocents ; la tradition dit que dans cette caverne furent enterrées quelques-unes des victimes que l'impitoyable Hérode immola sans distinction pour atteindre, croyait-il, le futur monarque des Juifs et sauver ainsi sa propre couronne. Près de là se trouve l'oratoire de saint Jérôme, son tombeau, et les tombeaux des saintes Paule et Eustochium, ses disciples. L'austère docteur avait quitté Rome pour se retirer à Bethléem et trouver la paix auprès du berceau de Jésus-Christ; sa vie s'y écoula dans l'étude, le jeûne et la prière. Il y reçut les débris de la noblesse romaine fuyant l'épée d'Alaric; il y donna des conseils à de pieuses et illustres femmes que la vivacité du sentiment religieux avait fait sortir du monde. Le paganisme s'écroulait avec l'empire: tout ce que Rome avait de pur et d'élevé passait en foule dans l'Église catholique. Les Anicius, les Paulins, les Bassus, les héritiers des patriciens les plus nobles, qui faisaient remonter leur généalogie jusqu'au roi Évandre et par delà, inclinaient devant la croix leurs faisceaux tout chargés de dix siècles de gloire et du renom de l'ancien Brutus. La race des Gracques, ce vieux sang ami de la lutte et de la liberté, ami de toutes les grandes choses, combattait maintenant sous les étendards de Jésus-Christ. De ce sang était sortie Paule: elle eut pour père Rogatus, d'origine grecque et d'une famille issue, disait-on, de ce capitaine si souvent célébré, qui fit tomber Troie sous ses coups[1]; elle eut pour mère Blésilla, qui comptait parmi ses aïeux les Gracques, les Scipions et Paul-Émile. Tout ce lustre du sang fut relevé encore par son mariage avec Toxotius, de la famille Julia, qui prétendait descendre d'Iule, fils d'Énée. A cet éclat de la naissance se joignaient des richesses considérables.

« Toutefois, s'il faut louer Paule, dit saint Jérôme, son biographe après avoir été son directeur, ce n'est pas d'avoir possédé ces richesses et ce grand nom, mais d'avoir estimé ces choses au poids de l'éternité et de les avoir employées uniquement pour son salut et pour la gloire de Dieu; » car elles sont moins utiles à ceux qui s'y attachent qu'elles n'illustrent ceux qui les dédaignent. En effet, pour les avoir dédaignées, la noble femme s'est acquis dans les cieux un patrimoine de bonheur dont son âme jouit maintenant, et même elle a trouvé sur la terre plus de renommée que le monde

---

[1] Saint Jérôme, *Vie de sainte Paule*, chap. 1.

profane n'eût pu lui en départir. On aurait parlé d'elle, à Rome et de son vivant, pour le charme de son commerce et la splendeur de son existence; et voici qu'on en parle depuis quinze siècles, pour la foi vive et la piété dont elle a laissé l'exemple. Sa vie, à la tête de son couvent, fut un modèle accompli de vertu ; quiconque visitait Bethléem venait admirer l'humilité profonde de l'illustre patricienne : on l'eût prise pour la dernière des sœurs à ses vêtements, à sa manière de vivre, à la modestie de ses discours. Elle s'attachait à pleurer ses péchés, à corriger ses imperfections, à méditer sur les choses impérissables. Elle savait de mémoire l'Écriture tout entière, et bien qu'elle regardât le récit historique et le sens littéral comme précieux, elle recherchait cependant avec plus d'attrait le sens spirituel et profond de la parole divine. Pour y mieux réussir, elle avait appris l'hébreu, et elle le parlait avec une facilité et une pureté étonnantes. Ce témoignage lui est rendu par saint Jérôme, qui étudia l'hébreu toute sa vie et put apprécier ainsi le mérite des difficultés vaincues par la constance et la sagacité de Paule. Il fait d'ailleurs le même éloge d'Eustochium, qui suivait en tout sa noble mère, ne la quittant jamais et prenant tous ses goûts, toutes ses études et ses vertus.

Quand Paule eut terminé sa vie si sainte, on lui fit des obsèques qui peuvent être nommées magnifiques, non par le luxe et les splendeurs mondaines, mais par le caractère religieux du deuil. Il n'y eut ni cris, ni lamentations; le chant des psaumes retentit seul pour honorer la morte et consoler les vivants. Une foule immense était accourue, évêques, prêtres, moines et fidèles. Des évêques portèrent eux-mêmes le corps à sa dernière demeure; on l'enterra dans l'église souterraine de la Grotte, près de la crèche du Sauveur. Durant huit jours, la plupart des villes de la Palestine vinrent pleurer et prier sur ce tombeau; les pauvres surtout et les veuves la pleuraient comme une mère et la priaient comme une protectrice; tous s'accordaient à louer ses vertus. « Adieu donc, ô Paule! s'écrie l'historien, adieu! soutenez de votre intercession celui qui vous rend

aujourdhui un culte. La foi et les œuvres vous ont conduite à Jésus-Christ ; au pied de son trône vous obtiendrez sans peine ce que vous lui demanderez. Je vous ai dressé un monument plus durable que l'airain et qui bravera les âges. J'ai gravé votre éloge sur votre tombe et je le joins à mon livre, afin que partout où seront portées mes paroles, on vous honore et l'on sache que vous reposez à Bethléem[1]. »
Le tombeau de Paule ne renferme plus ses reliques, qui ont disparu avec celles d'Eustochium, ensevelie près de sa mère ; mais leur mémoire et le parfum de leur vie sainte nous sont parvenus avec les pages immortelles que saint Jérôme a consacrées à la veuve chrétienne, comme un touchant souvenir d'amitié pieuse et de parenté spirituelle. N'étaient-ce pas, en effet, deux âmes de la même famille, deux sœurs, que cette femme si mortifiée et si pure, et ce solitaire dont le rude et fier génie s'était pris à toutes les difficultés de la science, dont le cœur puissant se laissait à peine vaincre dans le désert et par la vue de la croix sanglante, qui enfin recourait aux plus redoutables austérités pour faire taire, dans une chair déjà morte avant sa destruction, les désirs et les regrets de la vie ?

L'église de la Nativité est hors de la ville, à l'orient. Tout près de là sont d'autres monuments vénérés des pèlerins : la Grotte du lait, où l'on dit que la Vierge laissa tomber de son lait un jour qu'elle portait l'enfant Jésus suspendu à sa mamelle ; la tour de sainte Paule, qui n'est plus qu'un amas de ruines ; la fontaine de la Vierge, le hameau des Pasteurs et la tour d'Ader. La fontaine est proche du village, au nord ; le village, habité aujourd'hui par quelques pâtres arabes, était la demeure des bergers qui entendirent les cantiques des anges à la naissance de l'Enfant-Dieu ; la tour d'Ader a disparu, mais on en voyait les restes au temps de saint Jérôme, et la piété des fidèles venait s'y recueillir. Là, Jacob avait gardé ses troupeaux ; là, veillaient les bergers, lorsqu'une lumière divine, se répandant autour d'eux, les frappa de stupeur, et qu'un ange leur dit : « Ne

---

[1] *Vie de sainte Paule*, chap. x.

craignez pas, car je vous annonce une nouvelle qui remplira de joie tout le peuple : aujourd'hui, dans la cité de David, il vous est né un Sauveur qui est le Christ et le Seigneur. Et voici la marque à laquelle vous le reconnaîtrez : Vous trouverez un enfant enveloppé de langes et couché dans une crèche. » Aussitôt se joignit à l'ange une troupe de l'armée céleste, louant Dieu et disant : « Gloire à Dieu dans les hauteurs des cieux, et paix sur terre aux hommes de bonne volonté ! » Le temps était venu, en effet, où la miséricorde et la vérité devaient se rencontrer, la justice et la paix s'embrasser, le ciel et la terre s'unir, les hommes invoquer Dieu comme leur père, échanger entre eux le doux nom de frères, et trouver dans leur conscience purifiée leur première et plus douce récompense. Quand les anges se furent retirés dans le ciel avec leur divine harmonie et leurs splendeurs, les bergers se dirent : « Allons jusqu'à Bethléem, et voyons ce qui est arrivé et ce que le Seigneur nous a fait connaître. » Ils coururent en hâte à Bethléem, et trouvèrent Marie et Joseph veillant sur l'enfant couché dans une crèche, selon l'oracle d'en haut. Puis ils redirent partout les merveilles de cette nuit mémorable[1].

On sait que, peu de jours après, des pèlerins illustres, avertis et guidés par une étoile, vinrent, du fond de l'Orient, adorer aussi Jésus dans l'étable qu'il avait choisie pour palais; sans que la pompe étrange de cette nouvelle cour ébranlât leur foi, ils offrirent au monarque les présents qu'ils avaient apportés, de l'or, de l'encens et de la myrrhe. On sait aussi que l'antiquité chrétienne a toujours vu dans l'appel successif des bergers et des mages une indication de l'ordre suivi dans la diffusion de l'Évangile : les bergers sont appelés d'abord au berceau de celui qui venait secourir tous les hommes, mais surtout les pauvres, les délaissés et les humbles; les sages et les puissants sont appelés en second lieu et arrivent plus tard, comme s'ils étaient plus loin de la simplicité et de l'abnégation évangéliques

---

[1] Saint Luc, chap. II.

par l'orgueil de la science et les séductions de la richesse. C'est aussi ce qui s'est vu durant les premiers siècles de l'ère chrétienne : les petits et les faibles entrèrent en foule et sans retard dans l'Église; les Césars firent la guerre à la croix durant trois siècles, et ils n'abaissèrent leur glaive devant elle qu'après avoir tout essayé vainement pour la détruire.

IV

En quittant Bethléem pour se diriger vers le sud, par la route d'Hébron, le voyageur ne découvre tout autour de lui qu'un aride désert, de vastes espaces dont la surface inégale ressemble aux ondulations d'une mer pétrifiée. D'un côté, ce sont des ruines auprès desquelles on trouve les piscines ou étangs de Salomon, c'est l'extrémité méridionale des montagnes de Judée et le désert de Saint-Jean. Ce sont, d'autre part, les débris de Thécué, le mont des Francs et le désert de Saint-Sabas. Devant soi, on voit se dérouler un sentier sinueux et couvert de pierres qui passe auprès des ruines de Bethsour pour arriver, au bout de six lieues, à Hébron.

Une espèce de forteresse qui menace de s'écrouler marque, dit-on, la place où fut la ville que la Bible nomme Etham. Salomon y avait creusé de beaux réservoirs, et c'est peut-être en ce lieu même que, selon son propre récit, il a fait d'immenses jardins, planté des vergers et creusé des piscines d'où l'eau s'écoulait au pied des jeunes arbres. Josèphe confirme ce récit en disant que Salomon allait souvent à Etham, maison de plaisance remarquable par ses jardins et ses belles eaux. C'est de là sans doute que, peu d'années avant la ruine de Jérusalem, Pilate avait amené des eaux dans la ville, au moyen d'un aqueduc construit ou réparé à grands frais et faisant de longs circuits sur le flanc des montagnes[1]. On voit encore trois bas-

---

[1] *Ecclésiaste*, chap. II; Josèphe, *Antiquités judaïques*, liv. VIII ; *Guerre des Juifs*, liv. II, chap. XIII.

sins immenses creusés dans le roc avec patience, revêtus de maçonnerie et d'une épaisse couche de ciment. Ils sont placés sur une même colline, de sorte que l'eau du bassin supérieur tombe successivement dans les deux autres. D'inégales dimensions, ils ont une longueur de cent soixante, deux cents et deux cent vingt mètres, une largeur d'environ quatre-vingts et une profondeur qui varie de sept à dix-huit. Ce qui les alimente, ce n'est pas une source coulant à flots, c'est la pluie et l'eau dégouttant des montagnes sur le flanc desquelles on a pratiqué de nombreuses entailles. Près de là se trouve la fontaine Scellée, et, un quart de lieue plus loin, le jardin Clos, cités dans le Cantique des cantiques. On descend à la fontaine par un escalier de douze marches qui conduit à deux salles voûtées, d'où l'eau s'échappe par trois canaux. Le jardin est un étroit vallon qui court de l'occident à l'orient, comme la fontaine elle-même, et que ferment, au nord et au midi, de hautes roches taillées à pic. La verdure qui couvre la terre, le ruisseau qui serpente agréablement; les orangers, les figuiers et les mûriers qui peuplent le creux de la vallée, les cabanes de quelques familles arabes animent ces lieux et y répandent la fraîcheur et l'ombre avec des parfums.

Un peu plus loin, on traverse une vallée riante où s'étalent des vignes d'assez belle apparence. Au milieu du dix-septième siècle, Doubdan les a trouvées dans un état si prospère, « avec plusieurs sortes d'herbes odoriférantes, thym, romarin, lavande, marjolaine, et des roses dont les buissons étaient agréablement diversicolorés, » qu'il n'a pu s'empêcher de croire que ce fussent les mêmes vignes « que les espions de Moïse, notamment Josué et Caleb, trouvèrent si belles, si excellentes et admirables, tant pour la grosseur extraordinaire des grappes que pour la douceur et bonté des raisins, qu'ils en cueillirent une seule grappe avec son bourgeon, si pesante qu'ils en avaient leur juste charge, et furent contraints de la porter sur leurs épaules avec un levier... Il est vrai que je n'ai pas vu ces grappes si grosses et si pesantes, n'y ayant pas été en la saison des vendanges; mais les religieux m'ont assuré qu'il s'en trouve encore de dix ou

la roche blanchâtre se trouve un petit bassin où l'eau arrive du flanc des montagnes, et d'où elle s'écoule à travers les buissons, les pierres et les fleurs, en marquant son cours par une ligne de verdure foncée. Là, se désaltérait le solitaire, qui ne but jamais ni vin ni rien de ce qui peut enivrer. En donnant à Jean le Précurseur la pensée et le courage d'une vie si pénitente, Dieu voulait sans doute frapper l'œil grossier des Juifs et leur apprendre à respecter les enseignements et les reproches tombés d'une bouche si sainte. Car, pour tout le monde, et principalement pour le peuple qui sait ce que c'est que souffrir, il y a dans les rudes et volontaires mortifications des sens une éloquence plus convaincante que celle de la parole.

A une lieue plus loin que la grotte, au nord, on trouve les ruines d'une église et d'un couvent bâtis à la place d'une villa qui, d'après une tradition reçue, appartenait à Zacharie, père de saint Jean. Il existe encore une chambre basse où les Franciscains viennent dire la messe, le jour de la Visitation, un escalier en ruines par où l'on montait au premier étage, et des murs qui ont fait partie de l'église et du monastère. Ces ruines gisent à l'ombre de quelques oliviers sur le flanc d'une colline au-dessus de laquelle s'élève le village où naquit saint Jean, et qui porte son nom. L'église qu'on y voit a remplacé la maison de Zacharie; une chapelle assez riche est dédiée à saint Jean, au lieu même où il vint à la lumière. Des bas-reliefs en marbre blanc représentent les principales scènes de sa noble vie; six lampes brûlent sans cesse devant son image. On sait que la Vierge Marie apprit, en même temps, que le Verbe divin allait prendre en elle le vêtement de notre chair, et que la vieillesse de sa parente Élisabeth allait, contre toute espérance, se réjouir dans la gloire d'une maternité tardive et miraculeuse. Elle se sentit inspirée de faire visite à sa cousine et de montrer ainsi que sa charité n'était pas inégale à la grandeur de sa destinée. De Nazareth à la ville où se trouvait alors Zacharie, il n'y avait guère moins de trente lieues. A l'arrivée et au salut de Marie, Élisabeth sentit tressaillir son enfant, et l'âme touchée d'un souffle céleste, elle s'écria : « Vous êtes bénie entre toutes

HÉBRON.

On trouve le couvent de Saint-Sabas un peu plus loin, en avançant vers la mer Morte. Il tire son nom d'un illustre solitaire qui vécut près d'un siècle au milieu de privations et d'austérités redoutables. Sabas naquit en 439 et mourut en 531, sous l'empire de Justinien ; il entra dans un monastère à l'âge de huit ans, et fit éclater une si haute sagesse et tant de vertu qu'on le nommait le jeune vieillard. Puis il se retira dans une caverne, près du torrent de Cédron ; mais bientôt de nombreux disciples vinrent lui demander conseil, et une vaste communauté se forma, dont il eut la direction jusqu'à la mort. Des dattes et quelques racines étaient toute sa nourriture, et l'eau du torrent son breuvage. La prière n'a guère été interrompue dans ces lieux, de saint Sabas jusqu'à nos jours ; ce n'est pas que les Barbares aient toujours épargné le monastère ; mais il a survécu à toutes les vicissitudes, et aujourd'hui il est habité par une vingtaine de caloyers. Ils continuent les traditions de leur aïeul et patron : ils vivent de quelques légumes grossiers et d'un peu de pain noir. Leur couvent s'élève dans le site le plus sauvage, je devrais dire le plus horrible qu'on puisse imaginer ; il est suspendu, au bord d'un grand ravin, sur des rocs et des précipices. Dans le creux de la vallée, étroite et profonde, on voit passer le torrent de Cédron, qui mouille le pied des collines dépouillées de verdure, et roule ses flots gémissants vers la mer Morte. Au loin, le sol est sans vie, sans mouvement, sans fleurs, sans verdure ; ce sont des campagnes arides et brûlées, où la désolation semble avoir établi son empire. Le monastère, bâti dans cette affreuse solitude, est encore attristé par les murs et les tours qui l'environnent et qui sont nécessaires pour le protéger contre la rapacité des Arabes ; on n'y pénètre que par des portes basses, très-solides et même revêtues de fer. Une famille de Bédouins garde la porte du couvent ; un caloyer veille au sommet d'une tour et annonce, au son de la cloche, la visite des voyageurs ou l'invasion des brigands. L'église est entretenue avec soin ; une chapelle richement ornée renferme le tombeau de saint Sabas ; une autre chapelle présente à la vénération des pèlerins les têtes de

térieux avenir; aïeul de l'Arabe vagabond et du Juif qui traîne sous tous les soleils son espérance indéfinie, Abraham passait véritablement sur la terre en voyageur : la tente qu'il avait plantée la veille, il la pliait le lendemain, pour la reporter ailleurs, comme un exilé qui n'a pas de séjour permanent et qui cherche une patrie. Des bords de l'Euphrate il se rendit à Damas, puis à Sichem, enfin descendit vers le sud de la Palestine, à Hébron, où il revint mourir, après avoir vu l'Égypte.

On sait ce qu'était la société politique dans ces vieux temps : la terre commençait à se partager en différents États qui avaient peu d'étendue et de force, et dont les chefs prenaient le titre de rois. Le chef des familles patriarcales, bien qu'il retînt l'ancienne manière de vivre, marchait l'égal des rois, contractait avec eux des alliances, faisait la paix et la guerre; seulement il n'habitait pas entre d'épaisses murailles, il avait pour sujets ses enfants et ses serviteurs, sa principale richesse consistait en troupeaux, sa vie était laborieuse et simple comme celle des champs. Or, Abraham était riche, et Loth, son neveu, avait aussi de grands biens. Il leur fallait, à l'un et à l'autre, une vaste étendue de pays, de peur que leurs nombreux troupeaux ne vinssent à manquer de pâturages et leurs gens à se prendre de querelle. On se sépara : Loth choisit la partie orientale de la contrée et se fixa sur les bords du Jourdain, qui arrosait les plaines alors riantes et fertiles de Sodome et de Gomorrhe; Abraham se retira vers l'occident et habita près des chênes de Mambré, à Hébron, où il dressa un autel à Jéhovah. Ainsi se décidaient souvent, à cette époque, les questions de propriété. Qu'il y a loin de cet ordre domestique aux savantes combinaisons de notre ordre social! Et qui pourrait dire que la félicité des individus ait augmenté dans la même proportion que le nombre de nos lois? Les mœurs ont bien changé; l'accroissement de la population et le développement de l'industrie appellent des intérêts plus multipliés sur un champ de bataille plus étroit; les satisfactions données aux besoins réels font naître une foule de besoins imaginaires; à la suite des relations étendues que le travail et le luxe

l'hospitalité chez les anciens, surtout dans les pays d'Orient. Les plus humbles soins prévenaient généreusement et suivaient le voyageur ; son nom même ne lui était demandé qu'après le premier repas ; au départ, il donnait et recevait quelques présents comme témoignage d'indissoluble amitié : heureuses coutumes qui assuraient partout à l'étranger un pain presque aussi doux que le pain du foyer domestique et qui lui faisaient trouver dans ses hôtes des frères et des sœurs, chère image de la patrie absente !

La vallée de Mambré est riante et fertile. On y voit des arbres et des plantes chargés d'excellents fruits : les figues, les olives, les pistaches, les raisins, les grenades y sont d'une beauté et d'une qualité remarquables. Dans le quatrième siècle, on montrait, à l'extrémité de cette vallée, un térébinthe fort vieux qu'on disait avoir abrité les hôtes d'Abraham. Tous les ans, à la saison d'été, il se faisait, dans la campagne environnante, un immense concours de peuple attiré par la religion et le commerce : chrétiens, juifs et idolâtres s'y rendaient de tous les points de l'Arabie, de la Palestine et des côtes de la Méditerranée. Les chrétiens y honoraient l'apparition des anges, les juifs la mémoire de leur aïeul, les idolâtres les génies qui avaient visité l'homme des anciens jours. Chacun y remplissait ses devoirs religieux d'après les règles et l'esprit de son culte. Les païens y offraient du vin en libations, ils y brûlaient de l'encens, ou bien y tuaient un bœuf, un bouc, un mouton ou un coq, tous choisissant ce qu'ils avaient de plus précieux et de plus beau ; ils jetaient dans la fontaine voisine, ceux-ci des gâteaux et du vin, ceux-là des parfums et des pièces de monnaie, d'autres des lampes allumées. La belle-mère de Constantin étant venue à Mambré pour l'accomplissement d'un vœu, fut choquée de ces superstitions et en informa l'empereur, qui donna l'ordre d'abattre les signes du paganisme et de bâtir une église en ces lieux[1]. Plusieurs générations de chênes et de térébinthes ont passé sur cette terre avec les races humaines et les révolutions ; mais

---

[1] Sozomène, *Histoire ecclésiastique*, liv. II, chap. IV.

de leurs aïeux. Abraham voulait donc que le sépulcre lui fût acquis par un droit réel et permanent. « Si vous le trouvez convenable, dit-il aux habitants d'Hébron, soyez mes avocats auprès d'Éphron, fils de Séor, afin qu'il me donne la caverne de Macphéla qu'il possède au bout de son champ, et que, devant vous, il me la cède en toute propriété pour le prix qu'elle vaut. — Non pas ainsi, seigneur, répondit généreusement Éphron; mais écoute ce que je vais te dire : Je t'abandonne, en présence des fils de mon peuple, mon champ et la caverne qui s'y trouve. Enterres-y celle que tu as perdue. » Abraham témoigna sa reconnaissance; mais en même temps il insista pour obtenir, au lieu d'une concession gratuite, un véritable contrat de vente. Éphron se vit obligé de mettre fin au débat. « La terre que tu demandes, dit-il, vaut quatre cents sicles d'argent; ce prix nous convient à tous deux. Mais qu'importe?.... » Abraham fit peser, en présence des habitants réunis à la porte de la ville, la quantité d'argent fixée[1]; à ce prix, le champ d'Éphron, la caverne qui s'y trouvait et les arbres environnants passèrent en la possession d'Abraham, et les habitants d'Hébron furent témoins et garants du traité conclu[2]. Telle était la manière primitive de faire et d'assurer les transactions.

Abraham plaça donc les restes de Sara dans la caverne qu'il venait d'acheter, au midi et non loin de la ville; plus tard, il y alla dormir aussi, en attendant la résurrection. Isaac et Jacob, et leurs femmes, Rébecca et Lia, y trouvèrent de même un lieu de repos pour leurs cendres. Jacob, habitant l'Égypte et voyant approcher la mort, avait demandé qu'on l'enterrât auprès de ses aïeux; son fils Joseph l'embauma donc à la manière égyptienne et obtint du roi la permission d'accompagner ces vénérables dépouilles jusqu'à la caverne de Mambré. Les premiers officiers de la cour, les grands de l'Égypte, les fils de Jacob laissant au pays de Gessen leur famille et leurs trou-

---

[1] 400 sicles d'argent faisaient environ 650 fr., si l'on s'en rapporte à ceux qui ont écrit sur la valeur comparative des monnaies anciennes et modernes.
[2] *Genèse*, chap. XXIII.

Égypte, et dont la cendre fut apportée par le peuple d'Israël [1]. Tous les sépulcres des patriarches sont couverts de riches tapis de soie verte, magnifiquement brodés en or; ceux de leurs femmes sont rouges, également brodés. Les sultans de Constantinople fournissent ces tapis qu'on renouvelle de temps en temps. J'en comptai neuf, l'un sur l'autre, au sépulcre d'Abraham. Les chambres où sont les tombeaux sont aussi couvertes de riches tapis; l'entrée en est défendue par des grilles en fer et des portes en bois, plaquées en argent, avec des serrures et des cadenas du même métal; pour le service du temple, on compte plus de cent employés et domestiques [2]. »

Comme le nom d'Abraham, le nom de David se rattache à Hébron. C'est là que le fils d'Isaï établit sa résidence, après la mort de Saül; c'est là que les guerriers de sa tribu vinrent le trouver et lui donnèrent de nouveau l'onction royale, pour marquer sans doute leur consentement au choix fait par Samuel et proclamer solennellement un droit contesté par une moitié de la nation; c'est là qu'une fois la postérité de Saül éteinte, toutes les tribus, représentées par leurs anciens et par les principaux officiers, se rendirent pour saluer David du titre de roi. On y vit les enfants de Juda portant le bouclier et la lance et tout armés pour les batailles; ceux d'Éphraïm, forts et vaillants et d'une bravoure renommée; ceux d'Issachar, doués d'intelligence et de sagesse, et dont le conseil était d'un grand poids sur l'esprit de leurs frères; on y vit encore Zabulon au courage exercé, Azer ardent à la lutte, Dan, Nephtali et les tribus qui habitaient au delà du Jourdain, tous fidèles à rester dans leur rang avec un cœur inébranlable et à soutenir le choc impétueux de l'ennemi. Une fête de trois jours les affermit dans la concorde, et la nation se trouva réunie sous la main de David. C'est encore à Hébron qu'Absalon se retira sous prétexte d'accomplir un devoir religieux, mais en réalité pour organiser une révolte contre son père; c'est de là

---

[1] Les cendres de Joseph ne furent pas déposées à Hébron, mais auprès de Sichem, où l'on montre encore son tombeau. Voir le chapitre suivant et Josué, chap. xxii.

[2] Cité par la *Correspondance d'Orient*, lettre cxxii.

que le rebelle, à la tête de troupes nombreuses, se porta sur Jérusalem et alla périr ensuite dans une bataille aux bords du Jourdain. Pendant la captivité de Babylone, les Iduméens s'emparèrent d'Hébron que Judas Machabée leur enleva, et que les Romains détruisirent quelques mois avant la ruine de Jérusalem.

Hébron ne possède d'autre édifice remarquable que la mosquée du Bien-Aimé ; c'est le nom que les Arabes donnent au patriarche Abraham. La ville est assise sur une colline nue et aride ; mais la vallée qui s'étend à ses pieds est fertile ; les fruits y croissent en abondance, on y cultive la vigne de même qu'au temps de Josué, le conquérant de la Terre promise ; seulement, comme il n'y a guère que des musulmans à Hébron, et qu'ainsi le vin y est presque inutile, on fait sécher les raisins, qui sont, avec des lampes et des bracelets de verre, l'objet d'un commerce assez actif. Il y a près de la ville un très-beau puits, qui remonte, dit-on, jusqu'à l'époque de David ; il a plus de soixante pas carrés ; on y descend par des escaliers de quarante marches placés à chacun des quatre angles ; des palmiers le couvrent d'ombrage. Non loin de là sont des sépulcres taillés dans le roc et de vieux murs qui n'ont guère moins de trente siècles. Terre soumise à d'éloquentes vicissitudes, pays de gloire et de poésie, où la pensée éprouve un charme indéfinissable à se réfugier quelquefois, comme pour saluer son berceau, dans l'histoire du premier âge, et pour se reposer à la fraîcheur de tant de purs et naïfs souvenirs !

CHAPITRE SIXIÈME

L'ARABIE ET JÉRICHO

D'Hébron à Pétra; Abigaïl et David. — Un dialogue avec Jéhovah, l'embrasement de Sodome, la mer Morte. — Coup d'œil sur la vieille Égypte, le puits de Bersabée; Agar et Ismaël. — Le berceau et la destinée du peuple arabe. — Médine et la Mecque. — L'Horeb et le Sinaï, Moïse à Madian, la sortie d'Égypte, le Décalogue. — Moïse et les Hébreux à Pharan, le mont Hor; El-Deir et Khasné. — La patrie de Job; analyse et beautés de son poëme, l'humaine misère et le tableau de la création. — Les campagnes de Moab, le mont Nébo, le grand nom de Moïse, un prophète et la fille d'Hérodiade. — La mission de Josué, Rahab, passage du Jourdain, le cours d'un fleuve. — Le baptême du Seigneur, Marie d'Égypte, la prise de Jéricho; Rihha. — La fontaine d'Élisée, le désert et la montagne de la Quarantaine, Béthanie.

I

Une des principales routes de la Judée aboutissait à Hébron; là elle se partageait en deux branches, dirigées l'une au sud-ouest et l'autre au sud-est. Celle-ci conduisait à Pétra, capitale de ce que plusieurs nomment la troisième Palestine, de ce qu'on appelle communément Arabie Pétrée. Les ruines splendides de cette ville, qui a fait place à Carac, et particulièrement le tombeau et le trésor de Pharaon, Deir Khasné, la vallée verdoyante qui s'ouvre près de là, et à laquelle se rattache le souvenir de Moïse, Ouadi-Mousa, montrent assez que les flots de tout un peuple ont pu se presser et vivre en ces lieux et que les arts y ont fleuri. Malheureusement, parmi les habitants de l'Arabie, comme parmi les Persans et les Turcs qui ont suivi Mahomet, « la religion a détruit toute l'histoire ancienne, conformément au principe que ce qui n'est pas confirmé par le Coran, non-seulement n'est pas vrai, mais que c'est même une impiété de le croire. L'histoire véritable des Arabes remonte à peine au cinquième siècle de notre ère; elle se rattache aux traditions de l'Ancien Testament, et plus haut se perd dans l'incertain et le fabuleux. Antérieurement encore, elle présente des dynasties antédiluviennes et les fables les plus absurdes qui ont pris leur source dans les rêveries des Juifs et des cabalistes bien postérieurs. Ce n'est que depuis Mahomet que règne chez les historiens arabes une chronologie certaine, et les plus raisonnables d'entre eux rejettent la plupart des faits qui sont cités comme arrivés avant cette époque[1]. »

La route d'Hébron à Pétra côtoyait les rives occidentales de la mer Morte et traversait les territoires ou les solitudes de Carmel, de Ziph et de Maon, célèbres par le séjour qu'y fit David, fuyant la colère insensée de Saül. Ziph, situé vers le sud-est d'Hébron; Carmel, jeté sur une hauteur où les Romains tenaient encore garnison au cinquième siècle; Maon, qui s'appelle Menoïs dans la géographie d'Eusèbe de Césarée, donnaient leur nom aux vastes plaines qui s'étendaient autour d'eux et aux montagnes qui bordaient leur horizon. Nabal, le mari de la sage Abigaïl, habitait le désert de Maon, et il avait au Carmel une grande partie de ses possessions et de ses troupeaux, trois mille brebis et mille chèvres. D'un caractère dur et d'une âme méchante, Nabal se montrait égoïste et outrageux; Abigaïl, au contraire, avait d'éminentes qualités : à une beauté remarquable, elle joignait une prudence et une discrétion consommées.

Un jour de printemps, David, que les persécutions de Saül avaient chassé jusqu'au désert de Pharan, apprit que le riche Nabal faisait tondre ses brebis. A cette occasion, comme à la suite des récoltes, les anciens se livraient à la joie d'un festin champêtre. Leurs amis y étaient invités, et même ces fêtes étaient si fort en honneur qu'on y voyait les princes et les rois; car, en ces temps de mœurs simples, tout le monde s'occupait d'économie domestique. David, qui avait

---

[1] Klaproth, *Mémoires relatifs à l'Asie*. Paris, 1824.

plus d'une fois préservé la contrée des incursions des Philistins, crut qu'au milieu d'une réjouissance Nabal ne fermerait pas son cœur à la reconnaissance et à la pitié, et il lui envoya demander quelque secours pour ses guerriers fréquemment soumis aux plus dures privations. « J'ai su, lui fit dire David, que tes bergers, qui étaient avec nous dans le désert, tondent tes brebis. Nous ne les avons jamais inquiétés; ils n'ont rien perdu de leurs troupeaux durant tout le temps qu'ils sont restés avec nous sur le Carmel. Demande-le à tes gens, et ils te le diront. Maintenant donc, que tes serviteurs trouvent grâce à tes yeux, car nous venons dans un jour de joie. Donne donc à tes serviteurs et à ton fils David ce qu'il te plaira. » Mais le dur Nabal répondit avec mépris aux envoyés : « Qui est David, et qui est le fils d'Isaï? On ne voit, en ces temps, que des serviteurs qui fuient leurs maîtres. Quoi! j'irai prendre mon pain et mon vin, et la chair des animaux que j'ai tués pour mes ouvriers, et j'en donnerai à des gens que je ne connais pas! » Les dix envoyés de David se retirèrent sans dissimuler les sentiments qu'une si brutale réception leur inspira.

Dès qu'Abigaïl eut connaissance de ce qu'avait fait Nabal, elle résolut d'aller trouver David et de fléchir sa juste colère. Elle prit donc deux cents pains, deux outres pleines de vin, cinq moutons tout préparés, cinq boisseaux de farine, une grande quantité de figues et de raisins secs. Les serviteurs partirent les premiers; Abigaïl les suivit, montée sur un âne. Arrivée au pied de Carmel, elle aperçut David et deux cents hommes armés qui venaient des plaines de Pharan; elle quitta sa monture et salua le guerrier irrité, en se prosternant le visage contre terre. Puis, excusant Nabal, elle offrit gracieusement ses provisions à David et tira du pardon qu'elle espérait de lui l'augure d'un heureux et illustre règne. « Faites miséricorde à votre servante, ajouta la douce femme; le Seigneur fondera solidement votre maison, parce que vous combattez pour lui. Qu'il ne trouve en vous aucun mal pendant les jours de votre existence. S'il s'élève jamais un homme qui vous persécute et veuille vous faire périr, votre âme, précieuse à l'Éternel, sera rangée parmi celles qu'il tient en sa garde, et l'âme de vos ennemis sera emportée comme la pierre lancée d'une fronde avec grand effort. Quand donc Jéhovah vous aura fait tous les biens qu'il a promis ; quand il vous aura établi chef sur Israël, vous n'aurez pas ce sujet de larmes et de remords, d'avoir répandu le sang innocent et d'avoir exercé la vengeance. Puis, lorsqu'il vous aura comblé de biens, vous vous souviendrez de votre servante. »

Cette harangue suppliante émut David ; il agréa les paroles et les présents d'Abigaïl et lui dit en la congédiant : « Retournez en paix à votre maison ; j'ai consenti à ce que vous demandiez et je l'ai fait par égard pour vous. » Abigaïl revint donc à Carmel, où elle trouva l'insouciant et égoïste Nabal plongé dans les délices de la table : il faisait un festin royal, il avait le cœur joyeux à cause de l'abondance des viandes et de l'excellence du vin, il avait bu jusqu'à l'ivresse. La discrète Abigaïl comprit que ce n'était pas le temps de parler ; le lendemain, elle apprit à Nabal ce qui s'était passé la veille et comment il avait échappé au glaive de David. Pusillanime, ainsi que toutes les natures abjectes que le sentiment du devoir n'a pas façonnées au courage, Nabal écouta le récit de sa femme avec stupeur, l'effroi le tenant immobile comme une pierre. Il fut si frappé qu'il tomba malade et mourut au bout de dix jours. David, informé de ce trépas inattendu, fit demander, quelque temps après, Abigaïl en mariage. La veuve de Nabal reçut cette nouvelle avec joie, heureuse sans doute d'oublier dans la gloire de cette seconde alliance les désagréments de la première [1].

II

Les crêtes de Ziph, de Carmel et de Maon ne sont pas des pics isolés, mais elles tiennent du côté du nord aux montagnes de la Judée,

---

[1] *Livre des Rois*, I, chap. xxv.

et du côté du sud aux montagnes de l'Idumée par une chaîne dont le versant oriental s'incline vers la mer Morte. Toutefois, il ne faut pas croire que la mer Morte occupe ce qu'on nomme une vallée; elle dort dans un bassin creusé entre des rochers arides, comme entre deux murailles noirâtres, à plus de treize cents pieds au-dessous de la Méditerranée : c'est le niveau du lac Asphaltite. On sait de quelle manière s'ouvrit cet abîme.

Quand les hôtes reçus par Abraham sous le chêne de Mambré se levèrent pour continuer leur route, le patriarche voulut les reconduire et marcha quelque temps avec eux, en se dirigeant vers Sodome. C'est en cette circonstance qu'il fut instruit du châtiment préparé aux habitants corrompus de la Pentapole et qu'il soutint avec son céleste interlocuteur ce dialogue d'une familiarité sublime, où se révèle tout ce que la Providence met de paternelle tendresse dans le gouvernement du monde et tout ce que les hommes peuvent mettre de filiale confiance en Dieu. Il y a dans les crimes une voix qui s'élève jusqu'au ciel et qui en fait descendre la vengeance lente, mais inévitable; il y a dans les actions du juste une voix qui apaise le courroux de Dieu et désarme son bras. Quand donc l'Éternel eut prononcé sa menace : « S'il se trouve cinquante justes dans la ville, dit Abraham, périront-ils également? — Si je trouve cinquante justes dans Sodome, à cause d'eux, je l'épargnerai. — J'ai commencé, je parlerai de nouveau, bien que je sois cendre et poussière. Qu'arrivera-t-il s'il y a quarante-cinq justes? — Je ne détruirai pas la ville. — Et s'il y en a quarante? — Je ne frapperai pas. — Et trente? — Je m'arrêterai. — Et vingt? — Je ne perdrai point Sodome. — Et dix? — Je pardonnerai. » Abraham garda le silence, la vision disparut, et il revint à Mambré.

Le soir, des trois hôtes du patriarche, deux arrivèrent à Sodome. Ils purent se convaincre que l'iniquité y était montée à son comble : Loth, qui leur offrait sa maison et voulait les protéger, n'échappa qu'avec peine à d'infâmes insultes. Alors ils l'invitèrent à quitter ce lieu maudit, et comme il hésitait, ils l'emme-

une plaine où des cristaux de sel sont mêlés à la vase, et ensuite plus près des bords une plaine moins profonde où il n'y a qu'une vase gluante. Le lac Asphaltite ne communique sensiblement avec aucune mer, et il n'y pourrait communiquer par des voies souterraines sans atteindre un niveau plus élevé, à savoir celui de la mer Rouge ou de la Méditerranée; la densité de ses eaux n'y ferait pas obstacle. Le Jourdain avec quelques torrents et ruisseaux se jetant dans la mer Morte sans en sortir, il y a lieu de croire que l'évaporation fait équilibre aux eaux affluentes. La conformation du sol, à partir de l'ancienne Ségor jusqu'à dix lieues de la mer Rouge, permet de croire que le Jourdain a coulé dans l'Ouadi-Araba, bien que cette vallée ait aujourd'hui sa pente vers le lac Asphaltite; mais la perturbation qui a ramené Sodome à deux mille cinq cents pieds au-dessous de la Méditerranée suffit bien pour expliquer la différence actuelle du niveau et le renflement qui empêche la mer Morte de se déverser au midi.

Les eaux du lac Asphaltite contenant dix fois plus de matières salines que l'eau de l'Océan, on conçoit leur haut degré de salure et d'amertume, et par suite leur influence délétère sur les êtres du règne animal et même du règne végétal. Il est impossible que les poissons y vivent; presque rien n'y végète, et si le lac pousse sur ses rives quelques débris de plantes ou des coquillages, ce n'est pas qu'il les ait produits, c'est qu'il les a reçus du Jourdain. Volney a donc eu raison de dire : « La vraie cause de l'absence des végétaux et des animaux est la salure âcre de ses eaux, infiniment plus forte que celle de la mer. La terre qui l'environne, également imprégnée de cette salure, se refuse à produire des plantes; l'air lui-même qui s'en charge par l'évaporation, et qui reçoit encore les vapeurs du soufre et du bitume, ne peut convenir à la végétation. De là cet aspect de mort qui règne autour du lac [1]. » C'est pour cela aussi que les anciens lui ont donné le nom significatif de mer Morte. « Selon sa dénomination même, dit

---

[1] *État physique de la Syrie,* chap. I.

explosion et les engloutit [1]; et Volney trouve ce passage concluant. Mais d'abord Strabon était étranger à la Palestine, et ensuite il est certain qu'il la connaissait fort mal. L'historien Josèphe, homme du pays et contemporain de Strabon, dit au contraire que, pour punir Sodome, Dieu lança du ciel ses foudres vengeurs et la réduisit en cendres [2]. Enfin, le sol n'offre aucune trace d'éruption volcanique; et, si l'asphalte, en répandant une teinte noire sur quelques cavités circulaires, peut faire illusion à un observateur superficiel ou prévenu, il est impossible qu'un géologue, même assez médiocre, y voie le cratère d'un volcan. Mais ce n'est pas le lieu d'établir une discussion scientifique, et de montrer, par l'exemple de Volney et de plusieurs autres, qu'il ne faut que très-peu d'esprit pour se trouver en contradiction avec Moïse.

III

Quittons, pour un moment, la route qui, d'Hébron, mène à Pétra, en suivant la mer Morte et en passant par Ségor, route aujourd'hui peu connue des Occidentaux, mais que nos aïeux les croisés ont parcourue plus d'une fois, en chassant devant eux les musulmans jusqu'à Médine et la Mecque. Nous retrouverons les ruines de Pétra sur les pas des Hébreux marchant vers la Terre promise, après avoir brisé le joug de Pharaon. Malgré les sphinx qui gardent les pyramides, malgré sa chronologie nébuleuse et ses hiéroglyphes, l'Égypte nous est moins cachée que l'Arabie, et tous ses secrets ne sont pas dans son tombeau.

Lors même qu'on ne souscrirait qu'avec beaucoup de réserve aux éloges décernés de tout temps à la vieille Égypte, encore faudrait-il reconnaître qu'elle occupe un rang élevé dans l'histoire du génie humain. Assurément, les principes généraux qui respirent dans les mœurs et les lois des peuples modernes ne présidèrent pas à l'orga-

---

[1] Strabon, liv. XVI.
[2] Josèphe, *De la guerre des Juifs*, liv. IV, chap. XXVIII.

parole, Agar, consolée, leva les yeux et aperçut une fontaine; elle y alla chercher de l'eau et en fit boire à Ismaël, qui retrouva du courage et des forces [1].

Ismaël ne fut point délaissé par la Providence. Il habita le désert et se rendit fort habile à tirer de l'arc. L'historien Josèphe rapporte que des bergers s'émurent de compassion sur Agar et son fils, et vinrent en aide à leur misère. Plusieurs pensent aussi, avec raison, que les secours d'Abraham demeurèrent constamment assurés à Ismaël; car il est certain, d'ailleurs, que tout rapport d'affection ne fut pas rompu entre eux, et que, plus tard, le banni se joignit à Isaac pour rendre les derniers devoirs à leur commun père. Agar et son fils, s'avançant vers le midi, allèrent fixer leur séjour dans la solitude de Pharan. Lorsqu'Ismaël fut âgé de trente ans, Agar, dont le nom cesse ensuite d'apparaître dans les Écritures, lui fit épouser une femme égyptienne. Il eut douze fils qui fondèrent douze villes ou bourgades; et l'on doit entendre par là, non point des amas de maisons bâties de pierres ou de briques, mais des tentes groupées en assez grand nombre pour contenir autant de personnes que le lieu pouvait en faire vivre.

IV

Voilà le rude berceau du peuple arabe. Cette solitude s'étend de la Palestine jusqu'au pied du Sinaï. Il y a des espaces immenses où l'on cherche en vain, pour reposer l'œil, un peu d'herbe, des mousses, quelque arbre chétif. La plaine n'est guère rompue que par des tertres de sable mouvant que les ouragans forment et déplacent sans cesse. A de rares distances, des bouquets d'acacias épineux, de lauriers et de cyprès semblent vouloir rappeler que la main de Dieu a pourtant laissé tomber sur ce coin de terre un peu de fécondité. La religion, le commerce et le brigandage attirent souvent sur

---

[1] *Genèse*, chap. XXI.

rapprochant. Mais ce fut le passage d'un éclair : fidèles à leurs habitudes nomades, les Arabes ne firent que camper dans la gloire. Depuis plusieurs siècles, le pavillon qu'ils y avaient tendu se trouve plié, et jamais il ne se dépliera, si ce n'est au souffle de l'Évangile. Les sables de l'Arabie et les roches de l'Atlas peuvent dérober le Bédouin aux bienfaits ou à la vengeance de l'Europe, mais les puérils versets du Coran n'auront pas raison de la civilisation chrétienne. Un jour, le Croissant toucha, d'une de ses pointes, la Tartarie glacée, et de l'autre la brûlante Éthiopie; il s'éleva victorieux des îles Moluques jusqu'à l'Espagne et plana sur Mozambique et Madagascar; aujourd'hui il faut que la diplomatie de l'Europe le soutienne pour qu'il ne soit pas mis en pièces. Les Arabes n'ont plus ni Avicenne, ni Abulfarage, ni Edrisi; ils entreraient dans leur Alhambra sans y rien comprendre. Mais ils sont toujours les fils du farouche Ismaël, fils d'Agar : il leur reste une sauvage indépendance; leur main est contre tous, et la main de tous contre eux.

« En calculant au plus bas, dit sir Robert-Porter, il doit y avoir aujourd'hui plus de trois mille ans que ce peuple a les mêmes mœurs et les mêmes usages, vérifiant ainsi en tous points ce qui avait été prédit à Ismaël;... qu'il serait farouche et que ses descendants ne perdraient jamais ce caractère, quoique habitant pour toujours en présence de leurs frères. Qu'un peuple spirituel et actif, environné, depuis tant de siècles, de nations policées et qui jouissent de toutes les douceurs et de tout le luxe de la civilisation, soit encore de nos jours tel qu'il s'est montré dans sa formation, un peuple de sauvages, habitant à la vue de ses frères, car nous pouvons donner ce nom à ses voisins; que rien n'ait pu le subjuguer ni le changer, il y a là, en effet, un miracle permanent, un de ces faits mystérieux qui établissent la vérité des prophéties[1]. » Tous les voyageurs, au reste, s'accordent à signaler l'étrange persistance des Arabes et en particulier des Bédouins dans leurs mœurs primitives. « Quant aux ma-

---

[1] *Voyages de sir Robert-Porter*, tome I.

et touchait au sud-ouest à l'Arabie Pétrée. Celle-ci comprenait plusieurs villes ou villages qu'habitaient les Amalécites et diverses peuplades d'Iduméens, entre l'Égypte et la Palestine, au nord et à l'est de la mer Rouge. C'est aujourd'hui l'Hedjaz, où sont situées Médine et la Mecque, chères aux musulmans.

Médine a quatre-vingt-quinze noms, et entre autres celui de Cité resplendissante; elle ne compte toutefois que sept ou huit mille habitants. Ce qui la rend célèbre et y attire les pèlerins de l'islamisme, c'est que Mahomet y est mort et qu'on y montre son tombeau. La mosquée du prophète, Mesdjed-en-Nebi est soutenue, si l'on en croit l'Arabe Samboudi, par deux cent quatre-vingt-seize colonnes ornées de pierres précieuses et couvertes d'inscriptions en lettres d'or; elle a cent soixante pas de longueur et presque autant de largeur. Les colonnes offrent la plus grande irrégularité; elles ne se ressemblent qu'en ce qu'elles n'ont pas de socle et que leurs fûts posent immédiatement à terre : elles sont, au reste, de dimensions inégales. On dit communément que le cercueil du prophète est suspendu en l'air; c'est sans doute une manière orientale de faire entendre que des colonnes le supportent : en effet, il se soutient dans le vague des airs par le même procédé que le fronton du Panthéon.

La Mecque, pompeusement nommée par les Arabes la noble, la mère des villes, la patrie des fidèles, n'a jamais égalé en étendue le quart de Paris. Néanmoins, elle peut passer pour jolie, parce qu'elle a des maisons bâties en pierres et des rues généralement régulières et sablées. Elle est assise dans une vallée étroite qui s'ouvre au nord et au midi, et que ferment, à l'est et à l'ouest, des collines hautes de deux à cinq cents pieds. Aujourd'hui la Mecque compte environ trente mille habitants. Elle n'a qu'un sol stérile et qu'une eau saumâtre; les jardins et les pâturages sont éloignés de la ville. Son commerce a pour objet le baume et diverses sortes d'aromates et de parfums. Elle doit sa célébrité à sa mosquée principale où se trouve la Kaaba ou maison carrée. Longtemps avant le prophète, il y avait sur l'emplacement qu'occupe la Kaaba un temple renommé où se ren-

en aucun pays. Composition et disposition des roches, formation des vallées, hauteur abrupte des montagnes, tout est insolite et particulier à ce petit coin du monde.... Une croûte de rochers couvre tout cet espace que le géologue divise en deux grandes parts, dont l'une, de formation primitive, s'étend au sud,... et l'autre, composée secondairement de marbre et de calcaire, occupe la partie du nord. Comme disposition, elle est la même partout : c'est comme une vaste mer qui, sous l'impulsion d'une tempête, envoie ses vagues au ciel et creuse entre elles de profonds sillons. Là, c'est comme une cascade à ressauts violents ; plus loin comme une avalanche menaçante ; d'un côté, il semble que c'est un fleuve qui entraîne avec lui son fond et ses rives ; de l'autre, on croit voir le résultat d'un tremblement de terre, d'un soulèvement intérieur. Supposons cet état violent surpris, fixé, glacé, pétrifié en masse de basalte, de granit et de porphyre, et nous aurons quelque idée du tableau qui se présente à la vue, lorsqu'on est parvenu au haut des sommets les plus élevés, tels que le Sinaï, le Serbal, le Salef, le Férah ou le Gounné sur la chaîne de Thyh. De ce point, c'est un océan furieux de pierres silencieuses, un chaos menaçant, paisible et reposé ; du fond de ces vallées, c'est le courant le plus rapide du torrent le plus violent, endormi, arrêté subitement. Au lieu d'eau, ce fleuve roule des rochers de toute forme, de toute grandeur, arrêtés dans toutes les positions, et il écume de pierres amoncelées en longues traînées. Ici, point de sable, le pays est à nu ; on dirait que le vent du désert a participé des mœurs de ses habitants : il a dépouillé la montagne, et ce vaste corps, s'offrant aux yeux sans végétation, semble n'avoir conservé que sa charpente osseuse, que son squelette gigantesque, que ses articulations éparses.

« Au nord de cette ligne que nous avons tracée, une aridité générale ; au sud une verdure abondante au fond des vallées qu'arrose, chaque année, le retour périodique des pluies....

« Un groupe de rochers de granit accumulés et comme pressés les uns sur les autres s'élève au milieu de la péninsule du Sinaï. Il

éclaire, du sol qui nous porte, des conditions diverses au milieu desquelles s'écoule notre vie.

C'est dans le pays de Madian, à l'est de la mer Rouge et non loin du Sinaï, que Moïse, quand il eut tué un Égyptien, alla chercher un refuge contre la colère de Pharaon. Il était assis près d'un puits et prenait de la fraîcheur et du repos; de jeunes filles y amenaient leurs brebis pour les faire boire lorsque plusieurs bergers survinrent et se réunirent lâchement pour s'y opposer. Le fugitif ne compta pas ses adversaires, il protégea généreusement les jeunes filles. Touché de sa conduite et de son courage, leur père le fit appeler et lui donna en mariage Séphora. Durant de longues années Moïse mena la vie de pasteur; un jour enfin sa vocation sublime lui fut manifestée. Il avait conduit ses troupeaux jusqu'au pied de l'Horeb. Tout à coup une flamme vive et douce sortit du milieu d'un buisson qui restait ardent et incombustible. « Il faut, dit-il, que j'aille voir ce prodige et pourquoi le buisson ne se consume pas. » Quand il fut proche, une voix mystérieuse se fit entendre qui lui imposa la grande mission d'affranchir les Hébreux. « JE SUIS CELUI QUI SUIS, » ajouta la voix. « Tu diras aux enfants d'Israël : CELUI QUI EST m'envoie vers vous. » Mais quels obstacles Moïse avait à vaincre! Les hommes endormis n'aiment pas le cri qui les réveille, fût-ce pour la liberté : tels se montrèrent les Hébreux, énervés par l'esclavage et flétris par les grossières superstitions de l'Égypte, dont ils avaient sous les yeux le scandale permanent.

Toutefois, Moïse vainquit la mollesse et les préventions de ses frères, la résistance et l'hostilité de leurs maîtres. Au commandement de l'invisible capitaine qui, du haut des cieux, gouvernait la fortune de son peuple, il étendit la main sur les flots qui se replièrent des deux côtés et ouvrirent devant lui une route sèche au fond des abîmes. Un nouvel ordre fut donné, et la mer qui, dressée en montagnes liquides, avait regardé passer Israël sans l'engloutir, s'affaissa tout à coup comme une maison qui croule et couvrit les troupes égyptiennes que l'ardeur de la vengeance emportait sur la

moi. Tu ne feras point d'image taillée, ni aucune ressemblance de ce qui vit dans le ciel, sur la terre, ni dans les eaux, sous la terre pour te courber devant elles et les adorer... Tu ne prendras pas en vain le nom de Jéhovah, ton Dieu... Souviens-toi de sanctifier le jour du repos... Honore ton père et ta mère, afin que tu vives longtemps sur la terre... Tu ne tueras point. Tu ne commettras point d'adultère. Tu ne déroberas point. Tu ne porteras point de faux témoignage... Tu ne convoiteras pas la maison de ton prochain, ni sa femme, ni son serviteur, ni sa servante, ni son bœuf, ni son âne, ni rien qui lui appartienne[1]. » Cette loi, promulguée au fracas des éléments troublés, fut d'ailleurs munie d'une sanction redoutable, et que Moïse ne laissa point ignorer aux Hébreux. Fidèles, les citoyens et la nation entière devaient se reposer dans une douce prospérité. Des saisons favorables, un sol toujours fécond, des fruits abondants, la guerre avec gloire, la paix avec sécurité, de longs jours, les bénédictions de Dieu passant de la tête des pères sur celle des enfants, tel était le prix attaché à l'observation des préceptes divins. Au contraire, en s'écartant du sentier tracé par la loi, les familles et le peuple en masse encouraient toutes sortes de maux, les chagrins domestiques, les revers de fortune, les troubles de l'âme, les calamités causées par la révolte des éléments, les discordes civiles, la guerre avec l'étranger, les défaites honteuses et la servitude.

VI

Un an s'était écoulé depuis que les Hébreux avaient quitté l'Égypte, ils célébrèrent la Pâque ou l'anniversaire de la délivrance au pied du Sinaï, puis s'avancèrent dans la direction du nord, vers la solitude de Pharan[2]. Sur la demande du peuple, Moïse envoya douze guerriers

---

[1] *Exode*, chap. xx.
[2] M. de Laborde montre fort bien que ce désert de Pharan ne saurait être confondu avec la vallée du même nom que les Arabes appellent Ouadi-Feyran. Celle-ci est à l'orient et dans la péninsule du Sinaï; celui-là au nord de la montagne de Thyh, et sur la frontière de la Palestine. *Commentaire*, page 121.

hébreu la mémoire et le goût des choses dépravées parmi lesquelles il avait vécu, le discipliner et lui faire un esprit nouveau, loin de tout commerce avec les États déjà constitués, enfin ne l'asseoir dans le repos de la patrie qu'au moment où sa force d'action et de résistance serait complétement organisée, où lui-même serait mûr pour les formes politiques qui devaient protéger sa religion et sa nationalité.

L'arrêt d'exil prononcé contre le peuple s'exécuta, et le tint, trente-huit ans, éloigné de la Terre promise. Les vallées incultes de l'Arabie dévorèrent toute la génération maudite, soit que les Hébreux n'aient pas quitté Cadès ni la solitude de Pharan[1], soit qu'ils aient traversé lentement et par des marches irrégulières les montagnes de Séir et de l'Idumée, pour revenir vers le bras oriental de la mer Rouge, et regagner enfin Hor et la vallée de Pétra, à la pointe méridionale du lac Asphaltite. Au milieu de tant de fatigues, souvent les plaintes et les murmures s'élevèrent contre Moïse; il y eut même une révolte ouverte, et jusque dans sa famille il trouva des antagonistes. A la vérité, l'Éternel envoya plus d'une fois des châtiments terribles, afin de vaincre l'opposition; mais les obstacles, à peine abattus, renaissaient indéfiniment sous toutes les formes. Les Hébreux se plaignaient de la fatigue, de la faim, de la soif; la manne leur était à dégoût; les poissons et les légumes de l'Égypte leur revenaient à la pensée, et ils regrettaient lâchement des viandes assaisonnées de servitude. Un jour, passant de la défiance extrême à une audacieuse présomption, ils voulurent forcer, les armes à la main, l'entrée de la Terre promise, mais ils furent vaincus et tués en foule. Plus tard, les principaux de la nation, au nombre de deux cent cinquante, entrèrent dans un complot formé contre Moïse. Aaron et Marie se plaignirent aussi de leur frère: « Est-ce que Moïse, dirent-ils, est le seul à qui Dieu ait parlé? Dieu ne s'est-il pas également fait entendre à nous? » Le courage du grand législateur fléchit un

---

[1] C'est l'opinion de M. de Laborde, *Commentaire sur l'Exode*, page 128.

n'est guère possible aujourd'hui de marquer précisément la destination, mais qui pouvait être une forteresse défendant l'accès du territoire de Pétra. A l'endroit où s'ouvre la vallée, il y a des palmiers et une source, et il y avait sans doute un caravansérail protégé par le château dont les débris couronnent un rocher voisin. Là passe, en effet, le chemin qui conduit à la ville d'Aïlah, l'antique Ælana, d'où Salomon envoyait ses flottes à Ophir, et qui se trouve à douze lieues plus loin vers le midi, sur un bras du golfe Arabique. Après trois heures de marche au milieu d'une contrée aride et par un chemin difficile, parce qu'il domine un ravin profond et qu'il est dominé lui-même par un rocher taillé à pic, on entre dans une vallée couverte de lauriers-roses et l'on approche de Pétra.

« Nous tournons autour d'un pic surmonté d'un arbre isolé. La vue est immense de ce point, la solitude, affreuse : c'est une mer et ses vagues pétrifiées ; c'est plus que cela, c'est un chaos. En continuant le sentier, nous apercevons devant nous le mont Hor, surmonté du tombeau du prophète (Aaron), antique tradition conservée par un peuple si vieux qu'il n'a plus que des impressions d'enfance ou des souvenirs de tant de siècles. Quelques excavations grossières et en ruines arrêtent le voyageur qui s'y intéresse, ne sachant ce que lui cache le rideau de rochers qui s'étend devant lui; enfin le sentier le conduit au haut d'un autre ravin, et ses yeux découvrent à leur horizon le plus singulier spectacle, le plus magnifique tableau que la nature, dans sa création grandiose, les hommes, dans leur ambition vaniteuse, aient légué à la curiosité des générations qui devaient suivre. A Palmyre, la nature annule les efforts des hommes par son immensité, par son horizon sans fin sur lequel se perdent quelques centaines de colonnes; ici, elle semble, au contraire, s'être plu à encadrer de sa grandeur des constructions qui luttent, non sans avantage, avec elle, à mettre en harmonie la force et la bizarrerie de sa structure avec le grandiose et les conceptions variées de ces monuments des hommes. On hésite un moment auquel des deux on accordera son admiration, à la première qui fixe l'attention par une ceinture

jeter les yeux et sans en dire un seul mot; mais ils ont parlé longuement du bouillant et impétueux Renaud de Châtillon, seigneur de Carac et de Montréal, qui se mit en grand renom de bravoure par la hardiesse de ses entreprises, et inquiéta plus d'une fois Saladin. Pour reprendre Aïlah, qui avait appartenu aux chrétiens, il fit construire à Carac et transporter à dos de chameau jusqu'au golfe Arabique, des barques qui devaient tenir la ville assiégée par mer, en même temps qu'il l'assiégerait par terre; et il eût réussi dans son projet, sans les troupes relativement considérables que Saladin lui opposa. Dans une autre excursion avec une poignée de chevaliers intrépides et trois cents Bédouins, il se porta sur Médine et la Mecque pour jeter au vent le tombeau du prophète, et il était déjà dans la vallée de Rabi, quand les musulmans fondirent sur sa troupe et la dispersèrent. Le vaillant Renaud compromit souvent les intérêts chrétiens par sa téméraire audace et par la violation des traités; mais sans doute il couvrit ses fautes par l'héroïsme de sa mort. Fait prisonnier à la bataille de Tibériade, il refusa noblement de se racheter par l'apostasie, et ne tint nul compte des menaces de Saladin, qui le frappa de son sabre. Puis, à l'ordre du sultan, des soldats se jetèrent sur le chevalier sans armes, dont la tête alla rouler aux pieds d'un autre prisonnier chrétien, Guy de Lusignan.

VII

« Sur les confins de l'Idumée et de l'Arabie, se trouve l'Ausite où demeura Job, dont le premier nom était Jobab. Il épousa une femme arabe, dont il eut un fils appelé Ennon. Pour lui, il était fils de Zara, un descendant d'Ésaü et de Bosra, et il venait le cinquième après Abraham. Il régna dans l'Idumée; et voici la suite des rois qui l'ont précédé et suivi : Balac, fils de Béor, régna dans la ville de Dénaba; Job, autrement nommé Jobad, lui succéda, et eut lui-même pour successeur Asom, prince de Théman. Ensuite vint Adad, qui défit les Madianites dans les campagnes de Moab; le nom de sa ville

Job avait un cœur plein de droiture, une famille nombreuse et de grandes richesses. Un jour le génie du mal se présenta devant Dieu et dit : Job aime et pratique la vertu, parce qu'elle lui réussit mais si je le frappais d'une rude épreuve, il ne serait pas longtemps fidèle. Alors Dieu permit au génie du mal de frapper Job d'abord dans ses biens qui lui furent ravis, ensuite dans sa personne qu'assiégèrent la douleur et tous les maux. Le patriarche donna l'exemple de la patience la plus résignée; puis il rompit le silence de trois amis qui étaient venus pour le consoler, mais que le spectacle d'une infortune si imprévue et si profonde tenait muets de stupeur. Il parla, non pour se plaindre de la Providence, mais pour décrire ce qu'il souffrait. Jamais le cœur de l'homme, en se déchirant, n'a donné passage à de plus éloquents soupirs; jamais la parole en deuil n'a traîné plus de larmes; la douleur des autres parle et murmure ses plaintes, celle de Job retentit avec le fracas d'un torrent qui se précipite et gronde.

« Périsse le jour où je suis né et la nuit où l'on a pu dire : Un homme est conçu! Que ce jour se change en ténèbres! que l'Éternel en perde le souvenir et n'en réveille plus la lumière! que la mort le couvre de son ombre, et que dans cette obscurité, tous les maux l'enveloppent et l'inondent! Que cette nuit soit livrée à l'horreur des tempêtes! Qu'elle ne compte plus dans l'année! qu'elle ne compte plus dans les mois! Que cette nuit soit morne et solitaire, et que nul ne s'y réjouisse! Qu'elle soit maudite par toutes les bouches! Qu'elle ensevelisse les étoiles dans son obscurité! qu'elle appelle le jour sans le revoir, sans que l'aurore réponde! Ah! pourquoi m'a-t-elle fait naître et m'a-t-elle mis aux prises avec la douleur? Pourquoi ne suis-je pas mort dans les entrailles qui m'ont porté? mort en entrant dans la vie? D'où vient qu'il s'est trouvé des genoux pour me recevoir, un sein pour me nourrir? Car aujourd'hui je dormirais dans le silence et je me reposerais dans mon sommeil, avec les rois et les grands de la terre qui se sont bâti des solitudes pour tombeaux, avec les princes qui ont eu les mains

KASNÉ-PÉTRA.

« L'homme, né de la femme, dit-il, ne vit que peu de jours, et il est rempli de beaucoup de misères. C'est comme une fleur qui éclôt et qu'on écrase; il fuit comme une ombre, sans s'arrêter jamais... Les jours de l'homme sont courts, et le nombre de ses mois est dans vos mains, ô Dieu puissant! Vous en avez marqué le terme qu'on ne saurait dépasser. Laissez-lui quelque relâche et qu'il se repose, en attendant, comme le mercenaire, la fin désirée de ses travaux. » Ce tableau de l'humaine misère devient plus émouvant lorsqu'on le rapproche de la gloire et des joies que le patriarche avait d'abord connues et des espérances que son cœur avait nourries. « Quand je me rendais à la porte de la ville et qu'on préparait mon tribunal sur la place publique, les jeunes gens baissaient les yeux devant moi; les vieillards se levaient et restaient debout; les chefs du peuple suspendaient leurs discours et posaient le doigt sur leurs lèvres; la voix des grands était muette et leur langue attachée à leur palais... Et je disais : Je mourrai dans mon nid, mes jours s'étant multipliés comme le palmier qui reverdit sans cesse; mes racines s'étendront le long des eaux, et la rosée descendra sur mes branches. Ma gloire rajeunira sans cesse et ma force ira se renouvelant de jour en jour. »

Puisque la répartition des biens et des maux n'est pas proportionnée aux vertus et aux crimes, il restait à examiner pourquoi Dieu distribue le bonheur et le malheur aux hommes d'une manière si blessante en apparence. C'est ce qu'examinèrent ensuite les amis de Job, la pompe des expressions égalant, dans leur dialogue, la variété des images. L'un d'eux prouva que Dieu n'est pas tenu de révéler aux hommes les motifs de sa conduite; que l'homme ne saurait jamais se dire ni se croire irréprochable; enfin que cette vie est un temps d'épreuve, et qu'un jour l'Éternel rétablira l'équilibre brisé et s'absoudra du silence qu'il garde sur les choses du temps présent. Alors Dieu lui-même vint dénouer le drame; du milieu d'un tourbillon, il se fit entendre, et, sous forme d'interrogations, il montra que la sagesse des hommes est courte et qu'ils connaissent trop peu ses œuvres pour en juger sainement.

des yeux sa proie, et son regard plonge au loin dans l'espace. Il abreuve de sang ses aiglons, et partout où tombe un cadavre, aussitôt il est là [1]. »

Le patriarche arabe reconnut que la création avait plus de mystères qu'il n'en pouvait pénétrer; il ne s'étonna plus de ne pas saisir le lien qui rattachait ses infortunes particulières au plan général de la Providence. Alors sa sagesse et son humilité trouvèrent leur récompense même ici-bas, et Dieu guérit les blessures de son cœur en faisant revivre la joie et l'éclat de sa prospérité antérieure.

VIII

Des frontières de l'Idumée et des vallées de l'Arabie, les Hébreux s'avancèrent dans la direction du nord. Leur épreuve touchait à son terme; mais ils ne devaient pas entrer dans le repos sans ce suprême et pénible effort qui détermine les grands résultats. En approchant du but, les difficultés devinrent plus terribles : les nations assises aux portes de Chanaan se levèrent en armes pour fermer le passage à l'étranger et défendre leur pays. Après un léger échec, Israël foula aux pieds plusieurs peuplades du désert et vint dresser ses pavillons entre la rive orientale de la mer Morte et les montagnes de Moab. C'est là que Balaam, apercevant l'ordre militaire des tribus et obéissant à une impulsion irrésistible, laissa tomber de ses lèvres, au lieu d'imprécations funestes, des paroles d'admiration et des prophéties glorieuses pour les Hébreux; néanmoins ceux-ci ne passèrent que le glaive à la main et à la suite d'un combat sanglant.

Le pays de Moab subit à peu près les mêmes vicissitudes que la Judée. Souvent en guerre avec les Juifs, il fut ensuite écrasé comme eux par les armées assyriennes, puis soumis aux rois de Perse, ravagé par les successeurs d'Alexandre, enfin réduit en fraction de province par les Romains. Au milieu de ces révolutions, Moab

---

[1] Job, chap. xxxviii et xxxix.

et revêts-le des marques du pouvoir, et que la nation lui soit soumise... » Le prophète fit connaître ce décret aux Hébreux, il leur présenta publiquement Josué comme leur chef futur, et, dès lors, l'investit d'une portion de l'autorité souveraine. C'est son honneur d'avoir clos sa carrière ainsi qu'il l'avait parcourue, avec le plus entier désintéressement. Le choix de Dieu fut sa règle invariable, jamais rien ne l'en détourna. Il obéit à ce sentiment si rare et si pur, lorsque, voyant sa fin prochaine, au lieu d'établir en faveur de sa famille et de sa tribu l'hérédité du pouvoir, il indiqua, pour son successeur, Josué, de la tribu d'Éphraïm, qui n'était ni son parent ni son allié, et lui concilia l'affection et le respect de la multitude, en le faisant agréer d'une manière solennelle comme l'élu de Jéhovah [1].

Moïse ramassa toutes ses forces pour terminer utilement ses travaux de quarante années et remettre la garde de son œuvre déjà si puissante par elle-même aux pensées et aux sentiments les plus capables de dominer l'âme d'un peuple et de lui faire une grande destinée. En présence de la foule, il évoqua les souvenirs du passé, étendit sur l'avenir son regard pénétrant, et prononça d'une voix éloquente et terrible des promesses et des menaces qui, plus tard, furent reconnues pour des arrêts placés par Dieu lui-même sur les lèvres de son confident inspiré. « Si tu restes docile aux préceptes de la loi, dit-il à Israël, tu seras comblé de bénédictions... Mais si tu ne suis pas la voix de Dieu, les malédictions s'appesantiront sur toi... Il t'enverra l'ennemi pour te réduire à la faim, à la soif, à la nudité, à l'extrême misère, et pour abaisser ta tête sous un joug qui t'écrasera. D'une contrée lointaine, du bout de la terre, une nation dont tu n'entends pas la langue fondra sur toi, comme un aigle au vol impétueux; nation orgueilleuse et dure, qui n'aura ni respect pour tes vieillards, ni pitié pour tes petits enfants. Elle dévorera le fruit de tes travaux, elle mettra tes villes en cendre et fera tomber

---

[1] *Deutéronome*, chap. xxxi.

Hideux mélange de mollesse ignoble et de lâche barbarie, raffinement cruel qui relevait par la saveur du sang humain les voluptés devenues fades dans leur abondance! Salomé porta l'horrible présent à Hérodiade, qui, dans son impuissante colère de femme, prit une des aiguilles qui soutenaient ses cheveux, et en perça la langue sainte et courageuse qui avait osé blâmer ses crimes et inquiéter sa fortune.

IX

Des hommes et des lois, voilà ce que Moïse, en mourant, laissait à Josué, son successeur. Les lois étaient sages et harmonieusement combinées; une vie de fatigues et de privations, un exil de quarante ans parmi les sables et les montagnes du désert, des luttes à main armée contre les tribus limitrophes, tous ces efforts avaient aguerri les hommes. Mais le sol leur manquait encore, le sol qui est pour les peuples ce que le foyer domestique est pour les individus, l'asile cher et sacré des richesses les plus précieuses et des joies les plus douces, le point où se concentre la force d'attaque et de résistance, la source féconde où s'alimente la vie. Les races nomades, comme les Hébreux dans les solitudes de l'Arabie, ne sont qu'un rudiment de peuple; les races que le glaive de la conquête sépare de leur tronc vivant, et jette sans racines sur la terre étrangère, ne sont plus qu'un débris de peuple : les unes et les autres, semblables à des ombres, passent sans bruit dans l'histoire de l'humanité jusqu'au jour où elles se fixent sur des régions envahies, ou recommencent sur la tombe de leurs aïeux une nouvelle existence. Il est vrai que les peuples vaincus peuvent emporter dans leur dispersion l'idiome national pour chanter la patrie, et leur cœur pour la chérir; mais ils ne peuvent lui rendre son nom et sa prospérité qu'en la faisant asseoir sur un sol défendu par leur épée, cultivé de leur main, et marqué du sceau de leur génie et de leur liberté.

Près de constituer définitivement les Hébreux en leur donnant

était au printemps, dans le premier mois de l'année hébraïque. Les pluies de la saison et les torrents de neige fondue, tombés des montagnes, avaient considérablement grossi le Jourdain qui coulait à pleins bords. Cependant les prêtres n'eurent pas plutôt posé le pied dans les flots que les eaux supérieures, s'amoncelant sur elles-mêmes, remontèrent de plusieurs lieues vers leur source, tandis que les eaux inférieures suivirent la pente naturelle qui les entraînait au lac Asphaltite. L'arche fit une halte au milieu du courant desséché, afin de donner à la multitude le temps de le franchir. En effet, la multitude, guerriers, femmes et enfants, passèrent sans obstacle d'une rive à l'autre. Les indigènes ne défendirent pas leur sol, soit qu'ils se crussent assez protégés par le fleuve qui n'a pas moins de douze ou quinze pieds d'eau dans la saison du printemps, soit que leur courage fût glacé par le même bras qui tenait le Jourdain suspendu, et que Jéhovah, comme il l'avait promis à Moïse, fît marcher l'effroi devant les Hébreux, en livrant à leurs armes l'ennemi frappé comme d'une terreur panique[1]. C'est au souvenir impérissable de cette merveille, accomplie sous les yeux de deux millions de témoins, que le grand poëte de la nation hébraïque demandait aux flots du Jourdain, comme à ceux de la mer Rouge, s'ils n'avaient pas vu la face ou senti la main de Jéhovah lorsque l'épouvante leur faisait rebrousser chemin, et si le Dieu d'Israël n'avait pas assez distingué sa cause de celle des vaines idoles, en arrêtant le cours de la nature par ces éclats inimitables de puissance souveraine.

On a dit qu'il existe dans le Jourdain plusieurs gués et que peut-être le passage des Hébreux n'a rien d'étonnant. Mais d'abord, de l'aveu de tous, le Jourdain, débordé au mois d'avril, n'est guéable nulle part et n'a pas moins de douze ou quinze pieds d'eau. Ensuite, quand il est plus bas, il mesure encore dix pieds, si ce n'est à l'endroit où, selon toute apparence, les Israélites l'ont fran-

---

[1] Josué, chap. III et IV.

chi. Là, il est vrai, le courant n'a que trois ou quatre pieds de profondeur ; mais il est si rapide que des nageurs même excellents peuvent à peine le traverser, car il a cinquante ou soixante pieds de large. Or les Hébreux avaient les vieillards, les femmes et les enfants que suppose une population de deux millions d'hommes ; ils devaient traverser le Jourdain, non en automne où le gué n'a que trois ou quatre pieds, mais au printemps où il en a cinq ou six. Par le fait, ils l'ont traversé sans planches ni bateaux, à pied sec et dans les jours de sa crue la plus forte, croyant assister à un événement surnaturel qu'ils ont laissé raconter ensuite, comme nous laissons raconter les batailles de Fontenoy et d'Austerlitz. De deux choses l'une : ou bien il faut admettre le récit de Josué qui est simple et sans faste, plein de détails et de circonstances évidemment historiques, revêtu de caractères plus nombreux de véracité que n'en présentent les annales d'aucun peuple, ou bien il faut prétendre qu'on peut faire croire et dire à deux millions d'hommes qu'ils ont passé un fleuve à pied sec, tandis qu'ils avaient de l'eau jusque sous les bras et par-dessus la tête. En ce dernier cas, les contradicteurs de la Bible devraient recommencer l'épopée de Moïse et de Josué, faire pleuvoir la manne, mettre en fuite les fleuves débordés, abattre au seul bruit de leur parole, comme au son d'une trompette magique, les difficultés insurmontables qui arrêtent et fatiguent les nations modernes, ou du moins nous faire croire et dire qu'ils opèrent toutes ces merveilles. La Bible en serait bien honteuse, et il leur convient de lui infliger cette humiliation.

Au reste, le Jourdain n'est guère accessible qu'à l'endroit où l'on dit que les Hébreux l'ont traversé ; partout ailleurs, il coule entre des rives creusées à pic et fort élevées. Il a un cours généralement rapide, hormis à son embouchure où il se ralentit, comme s'il portait à regret ses eaux à la mer Morte. Ses sources, car il en a plusieurs, sont à huit cents pieds au-dessus du niveau de la Méditerranée, et la mer Morte où il se jette est à treize cents pieds au-dessous de ce même niveau ; en sorte que la pente totale du Jourdain est considérable et sa marche souvent impétueuse. La vallée où il se précipite est remarquable entre toutes les vallées du globe, parce que nulle autre n'est autant déprimée sur une aussi grande étendue. Du lac de Tibériade au lac Asphaltite, il fait environ quarante lieues; sa plus grande largeur n'excède pas cent cinquante pieds. Les sinuosités de sa route sont nombreuses et très-marquées; ce qui faisait dire aux anciens qu'il s'égaye et se promène quand il en trouve l'occasion [1]. Il court en murmurant sous la verdure; car ses bords sont ombragés de chênes, de cyprès, de saules, de tamarins et d'acacias, d'arbres de toute sorte, tantôt étalant leur feuillage sur une ligne sans profondeur, tantôt disposés soit en fourrés épais où se retirent les onces et les chacals, soit en gracieux bosquets où chantent paisiblement les oiseaux.

Le Jourdain sort de l'Anti-Liban; ses sources réunies se jettent dans le lac Houlé, à quatre lieues de Banias, l'ancienne Césarée de Philippe. Ce lac n'a guère qu'une lieue de longueur; après l'avoir traversé, le Jourdain passe sous le pont de Jacob, en formant un courant large de trente-cinq pieds, très-rapide et très-profond, puis entre dans le lac de Tibériade ou de Génésareth, un des plus beaux qu'on puisse admirer. Au-dessous, à l'est de la plaine d'Esdrelon, il perd de sa profondeur et étend sur un lit de cent pieds de large ses eaux douces, bleues et transparentes. Le Jourdain n'est pas navigable; avant ces dernières années, personne n'avait tenté de vaincre les obstacles nombreux qu'il oppose à toute embarcation. Un Anglais en 1847, et un Américain en 1848, l'ont parcouru néanmoins dans toute son étendue, du lac de Tibériade à la mer Morte. Il y a des brisants et des écueils sans nombre; les canots franchirent vingt-sept fois des passages d'une rapidité effrayante, et donnèrent souvent contre des rochers. L'approche de la mer Morte se fit sentir par une odeur de soufre, et lorsque les barques y furent entrées, la vague, lourdement poussée par le vent, les battit avec une sorte de profond murmure,

---

[1] Pline, *Histoire naturelle*, liv. V, chap. xv.

pendant que les explorateurs voyaient leurs habits et sentaient leurs visages se couvrir d'incrustations salines [1].

X

L'Arabe et le Grec qui accompagnent le voyageur n'aperçoivent pas plus tôt le Jourdain qu'ils le saluent d'un cri de joie et vont y boire ou s'y laver avec des signes de respect. C'est non loin de l'endroit célèbre par le passage de Josué que se fait l'immersion des pèlerins, selon un usage qui remonte aux premiers temps de l'ère chrétienne. Toutes les chroniques du moyen âge racontent qu'après avoir visité la ville sainte et Bethléem, les voyageurs et les guerriers d'Occident allaient cueillir des palmes dans la campagne de Jéricho, boire de l'eau du Jourdain et se purifier dans ses flots consacrés. « Les pèlerins et même les indigènes ont l'habitude de laver leurs corps et leurs vêtements dans le fleuve avec une extrême dévotion, parce que notre Rédempteur, ayant été baptisé dans ces eaux par le bienheureux Jean, les a sanctifiées par le contact de sa chair très-pure et leur a donné une force régénératrice [2]. » La commune opinion des Églises chrétiennes, c'est que la rive occidentale du Jourdain, un peu au-dessus de son embouchure dans la mer Morte, fut le théâtre de la manifestation du Fils de Dieu. Car on sait que, lorsqu'il eut reçu le baptême et quitté le fleuve pour prier, les cieux s'ouvrirent, et une voix se fit entendre : « Voici, dit-elle, mon fils bien-aimé en qui j'ai mis mes complaisances [3]. » Et en même temps une colombe, figure de la vertu d'en haut, dont la douceur est infinie, descendit sur lui et le désigna comme l'envoyé de l'Éternel. Dès les premiers siècles du Christianisme, on était persuadé que cette manifestation glorieuse avait eu lieu à cinq milles

---

[1] *Rapport de M. Jomard à la Société géologique de Paris, sur le voyage d'exploration de M. Linch.*
[2] Jacques de Vitry, liv. I; Albert d'Aix, liv. VII; Guillaume de Tyr, liv. IX.
[3] Saint Matthieu, chap. III ; Adamannus, *les Saints Lieux*, liv. II.

au-dessus du lac Asphaltite, sur le point d'intersection du Jourdain par une ligne tirée du mont Nébo à Jéricho, et là peut-être où s'opéra le passage des Hébreux. Telle est du moins la tradition que les auteurs ecclésiastiques nous ont transmise : Grégoire de Tours la rapporte ; elle est consignée dans les chroniques des croisades ; on la trouve encore établie dans le pays. L'impératrice Hélène avait fait bâtir, à l'endroit vénéré, un édifice religieux, souvent abattu, souvent relevé, enfin détruit; longtemps on y put voir une simple croix de bois, de la hauteur d'un homme et au pied de laquelle roulait le plus saint des fleuves.

C'est sur les bords du Jourdain que vécut Marie d'Égypte, fuyant les hommes et cherchant Dieu qui sauve les cœurs touchés de repentir. Marie appartenait à cette famille d'âmes véhémentes et orageuses qui s'enfoncent dans le mal avec un effroyable mépris d'elles-mêmes et une dévorante énergie, et qui, la fascination des choses sensibles une fois rompue, se retournent vers Dieu avec toute leur puissance d'aimer, agrandie encore par le souvenir d'illusions insensées et le douloureux sentiment de leurs fautes. Elle sortit du crime pour s'attacher à la pénitence avec un courage qui fait peur. Elle vécut dix-sept ans des herbes et des racines insipides que le désert lui offrait. Elle eut beaucoup à souffrir des rigueurs de l'hiver et des ardeurs de l'été, tour à tour brûlée par le soleil et saisie par le froid, au point de rester à terre, immobile et presque sans vie. Mais ce qui fatiguait cruellement sa constance, c'étaient les retours effrénés de sa pensée vers une vie sensuelle : sa mémoire impitoyable réveillait à tout moment l'incendie de ses passions mal éteintes. La paix lui fut enfin rendue, sa pénitence s'acheva, et, un jour, on trouva dans le désert un cadavre étendu, les mains croisées, le visage tourné vers l'Orient et, tout auprès, cette inscription tracée sur la terre : Ensevelissez ici le corps de la misérable Marie; rendez à la poussière ce qui est poussière, et priez Dieu pour moi [1].

---

[1] *Vie de sainte Marie d'Égypte*, Collect. des Bollandistes, tome I d'avril.

Entre le Jourdain et Jéricho s'étend une campagne d'environ deux lieues. A partir du fleuve, elle s'élève par degrés très-sensibles que séparent l'un de l'autre des plaines tout unies. Aujourd'hui le sol en est triste et aride : c'est un sable blanc dont la surface paraît empreinte de sels que les évaporations de la mer Morte répandent dans le voisinage, ou qui peut-être font naturellement partie du sol. A une demi-lieue de la ville se trouvait autrefois Galgala, dont il ne reste aucun débris, mais qui montrait encore ses ruines au temps de sainte Paule et d'Arculfe. C'est là que Samuel rendit la justice et brisa la royauté de Saül[1] ; c'est là que Josué réunit douze pierres extraites du Jourdain, en témoignage de la merveille qui venait de s'accomplir ; c'est là qu'un guerrier inconnu l'aborda tout à coup, une épée nue à la main et lui dit : « J'ai livré à tes coups Jéricho, son roi et tous ses défenseurs. Que toute l'armée fasse le tour de la ville au son de la trompette, une fois par jour, six jours de suite ; le septième, vous ferez sept fois le tour de la ville, et les prêtres, marchant devant l'arche d'alliance, sonneront de la trompette. Puis, lorsque la voix des instruments aura fait entendre à vos oreilles de plus longs éclats, alors la multitude poussera un formidable cri d'ensemble ; les murailles de la ville tomberont d'elles-mêmes, et chacun entrera par la brèche qui sera devant lui. » Le siége de Jéricho s'ouvrit, en effet, sur ce plan. Il dura sept jours. Les opérations commençaient le matin. Des hommes de guerre marchaient en tête ; puis des prêtres, sonnant de la trompette, précédaient l'arche ; enfin toute la multitude suivait sans confusion et sans cris. Le tour de la ville ainsi fait, on rentrait dans le camp. Cette stratégie nouvelle dut paraître bien inoffensive aux assiégés, qui avaient de bonnes fortifications. Toutefois, le septième jour, les évolutions se multiplièrent ; enfin, de longs éclats de trompettes retentirent, un long cri s'éleva de toutes les bouches à la fois, et les remparts tombèrent, ouvrant une brèche devant chaque guerrier[2]. La plus grande force des peuples

[1] *Livre des Rois*, I, chap. VII-XIII.
[2] Josué, chap. VI.

n'est pas dans les murailles qui hérissent les villes, ni dans le fer qui arme les bras, mais dans la foi qui remplit et agite les âmes; car il n'y a pas de glaive rougi au feu de Damas qui ne s'arrête ou ne se brise enfin devant une idée.

Les Hébreux traitèrent avec une suprême rigueur la ville de Jéricho. Non-seulement les hommes capables de porter les armes, mais les vieillards, les enfants et les femmes, excepté Rahab et sa famille, tout périt par l'épée; les animaux mêmes furent égorgés. Ce que le glaive n'avait pas atteint, le feu le dévora. L'or, l'argent, le fer et l'airain furent réservés pour servir plus tard aux pompes du culte religieux. Telle était la sévérité des ordres donnés par le général qu'on lapida un guerrier qui avait retiré de l'incendie et caché dans sa tente quelques objets précieux, de l'or, de l'argent et un manteau d'écarlate. Ensuite Josué prononça des imprécations sur les débris de Jéricho; souvent les anciens peuples dévouèrent ainsi à une sorte de mort éternelle les villes qui leur avaient résisté avec gloire, ou qui n'auraient pu renaître sans leur causer de l'inquiétude. Ces mesures sanglantes avaient pour objet de faciliter la conquête en dispersant les indigènes à force de terreur, ou bien en les amenant à se soumettre sans lutte. Du reste, les docteurs juifs prétendent que Josué portait écrit sur ses étendards : S'enfuie, se rende ou se batte qui voudra. Il est au moins certain que les indigènes se partagèrent entre ces trois résolutions : les uns prirent la fuite, sans qu'on sache en quelle région l'épouvante les entraîna; d'autres firent alliance avec le vainqueur aux conditions qu'il voulut leur imposer; le plus grand nombre tenta le sort des armes [1].

Jéricho fut rebâtie avec le même nom, et presque à la même place : l'aspect de la campagne voisine était alors si beau et le sol si fertile! Des eaux courantes y promenaient la verdure et la fraîcheur. Là croissaient en foule des palmiers qui produisaient un revenu considérable, et l'arbre d'où l'on tirait le baume tant vanté de la Judée, et

---

[1] Josué. chap. vi et suivants.

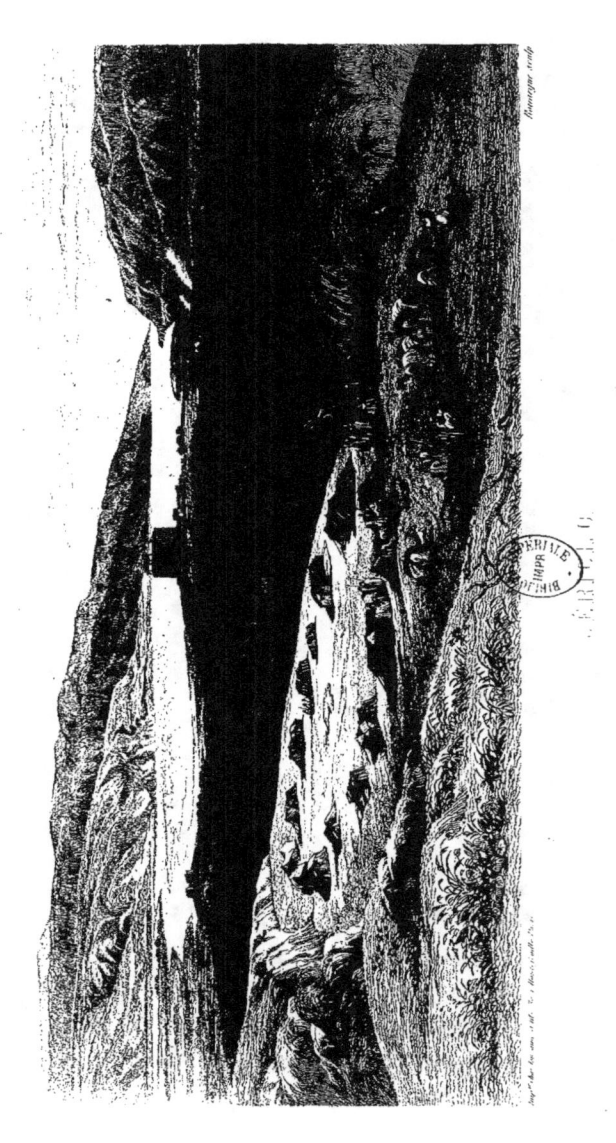

donnent un miel peu différent du miel ordinaire qu'on trouve ici en abondance. Il y a beaucoup de cyprès et de ces arbres qui distillent le baume, précieuse liqueur que n'égale aucun fruit. Assurément, une contrée où croissent tant de choses si excellentes a quelque chose de divin, et je doute qu'en tout le reste du monde aucune autre lui soit comparable. La cause en est tout entière, à mon avis, dans la chaleur de l'air et dans le singulier pouvoir qu'a cette fontaine de contribuer à la fertilité de la terre : l'un fait épanouir les feuilles et les fleurs, l'autre fortifie les racines en y augmentant la sève durant les ardeurs de l'été, qui sont extraordinaires en ce pays, et qui, sans ce tempérament, rendraient la végétation très-difficile. Toutefois, si grande que soit la chaleur, le matin un léger vent s'élève et rafraîchit l'eau qu'on puise avant le lever du soleil; en hiver, elle est tiède, et l'air est si doux que, là, un simple vêtement de toile suffit, quand il neige dans les autres endroits de la Judée. Ce pays est à cent cinquante stades de Jérusalem, et à soixante du Jourdain. Du côté de Jérusalem, il n'y a que pierres et solitude; du côté du Jourdain et de la mer Morte, le sol, pour être moins élevé, n'en est ni plus fertile ni moins inculte[1]. »

Aujourd'hui même, la fontaine pare ses bords d'une gracieuse et riche végétation. Elle forme un ruisseau qui a six ou huit pouces de profondeur, et six ou huit pieds de largeur; ses eaux roulent doucement sur le sable entre deux lignes de verdure qui forment une petite forêt. Les arbres qu'on rencontre autour de Jéricho sont le figuier, l'olivier, le grenadier; on y voit aussi de la vigne; mais des palmiers et des roses qui faisaient la gloire de l'antique cité, les unes ont disparu et les autres s'en vont. La rose que l'Écriture a célébrée est-elle la même fleur que les modernes appellent rose de Jéricho? On peut en douter; ce qu'il y a de certain, c'est qu'on ne la trouve plus dans le pays qui lui a donné son nom. C'est une plante de la famille des crucifères, dont la fleur est d'abord rouge, ensuite blan-

---

[1] *De la Guerre des Juifs*, liv. V, chap. IV; *Livre des Rois*, IV, chap. II.

liqueur que l'on recueille au moyen d'un roseau ou autre bois creux introduit dans l'ouverture. Les Arabes vendent cette liqueur aux droguistes de Jérusalem, qui l'emploient, dit-on, contre les catarrhes violents et opiniâtres[1]. »

La fontaine d'Élisée prend sa source à une lieue de Jéricho, dans le désert de la Quarantaine, ainsi nommé parce que Jésus-Christ s'y retira pour accomplir son jeûne de quarante jours, avant de commencer ses courses évangéliques. On y voit une montagne élevée d'où l'esprit de ténèbres montra les quatre points du ciel au Sauveur, en lui disant : « Je te donnerai tous ces royaumes, si tu te prosternes pour m'adorer. » La montagne se dresse, sous la forme d'une pyramide triangulaire, plus haut que tous les pics voisins ; ses flancs, d'une teinte grise et jaunâtre, ne sont revêtus d'aucune plante; leur escarpement prodigieux rend la cime presque inaccessible : on n'y peut monter qu'en se prenant aux angles et aux saillies du roc, et l'on n'en peut descendre sans trouble et sans vertige, à cause des profonds abîmes au-dessus desquels on est suspendu. De là « nous regardions la caravane qui estoit encore arrestée, au moins la plus grande partie d'icelle, au même lieu où nous l'avions laissée, à deux grandes lieues de là, qui ne paroissoit qu'un peloton, et nos gens qui étoient au bas de la montagne comme des enfants, et les chevaux comme des moutons, et regardant le précipice qui estoit sous nos pieds plus profond que les tours de Notre-Dame n'ont de hauteur, nous frémissions de crainte et d'appréhension, considérant qu'il falloit retourner[2]... Le plus assuré, continue l'ingénieux et le naïf explorateur, c'est de ne pas donner entrée à la crainte, oster les souliers, se glisser doucement tout assis, se bien tenir et appuyer contre la roche, quoyqu'elle brusle de l'ardeur du soleil, et ne s'épouvanter nullement. » Dans la partie inférieure de la montagne, on voit aujourd'hui des cellules et des grottes avec des débris d'autels ; il y eut un temps où des hommes religieux s'y réfugièrent en foule, attirés par le parfum des souvenirs

---

[1] Burckhardt, *Voyage en Syrie et dans la Terre-Sainte*.
[2] Doubdan, *Le voyage de la Terre-Sainte*, chap. xxxv.

gneur, celui que vous aimez est malade. » On sait que le Fils de Dieu ne se rendit pas sur-le-champ à l'invitation de secourir son ami ; car il désirait donner une preuve éclatante de sa mission divine en commandant à la mort avec une souveraine autorité. On sait aussi que, touché de compassion à la vue des larmes versées par les sœurs et les amis de Lazare, il pleura lui-même et vint au sépulcre où le mort était enterré depuis quatre jours. Là, de cette voix qui a tiré les mondes du néant, qui rappelle à la vérité les intelligences perdues dans la nuit de leurs erreurs et ranime le cadavre d'une volonté pervertie, il donna des ordres à la mort : « Lazare, dit-il, sortez. » Et Lazare sortit, les pieds et les mains liés de bandelettes, et le visage enveloppé d'un suaire [1]. La plupart des Juifs venus pour consoler Marthe et Marie eurent foi en Jésus-Christ, dont la parole exerçait sur le trépas un empire si prodigieux et si divin ; les autres voulurent, au contraire, le faire périr, comme si on pouvait étouffer la vérité dans le sang de celui qui la prêche, et comme si Dieu, qui réveille la cendre des morts, ne pouvait, à son gré, dessécher et abattre la main des vivants !

La maison de Lazare et de ses sœurs fut changée en église dès le temps des apôtres ; plus tard, on bâtit un couvent sur le sépulcre qui avait rendu son hôte de quatre jours au commandement du Sauveur. Le tombeau de Lazare, tel qu'il existe aujourd'hui, est une cavité creusée dans la roche, et où conduit un escalier de vingt-cinq ou trente marches ; un autel s'y trouve. Les ruines que l'on montre, dans la partie la plus élevée du village, et qu'on nomme vulgairement château de Lazare sont les restes du couvent fortifié que la reine Mélisende, femme de Baudouin III, y fit construire pour honorer les hôtes du Christ [2]. Le village lui-même, appelé Lazarieh, garde en son nom comme en ses ruines la mémoire de celui que Jésus aima. La population de Lazarieh, composée d'environ trente familles chrétiennes ou musulmanes, habite de pauvres cabanes ou cavernes, et cultive les

---

[1] Saint Jean, chap. xi.
[2] Guillaume de Tyr, liv. XV.

CHAPITRE SEPTIÈME

DE JÉRUSALEM A NAZARETH

Gloire et misère de la Judée, la route de Naplouse, l'honneur d'une femme. — La vision de Jacob, le cantique d'une mère, le tombeau de Joseph. — Jésus et la Samaritaine, les monts Hébal et Garizim, Naplouse. — Samarie, le tombeau de saint Jean, la campagne d'Esdrelon. — Le Thabor, la Transfiguration, Saül à Gelboé, l'élégie de David. — La mort d'un général et l'hymne de Débora, la vigne de Naboth et le châtiment de Jézabel. — Le mont Hittin et le désastre des croisés, Junot et Kléber à Loubi, bataille du mont Thabor. — Nazareth, le monde romain, l'église de l'Annonciation, la réhabilitation du travail. — Nul n'est prophète en son pays, la véritable beauté de la femme, Jacques de Maillé dans la campagne de Nazareth.

I

« Si les hommes se taisent, les pierres crieront [1]. » Cette ville de Jérusalem dont les rues sont mal bâties et plus mal entretenues, dont l'aspect est misérable et désolé, c'est la mère des vieux prophètes, la maîtresse des apôtres, la gloire et l'amour des chrétiens, la reine du monde, la cité de Dieu. De ses murs est sortie une société qui vit, enseigne et agit. Il y a dix-huit siècles, cette société, qui s'appelle l'Église, a été plantée, ainsi qu'un grain de senevé, au milieu des nations ; le fer des bourreaux et les déchirements du schisme et de l'hérésie l'ont mutilée, mais en vain : ses racines, arrosées du sang généreux de ses enfants, acquirent de la force au lieu d'en perdre, renversèrent le vieux tronc du monde païen et en cachèrent les débris sous les flots d'une sève céleste et sous les

[1] Saint Luc, chap. xix.

moins Josèphe dit que, de son temps, le plus petit bourg de la Galilée comptait quinze mille habitants [1]. La Judée avait alors quatre millions d'âmes ; à la fin du dix-huitième siècle, elle en avait trois cent mille ; elle n'en aura plus dans deux siècles, si l'empire turc ne meurt pas avant ce terme. Encore, si peu qu'il y reste d'hommes, ils n'échappent point à la misère : vingt fois moins nombreux qu'au temps de David, ils sont beaucoup plus pauvres sous l'absurde législation que le Coran a inspirée. Dur et indiscipliné, autant ami de la rapine qu'il est ennemi du travail, l'Arabe pille et ravage, il ne cultive pas. Il court avec sa tribu sur la tribu voisine, la rançonne, coupe ses arbres, détruit ses récoltes, enlève ce qu'il peut, et brûle tout le reste.

La route de Jérusalem à Naplouse, exposée à de pareilles incursions, présente peu de sécurité, beaucoup de ruines et, du moins en partie, un sol inculte. Elle est pierreuse et infréquentée ; souvent même on perd la trace de ce chemin où passèrent les flots d'un peuple actif et les armées romaines. Sur les hauteurs, quelques pierres éparses auxquelles d'anciens noms demeurent attachés ; sur le flanc des collines, quelques broussailles qui percent la roche ; dans le creux des vallées, une ligne ou un bouquet de verdure formés par le feuillage des oliviers et des figuiers : tel est le spectacle uniforme qu'on a sous les yeux, de Jérusalem au village d'Elbir, situé entre la ville sainte et Naplouse.

Après deux heures de marche, au milieu de ce désert, on trouve des degrés taillés dans le roc, quelques pierres dispersées, un fragment de colonne, qui marquent l'emplacement de Gabaa, cette ville où périt sous les outrages la femme du lévite d'Éphraïm, lâchement abandonnée par son mari. On le sait, les anciens peuples avaient conjuré l'humiliation de la femme : ici, elle était regardée comme une propriété de l'homme, comme une chose et non comme une personne ; là, par l'effet de la polygamie légalement autorisée ou

---

[1] *De la Guerre des Juifs,* liv. III, chap. III.

mesure d'un châtiment légitime : ce n'est pas une répression tombant sur les coupables avec fermeté, mais aussi avec discernement ; c'est la justice emportée par une fureur sauvage, faisant une aveugle application du principe de la solidarité, et frappant de son glaive l'innocence et le crime, parce qu'ils habitent le même sol et respirent dans la même atmosphère. Toutefois, et quoiqu'il faille blâmer l'excès où s'égara, par le fait, une vengeance légitime en principe, il y a dans cette sévérité même, il y a dans cet ébranlement de toute une nation armée pour l'honneur d'une femme, quelque chose qui impose à l'âme. On se rappelle la vieille Rome jurant sur le poignard de Lucrèce la haine et l'extinction des Tarquins, entraînant ses fils dans une protestation formidable contre l'insulte faite à la chasteté conjugale, et, pour inaugurer sa grande république, vengeant l'honneur d'une femme avec un éclat qui resplendit sur toutes les pages de ses annales.

II

Deux rochers qui s'élèvent en pyramide à l'ouest d'un village que les Arabes nomment Schafat, un autre village qu'ils nomment El-Ram ; plus loin, la fontaine et le hameau d'El-Bir, et des ruines tout auprès ; ici des hauteurs nues et incultes, mais ondoyantes et gracieuses ; là des campagnes désolées et des villes détruites, les emplacements de Machmas, Haï, Béthaven ; ailleurs des cabanes jetées par groupes entre des plants de vignes et d'oliviers : en contemplant ce panorama, le voyageur ne peut que songer à Béthel où Jacob eut sa vision miraculeuse, et à Silo où l'arche demeura longtemps, et où Samuel rendit la justice ; car Béthel et Silo, l'arche et la justice ont également disparu, et on ne les retrouve plus que dans les souvenirs de l'histoire.

Lorsque Jacob fuyait vers la Mésopotamie, afin d'éviter la colère d'Ésaü et d'épouser une femme de sa race et de sa croyance, après avoir marché tout le jour, il s'arrêta, pour prendre du repos, à Luza,

TOMBEAU DE JOSEPH.

tairont dans leurs ténèbres, parce que l'homme, avec toute sa force, n'est que faiblesse [1]. » Ainsi parlait Anne consolée. Simple femme, elle avait puisé dans la religion une vérité de pensées que les philosophes païens n'égalent pas, et une chaleur de sentiments qui dépasse sans doute l'enthousiasme factice des poëtes. Dédaignant l'harmonie de syllabes étudiées, elle a ouvert son âme avec simplicité, et les nobles paroles en ont découlé comme naturellement et sans effort; car les nobles paroles, aussi bien que les grandes œuvres, viennent d'un cœur placé dans le vrai, et l'homme du peuple, la femme et l'enfant, dès que la vraie religion les éclaire, savent éprouver et exprimer des sentiments magnanimes. Parce que la vérité et la vertu sont le droit et le devoir de tous les membres de la famille humaine, il faut que les splendeurs du génie que tous n'ont pas puissent être couvertes et effacées par les richesses du cœur que tous sont libres d'avoir.

En avançant vers Naplouse, on a sous les yeux un aspect nouveau. Les flancs et le pied des collines sont revêtus de moissons; des bouquets de bois couronnent le sommet des montagnes; les ravins sont verdoyants et le sol fleurit sous la culture, quoiqu'on n'y voie pas d'eau, du moins en été. Le pays est montueux et pittoresque comme la Judée, mais plus riant et plus peuplé; moins exposés à la rapacité des Bédouins, les habitants peuvent nourrir l'espérance de faire la récolte, et ils travaillent avec quelque soin. Le blé, le coton, l'olivier donnent des produits abondants; le commerce et l'industrie pourraient y faire affluer les richesses si un gouvernement actif ouvrait et assurait des routes au milieu de ces montagnes et de ces gorges profondes qui rendent aujourd'hui la Samarie presque inaccessible.

Dans un vallon orné de bosquets fleuris et d'eaux courantes, au pied des monts Hébal et Garizim, célèbres dans l'histoire sacrée, on trouve Naplouse, le puits de Jacob et le tombeau de Joseph. Ce dernier monument n'a rien de remarquable, mais il est gardé par

---

[1] *Livre des Rois*, I, chap. I et II.

lites emmenés captifs à Ninive (724 ans avant J.-C.). Une inimitié profonde les sépara toujours du peuple juif, soit parce qu'elles rappelaient la conquête, soit surtout parce qu'elles avaient apporté de leur pays le culte des idoles, et qu'en adoptant la loi de Moïse, elles l'avaient défigurée par le mélange d'institutions païennes : au lieu de se rendre à Jérusalem pour y offrir à Dieu les sacrifices prescrits, elles avaient élevé un temple sur la montagne de Garizim, à l'ouest et tout près de leur capitale. Les sentiments mutuels de haine et de mépris se sont perpétués entre les deux races et ils durent encore; car il reste des Samaritains en Syrie et surtout à Naplouse. Quoique leur temple de Garizim soit détruit depuis deux mille ans, ils ne laissent pas d'aller sur sa dernière ruine offrir encore des sacrifices, à la manière de leurs aïeux.

Jésus, traversant cette contrée, arriva dans le voisinage de la ville, près de l'héritage que Jacob avait transmis à Joseph et qui lui avait coûté cent agneaux livrés en échange aux enfants d'Hémor. Il y avait là une source d'eau vive que l'on appelait encore, après vingt siècles, le puits de Jacob. Jésus étant fatigué, s'assit sur le bord de la fontaine pour y prendre du repos. Ses disciples se rendirent à la ville pour acheter des vivres. Le jour était à son milieu. Une femme vint puiser de l'eau à la fontaine. « Donnez-moi à boire, lui dit Jésus. — Vous qui êtes de la Judée, répondit-elle, comment me demandez-vous à boire, à moi qui suis Samaritaine? car les Juifs n'ont pas de communication avec les Samaritains. — Si vous connaissiez le don de Dieu et qui est celui qui vous dit : Donnez-moi à boire, peut-être lui eussiez-vous fait la même demande, et il vous aurait donné une eau vive. — Seigneur, vous n'avez rien pour puiser l'eau, et le puits est profond, d'où auriez-vous donc une eau vive? Êtes-vous plus grand que Jacob, notre père [1], qui nous a

---

[1] Les Samaritains ne descendaient pas de Jacob; mais il y avait parmi eux des familles israélites que le vainqueur n'avait pas transportées à Ninive, ou qui étaient revenues sur le sol natal après une longue captivité. En outre, l'adoption de la loi mosaïque par les Samaritains et leur fusion politique avec les Juifs infidèles amenaient naturelle-

vertu, cette femme que l'entraînement des sens avait séduite. Ainsi connut-elle l'eau vive de la doctrine qui apaise le bouillonnement des passions et emporte vers Dieu tous ceux qu'elle a désaltérés dans son cours. C'est sur les bords de ce fleuve mystérieux que tant d'esprits élevés et de cœurs droits sont venus, depuis dix-huit siècles, chercher le repos, le rafraîchissement et l'ombrage, et fixer leur âme comme une plante dont les racines touchent à la terre, mais dont la cime fleurit pour le ciel.

Le puits de Jacob reçut des chrétiens le nom de la Samaritaine; ils y bâtirent une église qui attirait les pèlerins au temps de saint Jérôme, et qui fut visitée au huitième siècle par saint Antonie, Adamannus et Willibald. Mais quatre ou cinq cents ans plus tard, elle avait cessé d'exister; car les relations parlent seulement d'un autel où l'on disait la messe une fois par an. Aujourd'hui quelques tronçons de colonnes qui paraissent avoir appartenu soit à l'église, soit à un couvent érigé, dit-on, par sainte Hélène, gisent sur le sol, non loin du puits célèbre, que rien ne signale à l'attention du voyageur et qui sans doute sera bientôt comblé.

Hébal et Garizim sont d'une hauteur égale et d'une forme semblable; une vallée qui a mille pas de large les sépare l'un de l'autre. Hébal est stérile; Garizim est aussi dépouillé sur son flanc oriental, qui regarde Naplouse; mais son versant occidental est couvert d'un bois qui touche à la forêt de Césarée. C'est là qu'après la conquête de la Terre promise s'accomplit une cérémonie grandiose et digne des temps anciens. Josué plaça le peuple sous la protection divine, en le confirmant dans le respect de la loi. Un autel fut dressé sur l'Hébal, selon le rite prescrit, et des victimes y furent immolées. On porta l'arche entre les deux montagnes; autour se rangèrent les prêtres, les lévites, les juges, les officiers de l'armée et les anciens du peuple. Six tribus se tinrent sur le Garizim, et six sur l'Hébal. Le général en chef bénit la foule et récita les paroles de gloire et de malheur prononcées par Moïse sur les exécuteurs fidèles et les violateurs du pacte solennellement conclu avec Dieu, rappelant ainsi les condi-

se balancent autour de ses maisons, et qu'une eau limpide se promène dans sa campagne, la beauté pittoresque de cette position y rappelle bientôt les habitants que les secousses du sol et la guerre avaient dispersés. Du reste, la ville n'a pas dix mille âmes; on y trouve le mouvement et l'activité que la Palestine peut offrir; mais les rues sont étroites et fangeuses, les murailles basses, sans fossés et sans tours; un régiment français entrerait en maître dans Naplouse après trois volées de canon.

IV.

On va de Naplouse à Sébaste, l'antique Samarie, en moins de trois heures, et en avançant vers le nord-ouest, sur un sol ondulé, où l'on trouve des eaux et de la verdure. Une montagne, nommée Someron, et qui se dresse à gauche du chemin suivi par les caravanes, porte les ruines confuses de l'ancienne ville, et le village actuel de Sebustied. Samarie n'acquit de l'importance qu'après le schisme des dix tribus, et lorsque les rois d'Israël en firent leur capitale. Durant un demi-siècle, des soldats de fortune n'avaient fait que passer sur le trône; leur résidence était Sichem ou Thersa. Amri, l'un d'entre eux, affermit le sceptre dans ses mains, et choisit Samarie pour son séjour (970 ans avant J.-C.). Son fils Achab la fortifia et l'embellit à la manière des Syriens, et d'après le goût de la reine Jézabel, fille du roi de Tyr et de Sidon. Il s'y bâtit un palais tout brillant d'ivoire, et traça des rues et des places où les marchands phéniciens vinrent commercer. Elle brava les rois de Syrie, qui l'assiégèrent plusieurs fois sans la vaincre; mais elle tomba d'une chute irréparable sous les coups de Salmanasar, qui emmena les dix tribus dans la captivité (724 ans avant J.-C.)

Les murailles de Samarie ne se relevèrent que longtemps après, mais pour rester sans force et sans gloire, du moins jusqu'au règne d'Hérode. Alexandre le Grand prit la ville, en dispersa les habitants, qui avaient brûlé vif Andromaque, gouverneur de Syrie, et mit à leur

reposent les bienheureux Jean-Baptiste et d'autres corps vénérables; la sainteté de ce lieu a plu et vivement parlé à notre cœur. La piété et la bonne tenue des frères nous a puissamment excité à les chérir, eux et leur église [1]. » La dévotion publique répondit à celle du roi de France, en versant d'abondantes aumônes sur les chevaliers de Saint-Jean, ces pieux frères dont parle saint Louis. L'église fut bâtie avec les débris du palais d'Hérode; elle avait cent cinquante pieds de long sur moitié de large; les murs étaient très-hauts, comme on le voit par ce qui en reste. Le souvenir des chevaliers est tout empreint sur les dalles marquées de leur croix.

« Je ferai de Samarie une éminence qui s'élève dans un champ, et comme un lieu propre à la plantation de la vigne; j'en roulerai les pierres dans la vallée, et j'en mettrai à nu les fondements [2]. » Ces menaces sont accomplies : des blocs de pierre gisent au loin dans la vallée et sur les flancs du Someron, les chardons croissent entre les pierres amoncelées qui furent des palais, et les tronçons de colonnes rompues servent à retenir la terre des vignes au penchant de la montagne. L'enceinte de Sébaste était de moitié moins étendue que celle de Jérusalem; du haut de ses remparts, la vue plongeait au loin sur les campagnes de la Samarie et la plaine d'Esdrelon.

Deux lieues au delà de Sébustieh, on trouve Djenni, et un peu plus loin on entre dans la campagne d'Esdrelon, nommée quelquefois le Grand-Champ, la plaine de Mageddo, la vallée de Jesraël, à raison de sa conformation ou des villes qui la dominent. Elle a douze ou treize lieues de long, et cinq ou six de large; elle n'est point unie, et les renflements du terrain envoient les eaux à l'est et à l'ouest, au Jourdain et à la Méditerranée. Elle est formée par les montagnes de Nazareth et de Gelboé; elle est rompue par l'Hermon et le Thabor, qui se dressent l'un au milieu de la plaine, l'autre un peu plus au nord; elle est arrosée par le Cison et quelques autres torrents. Rien de plus fer-

---

[1] Collect. des Bollandistes, au 29 août; Tillemont, *Mémoires pour servir à l'histoire ecclésiastique*, tome I.

[2] Michée, chap. I; Keith, *Accomplissement littéral des prophéties*, V.

tile que cette contrée, et bien qu'il ne s'y rencontre que des pâtres abrités dans des masures, on voit qu'elle n'attend, pour reprendre sa place parmi les pays les plus fortunés du monde, qu'un travail intelligent, sans quoi rien ne fleurit ni ne prospère.

Malgré la paresse ottomane et les sauvages déprédations des Arabes, toute la campagne semble rire encore sous la verdure et les fleurs, tant le sol est naturellement fécond! Des plaines immenses s'étendent entre des collines d'un gracieux contour, et dont la croupe pourrait porter de riches forêts, et se couvrir d'un feuillage élégant et varié. Les broussailles épineuses, les grenadiers sauvages, les chardons gigantesques croissent en foule là où des mains laborieuses recueilleraient en abondance le blé, l'orge, le maïs, et les productions réunies des pays chauds et des zones tempérées. Par dessus cette plaine et ces amphithéâtres de collines, le ciel étincelant, net et profond, les lignes et les teintes harmonieuses des perspectives, les flots d'air et de lumière ravissent l'œil du voyageur, et lui révèlent des beautés inconnues à nos climats. Région encore plus riche de ses destinées que de son soleil! un Dieu la foula de ses pieds en y semant de nombreux miracles; elle vit, de cet obscur village de Nazareth, caché derrière le Thabor, la religion chrétienne prendre son essor et s'abattre sur le monde qu'elle tient en sa main, comme un aigle qui descendrait des nues pour couvrir de ses ailes le nid de quelques passereaux. Ici c'est la montagne où le discours des huit béatitudes inaugura dans l'univers la doctrine de l'Évangile; là c'est le village de Cana, où Jésus-Christ voulut honorer les noces de sa présence, pour faire entendre qu'il venait sanctifier le mariage, en relevant la femme courbée sous quarante siècles d'insultes; où il accomplit son premier miracle, pour donner à ceux qui l'entouraient la preuve d'une mission ratifiée par le ciel. Plus loin, c'est Naïm, où le Sauveur sécha les larmes d'une veuve, en lui rendant plein de vie son fils unique que l'on portait en terre. Voici Jesraël, où Dieu vengea le faible opprimé par le fort, en livrant à des chiens affamés les membres palpitants de Jézabel. Voilà le Gelboé, où tomba Saül, et Sunam illustré par Élisée, et le

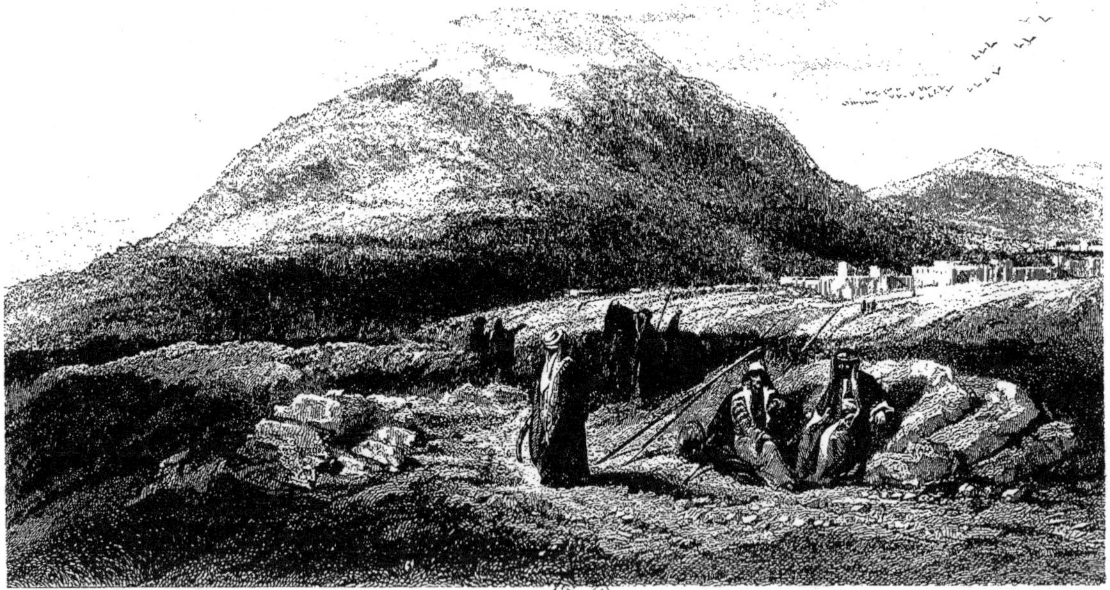

MONT THABOR.

Cison sur les rives duquel Débora la prophétesse conduisit des guerriers au combat, et chanta leur victoire. Enfin voilà le Thabor dont le front s'illumina sous la gloire du Très-Haut, et la colline que Saladin donna pour sépulcre à la royauté du débile Lusignan, et aux armées de l'Europe vainement courageuses; et encore la plaine où Bonaparte, il y a cinquante ans, fit luire l'épée de la France, et où la cendre des croisés fut consolée par les soldats de la république, plus heureux, non pas plus braves que leurs magnanimes ancêtres.

V

Le mont Thabor s'élève à l'extrémité orientale de la plaine d'Esdrelon. Il est isolé et l'on dirait un gigantesque autel que le Créateur s'est dressé de ses mains; ses flancs sont parés de fleurs et de verdure, et de ses pieds s'échappent des fontaines qui fuient sous l'ombrage. Il offre à son sommet un plateau qui n'a guère qu'une demi-lieue de diamètre, et qui est tout chargé de ruines et de souvenirs. Au sud-est, ce plateau couvre un petit oratoire bâti à l'endroit où, selon la tradition commune, s'est accomplie la merveille de la Transfiguration. Un jour, « Jésus prit avec lui Pierre, Jacques et son frère Jean, et les conduisit à l'écart sur une haute montagne, et il se transfigura devant eux. Son visage resplendit comme le soleil, et ses vêtements devinrent blancs comme la neige. Et en même temps leur apparurent Moïse et Élie s'entretenant avec lui. Alors Pierre dit à Jésus : Seigneur, il nous est bon d'être ici; si vous voulez, faisons-y trois tentes, une pour vous, une pour Moïse et une pour Élie. Il parlait encore quand une nuée lumineuse les couvrit; et de la nuée une voix fit entendre ces mots : C'est mon Fils bien-aimé; écoutez-le. A ces paroles, les disciples tombèrent la face contre terre et furent saisis d'une grande frayeur. Mais Jésus s'approchant les toucha et leur dit : Levez-vous et ne craignez point. Alors levant les yeux, ils ne virent plus que Jésus seul. Et comme ils descendaient de la montagne, Jésus leur fit cette défense : Ne dites à personne cette vision, avant que le Fils de l'homme soit ressuscité d'entre les morts [1]. »

Ce n'est point d'après l'Évangile, mais seulement d'après la tradition, que le Thabor est regardé comme le théâtre de la transfiguration du Sauveur. Saint Cyrille, Eusèbe et saint Jérôme, qui habitaient la Palestine, placent cette scène glorieuse sur le mont Thabor [2] ; des écrivains postérieurs nomment la montagne des Oliviers. Quelques voyageurs modernes ont imaginé de combattre l'ancienne opinion, en affirmant qu'il y avait une ville sur la cime du Thabor au temps où l'on y place la manifestation de Jésus-Christ. Mais cette assertion est entièrement gratuite et ne s'appuie d'aucun texte. Ce qui a pu faire illusion à des esprits inattentifs, c'est que l'historien Josèphe, comme il nous l'apprend lui-même, a fortifié le Thabor pour résister, s'il se pouvait, aux légions romaines ; mais Josèphe a fait exécuter ces travaux trente-cinq ans après la Transfiguration accomplie, et son récit ne permet pas de supposer qu'il ait trouvé une ville sur la montagne [3].

Quoi qu'il en soit, à partir du troisième siècle, le Thabor a constamment attiré la dévotion des pèlerins. Sainte Hélène y bâtit une église que visita sainte Paule. Les relations du moyen âge nous apprennent qu'il s'y trouvait trois chapelles et deux couvents au temps des guerres saintes. Les chrétiens et les musulmans se disputèrent plus d'une fois la crête de cette montagne, et la prière des religieux y fut souvent interrompue par le tumulte des batailles. En 1209, le sultan Malek-Adel s'en empara et y fit construire une forteresse environnée de dix-sept tours et défendue par une nombreuse garnison ; de là, les partis se répandaient dans la campagne et poursuivaient les chrétiens jusqu'aux portes de Ptolémaïs. Huit ans

---

[1] Saint Matthieu, chap. XVII ; saint Marc, chap. IX ; saint Luc, chap. IX.
[2] Saint Cyrille, *Catéchèse*, XII ; saint Jérôme, *Épître*, 17 ; Eusèbe, *Commentaire sur le psaume* 88.
[3] Josèphe, *De la Guerre des Juifs*, liv. IV, chap. VI.

après, les guerriers de la sixième croisade voulurent enlever cette position à l'ennemi, malgré tous les obstacles. D'énormes pierres roulaient et une grêle de javelots pleuvait sur les avenues conduisant au château-fort; mais rien n'arrêta les Francs qui escaladèrent la montagne sur les pas des Arabes, épouvantés d'un choc aussi impétueux. Tout à coup on ne sait quelle terreur agit sur l'armée chrétienne, qui se retira sans achever sa victoire, « comme si elle ne fût venue sur le mont Thabor que pour y contempler le lieu consacré par la transfiguration du Sauveur [1]. » Peu après, les croisades cessèrent. Aujourd'hui on ne trouve plus sur le Thabor que des fossés et des citernes creusés dans la roche, des restes de murailles, des pierres dispersées qui marquent l'emplacement de la forteresse musulmane et des églises chrétiennes. Les religieux de Nazareth y vont quelquefois dire la messe.

Au sud et non loin du Thabor sont les hauteurs de Gelboé, où Saül prit position pour livrer sa dernière bataille aux Philistins campés à Sunam et couvrant toute la ligne d'Aphec à Jesraël; la vallée séparait les deux camps. A l'aspect de l'ennemi, Saül parut oublier que son épée n'était pas sans force et sans gloire; il trembla d'une peur inexplicable. Pour se rassurer, il aima mieux jeter sur l'avenir un regard oisif que d'agir dans le présent avec prudence et courage : il alla consulter une nécromancienne du voisinage, la pythonisse d'Endor. « Interroge pour moi ton esprit de divination, lui dit-il, et évoque qui je te nommerai. » Elle recourut aux secrets de son art; les ténèbres de la nuit et l'effroi de Saül ne purent qu'ajouter beaucoup à l'efficacité de ses prestiges. Un fantôme de vieillard apparut et dit : « A quoi bon m'interroger, puisque l'Éternel s'est retiré de toi pour passer à ton rival? Il te traitera, en effet, comme il l'a promis par ma bouche : il t'arrachera le royaume des mains pour le transférer à David, ton gendre, parce que tu n'as ni suivi la parole de Dieu, ni exécuté le décret de sa colère contre Ama-

---

[1] Michaud, *Histoire des Croisades*, liv. XII.

lec. C'est pour cela qu'il t'envoie ce que tu souffres aujourd'hui. Il abandonnera même Israël comme toi au glaive des ennemis. Bientôt, toi et tes fils, vous serez avec moi dans la mort, et le camp d'Israël sera livré aux Philistins. » Cette réponse troubla Saül qui s'évanouit. Quand le sens lui fut revenu, il rejoignit l'armée, et, résignation ou désespoir, il retrouva, dans ce moment suprême, quelque chose de son ancienne énergie. Mourir avec ses fils à la tête de ses troupes, c'était le seul chemin glorieux qui s'ouvrît devant lui désormais; il y entra résolûment, afin de préserver ainsi d'une dernière souillure l'honneur de son nom.

Bientôt l'ennemi présenta la bataille et fit pencher la victoire de son côté. Les Israélites, pliant sous le choc, prirent la fuite ou furent taillés en pièces. Saül resta ferme au milieu du péril imminent et soutint, quelques heures, tout l'effort du combat; trois de ses fils et parmi eux Jonathas, ami de David, succombèrent dans la mêlée; lui-même, serré de près par les archers, reçut une blessure dangereuse. Alors il dit à son écuyer : « Tire ton glaive et tue-moi, de peur que ces profanes ne m'insultent en m'ôtant la vie. » L'écuyer n'osant pas lui rendre un si affreux service, le prince se perça de sa propre épée, assez fort pour mourir, mais trop faible pour supporter l'infortune. Quand David apprit cette grande ruine, il exprima publiquement sa douleur en célébrant le trépas de Saül et de Jonathas par un chant funèbre de la plus grande beauté, et que l'Écriture nous a transmis : « Vois, ô Israël ! ceux que la mort t'a ravis en les frappant sur tes montagnes ! L'élite d'Israël a succombé sur la colline : comment sont morts les braves? Ne le dites pas dans Geth, ne le dites pas sur les places d'Ascalon, de peur que les filles des Philistins ne s'en réjouissent, que les filles des profanes n'en triomphent d'aise. Qu'il ne tombe sur vous ni rosée, ni pluie, ô montagnes de Gelboé! que vos coteaux restent sans moissons, parce que là fut laissé le bouclier des forts, le bouclier de Saül, comme si l'huile sainte n'eût point touché sa tête ! La flèche de Jonathas n'est jamais retournée en arrière : elle se teignait du sang des morts, et perçait la poitrine des plus vaillants; le glaive de Saül n'a jamais été tiré en vain. Saül et Jonathas, aimables et grands dans la vie, plus agiles que les aigles, plus fiers que les lions, demeurent inséparables dans la mort. Filles d'Israël, donnez des larmes à Saül, qui vous revêtait d'écarlate parmi les délices et vous offrait des ornements d'or pour votre parure. Comment les forts ont-ils péri dans la bataille? Comment Jonathas a-t-il succombé? Je te pleure, ô mon frère Jonathas! toi si beau et plus aimable qu'une aimable femme. Je te chérissais comme une mère chérit son fils unique. Comment sont morts les braves? Comment s'est éteinte la gloire de nos armes [1] ? »

VI

De la plaine où s'élève le Thabor le torrent de Cison coule, entre de grandes herbes et des arbustes, le long de la vallée de Jesraël. C'est vers sa source que la prophétesse Débora vit plier l'armée de Jabin, et un peu plus à l'ouest que Jézabel fit tuer Naboth, pour lui prendre sa vigne.

Un jour, Débora, qui exerçait la suprême magistrature de son pays, manda Barac, de la tribu de Nephtali, et lui adressa ces paroles : « Jéhovah te dit : Conduis l'armée d'Israël sur le mont Thabor. Tu prendras avec toi dix mille combattants des fils de Nephtali et des fils de Zabulon. Je t'amènerai, vers le torrent de Cison, Sisara, général de l'armée de Jabin, et ses chariots et toutes ses troupes, et je les livrerai en tes mains. » La prophétesse partit avec Barac; sous leurs ordres l'armée alla occuper le Thabor. Averti de ces mouvements, Jabin envoya contre elle Sisara, qui, d'une part, cerna les troupes postées sur la montagne, et de l'autre garda le passage du Cison pour leur couper la retraite. Au commandement inspiré de Débora, Barac lança vivement ses dix mille braves sur l'ennemi qui se rangeait en ligne

---

[1] *Livre des Rois*, I, chap. XXXI; II, chap. I.

Sisara. Le torrent du Cison a roulé leurs cadavres. O Débora, foule aux pieds ces braves. Leurs chevaux se sont rompu la corne des pieds dans l'impétuosité de la fuite; les plus courageux soldats de l'ennemi se sont dérobés à travers les précipices. » Enfin la prophétesse loue l'intrépidité de Jahel qui fit mourir Sisara. Un trait plein de force et d'une grâce antique achève ce tableau, en représentant la mère et l'une des femmes du malheureux général, la première avec les touchantes inquiétudes d'un cœur maternel, la seconde avec des espérances qui bientôt seront cruellement déçues. « Bénie soit, entre les femmes, Jahel, épouse d'Haber! qu'elle soit bénie! Sisara lui demandait de l'eau; elle lui présenta du lait dans un vase riche et digne d'un prince. Elle prit un clou de la main gauche, de la droite un marteau d'ouvrier, et choisissant sur la tête de l'ennemi la meilleure place, elle frappa courageusement Sisara et lui perça les tempes. Il succomba, il perdit sa force, il mourut à ses pieds; il était étendu devant elle, il gisait misérable et sans vie. Cependant sa mère soupirait en regardant par la fenêtre de sa chambre, et elle disait : Pourquoi son char tarde-t-il à revenir ? D'où vient que les pieds de ses chevaux sont si lents ? Une des femmes de Sisara, plus sage que les autres, répondit à sa belle-mère : Peut-être il partage en ce moment les dépouilles, et on lui choisit la plus belle d'entre les captives ; on lui donne pour butin des vêtements de diverses couleurs, et on lui réserve de précieux ornements qui brilleront sur sa poitrine. Qu'ainsi périssent tous vos ennemis, Seigneur, et que vos amis resplendissent comme le soleil dans l'éclat de son lever. » Tel fut le chant de Débora [1].

Sur les bords du Cison, dans la vallée de Jesraël, un homme appelé Naboth avait une vigne ; elle touchait aux possessions d'Achab, qui désirait vivement l'acquérir. Moïse avait défendu aux Hébreux d'aliéner leur patrimoine, si ce n'est dans le cas d'un extrême besoin et pour un temps limité. Naboth, qui ne se trouvait point dans le cas

---

[1] *Livre des Juges*, chap. IV et V.

parure, et baigna ses yeux dans une liqueur mordante pour dilater ses paupières et donner à son regard plus de beauté. Elle se mit à la fenêtre, et là, voyant son ancien sujet qui entrait en souverain dans la ville, elle ne put dominer son émotion et dit : « Celui qui a tué son maître restera-t-il en paix ? « Jéhu leva les yeux et demanda qui était cette femme ; puis il donna l'ordre de la précipiter à terre. On saisit aussitôt Jézabel et on la jeta dans la rue. Son sang jaillit contre le mur du palais, et elle fut foulée sous les pieds des chevaux. Toutefois un peu de pitié entra dans le cœur de Jéhu, quelques instants après cette lamentable exécution, et il dit à ses gens : « Allez voir ce qu'est devenue cette infortunée et ensevelissez-la, car elle est fille de roi. » Ils se rendirent donc sur le théâtre de l'affreux supplice, et de Jézabel ils ne trouvèrent plus que l'os de la tête, les pieds et l'extrémité des mains. Ils revinrent en informer Jéhu, qui répondit : « C'est l'accomplissement des menaces que Dieu a prononcées par la bouche du prophète Élie de Thesbé : Les chiens dévoreront Jézabel dans la campagne de Jesraël... Son corps y sera comme le fumier sur la terre, et les passants diront : Ce qu'est devenue Jézabel¹ ! » Ainsi périrent les contempteurs du droit, les oppresseurs de la faiblesse ; ainsi fut vengée l'innocence.

VII

A trois lieues du mont Thabor, à une lieue du lac de Tibériade, sur le versant méridional de la montagne de Hittin où Jésus prononça le merveilleux discours des huit béatitudes, se trouve le champ de bataille où la valeur des croisés ne put empêcher la ruine du royaume latin. Dans les dernières années du douzième siècle, et dans les premiers jours du mois de juin 1187, quatre-vingt mille musulmans franchirent le Jourdain et s'avancèrent vers Tibériade ; de Bagdad au Caire on priait pour le succès de leurs armes. Saladin marchait à

---

¹ *Livre des Rois,* III, chap. XVIII et suivants ; IV, chap. XXX.

se disaient encore, au milieu des souffrances de la soif : Demain, nous aurons de l'eau avec nos épées.

Mais quelle horrible nuit! et quel lendemain! Les Arabes mirent le feu aux herbes sèches et aux bruyères qui couvraient la plaine et emprisonnèrent les chrétiens dans un cercle de flamme et de fumée. Au point du jour, Saladin se montra sur les hauteurs qu'il fallait franchir pour arriver à Tibériade, et en même temps fit pleuvoir sur les croisés une grêle de flèches. Toutefois leur infanterie s'empara d'une colline, après en avoir chassé l'ennemi; mais elle ne fut pas suivie par le reste de l'armée qui se trouva coupée en deux. Le roi déploya de nouveau les tentes et essaya de rallier son monde autour de la croix. Alors on ne vit plus qu'une multitude livrée par son désordre, autant que par sa fatigue et ses souffrances, aux coups des Arabes vainqueurs. Le comte de Tripoli s'ouvrit une route l'épée à la main; sur la colline d'où elle n'avait pas voulu descendre pour soutenir les autres corps luttant dans la plaine, l'infanterie fut environnée de toutes parts, et il n'échappa que ceux qui se firent, par-dessus les flots des barbares, comme un pont de cadavres; de ce nombre fut Balian d'Ibelim, qui alla s'enfermer dans Jérusalem pour la défendre contre Saladin. L'évêque de Ptolémaïde, blessé à mort en portant la vraie croix au milieu de la bataille, légua son précieux trésor à l'évêque de Lydda, qui fut pris avec le roi et son frère; « mais, comme le dit un historien arabe, la perte de cette croix fut plus sensible aux chrétiens que la captivité de leur chef. »

Pendant que les chevaliers se battaient autour de la sainte relique avec un héroïsme qui fut loué par la bouche même de leurs ennemis, Saladin regardait avec inquiétude le théâtre de cette lutte suprême; un moment ses soldats plièrent et son visage devint triste. « Faites mentir le diable! » leur dit-il, en se prenant la barbe avec une singulière agitation. Son armée se précipita sur les Francs, qui reculèrent. « Ils fuient! ils fuient! » s'écria le fils de Saladin. Mais ils revinrent pour reculer encore. « Ils fuient! ils fuient! » s'écria de nouveau le jeune prince. « Tais-toi, lui dit son père en le regardant;

16 avril 1799, les Turcs, ayant reçu du renfort, descendirent dans la plaine, où leurs escadrons pouvaient se déployer avec avantage; ils étaient trente mille hommes, dont la cavalerie formait les deux tiers. Kléber tomba sur eux, avec trois mille soldats, qui, à la vérité, étaient des Français. La lutte durait depuis cinq heures, le génie et la bravoure suppléant aux gros bataillons, lorsque le canon tonna dans le lointain. C'est Bonaparte! s'écrièrent les soldats. C'était lui; par une manœuvre habile, il eut bientôt enfermé les ennemis entre deux lignes de fer et de feu, et leur déroute fut complète. On était au pied du mont Thabor, dont les flancs resplendirent ainsi sous le reflet de la gloire française.

Loubi est peu éloigné de Nazareth et de Saphoureh, la Séphoris de la Bible, la Diocésarée des Romains. C'est là que demeuraient saint Joachim et sainte Anne, parents de la vierge Marie; on voit encore les débris d'une église dédiée à saint Joachim. Les Romains firent de Séphoris une des premières villes de la Judée; l'enceinte des murs et la forteresse sont marquées par des ruines que recouvrent des ruines plus modernes et appartenant à l'époque de la domination chrétienne ou arabe. Le village de Saphoureh est un peu au-dessous de l'ancienne cité: vers le nord, il y a les hauteurs de Diocésaréé, et vers le midi les hauteurs parallèles où campa Kléber, dans sa marche vers Loubi, où, six siècles auparavant, campèrent les croisés la veille du désastre de Tibériade.

VIII

De Saphoureh à Nazareth, il n'y a pas deux lieues. A mesure qu'on approche de la ville, le chemin devient âpre, il traverse des terres incultes et rocailleuses, il escalade une montagne stérile. Nazareth est située sur la pente méridionale d'une colline, et bâtie en amphithéâtre; elle est dominée par des hauteurs qui se réunissent à la base, et se détachent l'une de l'autre, à la cime, comme les lobes d'une fleur. Des maisons blanches et propres, l'atelier de

anciens avaient fait l'apothéose de leur propre perversité sous toutes les formes, en sorte que la religion s'était changée en source d'immoralité, au lieu d'être un frein à la corruption. Pareilles aux mœurs, les lois permettaient le crime, quand elles ne le prescrivaient pas. Les savants et les grands hommes valaient la multitude; en général, ils aidaient à la faire glisser ou à la maintenir dans l'erreur et dans le vice; et si quelques-uns d'entre eux proclamaient quelque bonne maxime, après tout ils n'étaient que des philosophes et non des autorités. Aucun n'a réformé ni ses disciples, ni même la rue qu'il habitait; avec eux et par eux, le monde continuait à s'affaisser dans sa boue. La notion de Dieu étant faussée, les devoirs moraux étant méconnus et insultés, la société politique ne pouvait être constituée que d'une manière despotique et violente : sans base ni sanction religieuse, le droit n'était plus qu'un vain mot, et quand le droit disparaît, la force se montre et fait son œuvre. La force régnait partout : la victoire était sauvage, la conquête brutale et inhumaine. Ceux que la fortune des armes avait trahis sur les champs de bataille ne trouvaient nulle pitié : rois, on les attachait au char du triomphateur, pour les décapiter ensuite, la cruauté arrivant après l'outrage; soldats, on les réduisait en servitude, sans qu'il restât rien au monde pour tempérer les caprices de leurs tyrans. Le nombre des esclaves était immense; leur vie, leurs souffrances et leur honneur ne pesaient d'aucun poids; victimes immolées sur la tombe du maître, gladiateurs mourant dans le cirque pour les jeux d'un peuple insolent et vil, objets méprisés qu'un homme ivre sacrifiait à sa fantaisie, les esclaves restaient sans garantie et sans droit. La servitude, sous une autre forme, s'appliquait à la famille et déshonorait le foyer domestique : la femme était accablée de lâches insultes par un sexe plus fort; le fils pouvait être délaissé, frappé, vendu, tué.

Telle était la situation du monde quand le Christ apparut et vint racheter les hommes. La Vierge Marie, épouse de Joseph, choisi pour être le gardien de son honneur et le père nourricier de l'Enfant-Dieu,

de mère à notre sœur, la fille d'Adam, et nous donner à tous le nom de frères avec une inexprimable tendresse. La pauvre maison habitée alors par Marie a fait place à une église qui renferme un sanctuaire souterrain. De la nef on monte au chœur par un bel escalier à double rampe et garni de balustrades dorées. Du chœur un escalier de marbre conduit à la chapelle souterraine où veillent des lampes d'argent; c'est un rocher naturellement taillé en voûte et auquel l'art a donné sa dernière forme; à ce rocher, comme le rapporte la tradition, était adossée la chambre où retentit la salutation angélique. Là un autel se dresse, au pied duquel on lit sur un marbre blanc ces paroles : C'est ici que le Verbe s'est fait chair. Telle est l'église de l'Annonciation.

A peu de distance de ce sanctuaire, on montre l'atelier de saint Joseph, converti d'abord en chapelle, puis en grande et belle église. Joseph était de la tribu de Juda et de la race de David, mais réduit, malgré sa race illustre et son sang royal, à gagner sa vie par le travail de ses mains; les anciens marquent positivement qu'il avait pour métier de faire des charrues, d'abattre et de tailler des arbres, d'exécuter tous les ouvrages de charpenterie. C'est là et en prenant part à ces occupations que Jésus a réhabilité le travail. Il obéissait à Marie et à Joseph, donnant ainsi aux enfants l'exemple d'une soumission respectueuse aux ordres de leurs parents. D'un autre côté, Joseph et Marie ne le conduisaient qu'avec une autorité mêlée de vénération, servant de modèle à ceux qui trouvent sous leurs ordres des hommes inférieurs par le rang et supérieurs par le mérite. Ce commandement plein de douceur et de justice, cette obéissance pleine de joie et de respect, cette vie humble, laborieuse et résignée : tel est l'exemple laissé par la sainte famille pour dispenser le riche de s'enorgueillir, le pauvre de rougir, les puissants d'abuser de leur force, les petits et les faibles de se désespérer, tous les hommes de placer sur la terre le but suprême de leurs efforts; exemple donné de haut pour ennoblir les œuvres les plus méprisées, pour illustrer la fatigue et les sueurs arrachées par la peine, pour révéler à la vie la plus obscure le secret

stupeur et se retira[1]. Dans ce tumulte, la Vierge Marie voulut porter secours à son Fils; mais l'émotion et la frayeur arrêtèrent ses pas sur le penchant de la colline, où sainte Hélène fit bâtir ensuite l'église de Notre-Dame-de-l'Effroi.

On montre aussi à Nazareth une fontaine qui porte le nom de la Vierge Marie, et où l'on dit que l'humble femme allait puiser de l'eau pour les besoins de la sainte Famille. La source se trouve placée dans le couvent de Grecs schismatiques, d'où elle tombe par deux petits canaux dans un réservoir élégamment taillé. Comme au temps de la Vierge Marie, les femmes de Nazareth y vont puiser de l'eau; elles portent leur urne sur la tête avec une grâce remarquable. Du reste, on a, de tout temps, observé qu'elles surpassent en beauté les autres femmes de la Palestine; elles croient tenir ce privilége de la Vierge Marie. Ce qu'il y a de certain, c'est qu'elles lui doivent, sinon la beauté physique, au moins la grandeur morale. De Marie, en effet, date la réhabilitation de la femme si cruellement abaissée parmi les nations païennes, si merveilleusement honorée au milieu des nations chrétiennes. En régénérant la conscience et en montrant la vraie source de la dignité humaine, le christianisme a fait jaillir du fond de notre nature spirituelle un éclat qui a couvert et repoussé au second plan le corps avec ses qualités et ses défauts. Toute âme a contracté, en passant par le sang rédempteur d'un Dieu, une noblesse et une valeur qui brillent à travers des membres flétris par la souffrance, qui rendent auguste et sacrée la faiblesse d'un enfant, et qui environnent la beauté faillible de la femme comme d'un rempart d'honneur et d'une garde angélique. Et il faut le dire, ce n'est que la foi en cette vérité qui, plaçant la faiblesse sous la protection du droit et les sens sous la loi du devoir, a rendu à nos mères et à nos sœurs l'héritage de leur grandeur originelle et la magnificence de leur destinée.

Avant Jésus-Christ, Nazareth n'était qu'une bourgade sans gloire

[1] Saint Luc, chap. IV.

et s'avança vers Nazareth; le peuple des campagnes se réfugia dans la ville, en criant : Voilà les Turcs ! voilà les Turcs ! Cent trente chevaliers du Temple et de Saint-Jean accoururent en armes, suivis de trois ou quatre cents hommes de pied, et osèrent se précipiter sur sept mille cavaliers arabes. Toutes les chroniques décrivent avec enthousiasme les miracles de bravoure par où s'illustra cette troupe audacieuse, qui périt tout entière sur des monceaux de cadavres. Jacques de Maillé, monté sur un cheval blanc, et resté seul debout au milieu des ennemis, refusa de se rendre; à la fin, son cheval, épuisé de fatigue, s'abattit et l'entraîna dans sa chute. L'intrépide défenseur du Christ se releva, la lance à la main, couvert de sang et de poussière, et tout hérissé de flèches; il se mesura seul avec toute une armée. Les Sarrasins le prirent pour saint Georges, ce guerrier merveilleux qui venait au secours des chrétiens dans leurs batailles, et lorsque enfin ils l'eurent renversé sous leurs coups, on les vit s'approcher avec respect de son corps chargé de mille blessures, essuyer son sang et se partager les lambeaux de ses vêtements et les débris de ses armes [1].

En 1263, le sultan Bibars brûla l'église de Nazareth, chassa les chrétiens de la ville et la dévasta. Peu d'années après, les chrétiens y revinrent en armes, la pillèrent à leur tour, et abattirent sous leur glaive tous les musulmans, afin de venger l'insulte faite à la Vierge Marie par l'incendie et la destruction de son église, une des plus belles de la Palestine. Longtemps la cité et la basilique ne furent qu'un monceau de ruines; l'église qu'on voit aujourd'hui date du dix-septième siècle, le couvent des Pères latins date du dix-huitième. Le nombre des catholiques est d'environ huit cents; celui des Grecs schismatiques monte au double; les musulmans sont à peu près un mille.

---

[1] Voir les chroniqueurs dans le Recueil de Bongars, et Michaud, *Histoire des Croisades*, liv. VII.

cette femme, ce qu'elle vient de faire[1]. » La parole du Seigneur s'accomplit tous les jours ; la mémoire de Madeleine est honorée et chérie de tous ceux qui ont la foi et la charité dans le cœur, et son nom, qui s'est revêtu d'immortalité en tombant des lèvres du Verbe, parcourt la terre, porté sur les ailes de l'Évangile.

Près du lac de Tibériade se trouvait aussi le bourg de Bethsaïde, patrie de Simon-Pierre et d'André, deux hommes simples et exerçant, comme leur père, le métier de pêcheurs. Quand le Christ voulut fonder la société religieuse qui se nomme l'Église, il choisit, comme on sait, douze Juifs pareils à ces deux bateliers, pauvres, illettrés, sans considération ni moyen d'en obtenir, et il les envoya soumettre le monde à l'Évangile. Le moins entreprenant de ces conquérants paisibles leur fut donné pour chef. Cet homme, devenu célèbre par les hautes prérogatives que lui confia le Rédempteur, s'appelait Simon avant sa vocation à l'apostolat. Jésus changea ce nom en celui de Céphas ou Pierre, comme pour indiquer la solidité des assises fondamentales de son Église. On observe, dans toute la suite de l'histoire évangélique, que Pierre fut constamment honoré des préférences de Jésus : il accompagna le divin Maître au Thabor, et c'est lui qui s'écria : « Seigneur, il nous est bon d'être ici. » Animé d'une foi égale à son amour, il marcha sur les flots pour aller à la rencontre du Sauveur ; il reconnut et publia sa divinité en plusieurs circonstances. « Vous avez les paroles de la vie éternelle, dit-il... Vous êtes le Christ, fils du Dieu vivant. » Modèle de dévouement affectueux, Pierre fut aussi un mémorable exemple de ce qu'il y a de faiblesse dans l'homme à côté des résolutions les plus nobles. « En vérité, lui dit Jésus, cette nuit même, avant le chant du coq, vous me renierez trois fois. » Pierre jura, non sans présomption, qu'il affronterait plutôt la mort. Et quelques heures après, craignant d'être enveloppé dans la disgrâce de son maître, qu'on venait de saisir et d'entraîner devant les tribunaux, il ne le suivit que de loin ;

---

[1] Saint Jean, chap. XII.

rence que d'apporter le culte sévère d'un Juif crucifié à tout un peuple en proie à l'ambition, à l'avarice et à la volupté ? Comment planter la croix nue et désarmée sur l'orgueil du Capitole protégé par les aigles qui avaient brisé dans leurs serres toutes les nations du globe ? Et pourtant cela s'est fait ! Pierre forma dans Rome une Église dont la foi devint bientôt célèbre; il y siégea vingt-cinq ans, se rendit de nouveau en Asie, fut jeté en prison à Jérusalem, souffrit de diverses manières pour le nom de Jésus-Christ, et alla chercher à Rome la palme du martyre[1]. Il y fut crucifié par les ordres de Néron; on ensevelit son corps au Vatican, et sur cette colline rougie du sang de l'apôtre s'élève un temple qui surpasse les gloires de Rome antique, et qui projette son ombre sur toutes les contrées où il y a une intelligence pour connaître Dieu, un cœur pour l'aimer et une parole pour le bénir. Les Césars ont disparu, la couronne de Néron est en poudre depuis longtemps; lui-même est méprisé comme un bateleur fangeux, et maudit comme un parricide; mais la dynastie du pêcheur de Bethsaïde s'est continuée sans interruption depuis dix-huit siècles, honorée du monde entier, et obéie avec un affectueux respect par des millions d'honnêtes gens.

II

Tibériade, sur le bord occidental du lac qui porte le même nom, et qui, dans l'Évangile, est appelé mer de Galilée ou de Génézareth, fut fondée par Hérode Antipas, qui se proposa d'éterniser ainsi sa reconnaissance envers l'empereur Tibère. La ville était naturellement pourvue de tout ce qui pouvait y attirer une population nombreuse : située dans une position agréable, elle avait, à l'est, un lac très-poissonneux et mettant la Galilée en rapport avec la basse Syrie; à l'ouest, des collines fertiles lui offraient des ressources

---

[1] Tillemont, *Mémoires pour servir à l'histoire ecclésiastique*, tome I.

considérables; et sa campagne, à deux ou trois lieues, offrait l'image de la plus riche et de la plus belle contrée qu'on pût voir, à cause des oliviers, des palmiers et des vignes qui s'y montraient chargés d'excellents fruits. Près de là se trouvaient des eaux thermales jouissant d'une grande renommée, au dire de Pline et de Josèphe[1]. Hérode y appela les habitants de toutes parts et de toutes conditions, en leur faisant beaucoup de bien, en donnant aux uns des terres, aux autres des maisons et des immunités. Car, comme les rochers voisins étaient percés de cavernes ayant servi de tombeaux, et comme la loi mosaïque nommait ces lieux impurs et ne permettait pas d'y habiter, il ne parvint à y fixer les Juifs qu'en leur accordant des priviléges très-avantageux. La ville fut solennellement dédiée, après dix ans de travaux, dans des fêtes où parut avec éclat la trop fameuse Hérodiade.

Lorsque la Galilée fut envahie par Vespasien, Josèphe, avant de s'enfermer dans Jotapate, pour y faire une défense que ses ennemis eux-mêmes ont admirée, vint fortifier Tibériade et y organiser la résistance. On se souleva plusieurs fois contre lui, et il courut les plus grands dangers, car la ville tenait pour Agrippa et les Romains; il triompha cependant et fit si bien prévaloir ses idées belliqueuses, qu'on accabla de coups l'officier chargé d'offrir la paix. Le général, irrité, voulait venger cette insulte en passant au fil de l'épée toute la population; mais il se laissa fléchir à la prière et aux larmes des principaux habitants, ou plutôt d'Agrippa, leur roi, et fit seulement abattre les murailles de Tibériade. Les auteurs de la résistance désespérée se réfugièrent dans la forteresse, d'où Trajan les chassa, puis à Tarichée, aux bords de la mer, où Titus les poursuivit, enfin sur la mer, où Vespasien alla les attaquer. Ils furent enveloppés par les barques romaines et tellement vaincus que pas un seul ne put échapper; ils périrent au nombre de six mille cinq cents. Le lac parut tout ensanglanté, et bientôt les cadavres enflés et livides flottèrent sur le ri-

---

[1] Pline, *Histoire naturelle*, liv. V, chap. xv; Josèphe, *de la Guerre des Juifs*, liv. IV, chap. i; *Antiquités judaïques*, liv. XVIII, chap. iii.

cousses et des oscillations du sol; la citadelle est restée debout, mais avec ses murs disjoints; le fléau n'a épargné qu'un petit nombre de maisons; beaucoup d'habitants ont perdu la vie, écrasés sous les décombres. On voit encore les traces effroyables de ce désastre : les remparts crénelés et garnis autrefois de hautes tours montrent leurs déchirures, la moitié des édifices gisent renversés et épars sur le sol, amas informe de pierres noircies au feu des volcans et qui donne à ce cadavre de ville un air étrange et sombre. Il est vrai, l'horreur de ce spectacle est tempérée par les riantes images de vie et de fécondité qui s'épanouissent sur le paysage : des touffes d'arbres verts bordent les sentiers; près du lac paisible fleurissent des lauriers-roses.

Tabarieh, c'est le nom actuel de Tibériade, renferme à peu près quatre mille habitants, sur lesquels on compte douze ou quinze cents juifs. Là, comme à Jérusalem, les fils d'Israël viennent des pays lointains chercher un abri pour leurs derniers jours et une fosse pour leur cendre; l'image de la patrie les suit dans l'exil et les ramène auprès de leur berceau et sur la tombe de leurs ancêtres. Le reste de la population se compose de musulmans et de chrétiens grecs. Un temple est dédié à saint Pierre, le pêcheur de Bethsaïde; on suppose que Notre-Seigneur était à Tibériade quand il remit au chef des apôtres la conduite de son Église. Les Franciscains de Nazareth viennent de fonder un hospice à Tabarieh pour y recevoir les chrétiens d'Occident, qui, jusqu'à ces dernières années, étaient obligés de passer la nuit sous une tente, ou de loger dans une misérable auberge tenue par un juif.

Auprès de Tabarieh, il y a des eaux thermales qu'on dit très-salutaires et où l'on vient de toute la Syrie. Elles étaient connues et estimées depuis longtemps; du reste, les anciens auteurs citent avec éloge plusieurs sources d'eau sulfureuse, chaude et amère, jaillissant sur les rives orientale et occidentale du lac. La source qui était proche de Tibériade donnait son nom au village d'Emmaüs; les pèlerins du moyen âge en parlent dans leurs relations.

d'autres s'y jouent par milliers, sans que nulle barque de pêcheur les poursuive et les inquiète.

III

La pensée s'élève et le cœur s'émeut en voyant ce lac, ces rivages, ce sol, ces villes et ces bourgades tout pleins de leur gloire évangélique qui resplendit par-dessus leur misère actuelle et leur délaissement. Ici, le Sauveur a choisi ses apôtres parmi des bateliers et les a faits pêcheurs d'hommes; là, sa parole a retenti en soumettant les flots agités et en répandant la lumière sur le monde. Tous ces lieux sont le berceau du christianisme et le théâtre où se déploya d'abord la plus grande chose qu'on ait vue sous le ciel. De la Galilée à Jérusalem et à Jéricho, Jésus répand ses bienfaits avec ses discours, donne la vie aux âmes et guérit les infirmités et les maladies du corps. Qu'elle est simple et inouïe, qu'elle est pure et belle la doctrine qu'il annonce à l'univers! Il frappe et renverse par la base les systèmes laborieux et vains des philosophes, les puérilités orgueilleuses des sectes diverses. Il heurte de front l'opinion reçue, afin de substituer la vérité au mensonge, un culte vivant à une religion d'apparence, l'esprit à la matière et Dieu aux passions divinisées. Ses anathèmes tombent sur ce que les hommes ont coutume d'adorer, richesse, plaisir, faux point d'honneur; sa parole relève tout ce qu'ils ont coutume de honnir, pauvreté, souffrances, pardon des injures[1]. Il va droit à la source du mal: il éclaire l'esprit, touche et guérit le cœur, rappelle l'âme à son naturel et primitif empire sur les sens qu'elle doit diriger en souveraine, et non pas suivre en esclave.

Jésus promulgue peu de dogmes nouveaux; il suppose connus et admis par la synagogue tous ceux qui sont l'antique patrimoine de

---

[1] Sénèque, louant la magnanimité de Caton, dit que ce sage aimait mieux ne pas s'apercevoir des injures que de les pardonner; les chrétiens font quelque chose de plus: ils ressentent les injures parce qu'ils sont hommes, et les pardonnent, à cause du précepte et de l'exemple de Jésus-Christ.

l'humanité, l'unité de Dieu, le gouvernement de la Providence, l'immortalité de l'âme, la résurrection des corps, l'éternité des peines et des récompenses; mais il les proclame tous avec une autorité merveilleuse, avec la clarté la plus persuasive. Ce qu'il y ajoute, c'est le développement plus explicite du dogme de la Trinité, c'est le dogme de sa propre divinité, de sa persistance au milieu des hommes dans l'Eucharistie, enfin de l'immutabilité qu'il réserve à l'institution chargée de porter jusqu'à la fin des siècles sa céleste doctrine. En prescrivant la confiance en Dieu et en appelant la sollicitude des hommes sur leur âme et leurs destinées immortelles, Jésus ne leur ferme pas les yeux sur les exigences de la vie sociale : au contraire, il insiste souvent et avec force sur l'absolue nécessité du travail, de la sobriété, de la modération, de la charité fraternelle et de la concorde, en un mot de toutes les vertus qui font la gloire et la fortune des peuples. Au reste, toutes les situations, tous les états et tous les âges trouvent dans l'admirable code de l'Évangile les maximes les plus hautes et les règles les plus précises; tout acte mauvais y est défendu, la pensée y trouve son frein, et le cœur sa sauvegarde.

Avant de répandre son sang pour sceller une si noble doctrine, Jésus l'appuie par ses œuvres. Tous ses miracles, en même temps qu'ils établissent la divinité de sa mission, ont pour but le soulagement des hommes; et la sainteté de sa vie leur est une leçon, en même temps qu'elle glorifie Dieu. Ce qu'il enseigne, il le pratique; quand il parle, c'est avec autorité; quand il agit, sa conduite persuade. La nature entière s'émeut à son aspect, les miracles naissent sous ses pas; devant lui les souffrances, les douleurs de l'âme, les maladies invétérées disparaissent. D'un mot, d'un geste, il rend la parole aux muets, la vue aux aveugles, l'ouïe aux sourds, la santé aux malades, la vie aux morts. Pour lui les distances n'existent pas, les cœurs n'ont point de ténèbres, l'avenir reste sans secret. A sa voix, les vents s'abattent, les tempêtes se calment, les flots deviennent solides. Le ciel s'ouvre sur sa tête, et une voix qui ne peut être que celle de Dieu le proclame Fils bien-aimé. Moïse et Élie apparaissent, dans sa transfiguration, pour le reconnaître et l'adorer comme le but de la loi et l'objet sacré des prophéties. Les anges tombés frémissent eux-mêmes sous son empire et confessent qu'il est le maître du ciel et de la terre. Ce qui relève ces prodiges, c'est qu'ils sont le signe et le début de l'amélioration morale des hommes. Quelle puissance, hormis celle de Dieu, est capable de détacher du vice, de commander et de persuader la foi aux choses invisibles, l'espérance dans les choses éternelles? Qui donc, si ce n'est Dieu, peut conquérir les âmes, ranimer au feu de la charité les cœurs pervertis, et vaincre, en la respectant, la liberté révoltée?

Il est remarquable que Jésus ait donné l'instruction des pauvres comme une preuve aussi éclatante de sa mission divine que la guérison des maladies et la résurrection des morts. « Allez, dit-il un jour aux disciples de son précurseur, et reportez à Jean ce que vous avez vu et entendu : les aveugles voient, les boiteux marchent droit, les lépreux sont guéris, les sourds entendent, les morts ressuscitent, l'Évangile est annoncé aux pauvres. » Ah! c'est qu'en effet nulle doctrine humaine, nulle école philosophique n'avait fait au peuple l'aumône de la vérité. Les savants et les sages du vieux monde ne possédaient pas le secret de la destinée humaine; mais enfin, quelle que fût leur doctrine, ils la croyaient vraie. Eh bien! ils la vendaient à prix d'or, ou la distribuaient avec tout le faste de la parole dans des assemblées où le peuple n'avait ni le temps, ni l'argent, ni la force d'esprit nécessaires pour les entendre. Il y a plus : ils la tenaient captive au fond de leur conscience et de leur école, en sorte que ceux mêmes qui allaient l'acheter ne pouvaient pas l'obtenir. Ce qu'on reproche souvent aux chefs des sociétés anciennes, c'est d'avoir parqué les hommes dans des classifications injurieuses, établi l'esclavage et fondé les gouvernements sur la prépondérance de la force; ce qu'on ne leur reproche pas assez, c'est d'avoir nié, par le fait, le droit de tous les hommes à connaître la vérité. Ils l'ont nié d'une façon outrageuse; il a fallu qu'un Dieu apprît au monde que la vérité est, comme l'air et le soleil, le patrimoine de tous; qu'il élevât sur

des crêtes de montagnes non moins élevées que le Thabor. On n'y arrive qu'en gravissant longtemps des chemins pierreux et escarpés. Cette ville est très-ancienne, et plusieurs pensent que c'est la Béthulie illustrée par Judith; mais ce point d'histoire nous semble moins facile à établir que plusieurs ne l'ont supposé [1]. Si toutefois il est admis, il s'ensuivra que la vieille cité n'a pas attendu les croisades pour se faire un grand nom dans les guerres saintes. Josèphe la nomme Sephet, et il en parle au sujet de la lutte soutenue par son pays contre les Romains; mais c'est seulement au moyen âge que Safed a joué un rôle important. Il lui reste de cette époque une construction curieuse : c'est sa forteresse.

Ce monument est assis sur le roc et domine la ville. Ses murailles, construites d'énormes pierres, ont une hauteur de cent pieds et une épaisseur proportionnée; le tremblement de terre qui a détruit Safed, au dix-huitième siècle, ne les a point abattues. Elles sont environnées d'un fossé large et profond qu'il a fallu tailler dans la roche. On le franchit sur un pont étroit qui mène à une porte ouverte en ogive. Les créneaux et les ornements sont d'un fini et d'une conservation remarquables. Le style rappelle les bons monuments de l'architecture mauresque, et sans doute on peut voir dans la citadelle de Safed un ouvrage inspiré par les sultans de Damas, aux jours de leur plus grande puissance. Peut-être même l'émir Fakreddin fit-il travailler à Safed ses ouvriers venus d'Italie. Il est certain, du reste, que les Templiers et ensuite le sultan Bibars exécutèrent dans la citadelle des réparations considérables.

Lorsque Bibars vint l'assiéger avec toute une armée, cette citadelle était défendue par six cents guerriers chrétiens. Ils firent d'abord une résistance qui étonna l'ennemi et le jeta bientôt dans le découragement. Ils montrèrent une si merveilleuse bravoure que les mamelucks ne voulaient plus retourner au combat, ni les émirs gar-

---

[1] « Je ne chercherai point à prouver que Safed est Béthulie, quoique la tâche soit d'autant plus facile que j'ai retrouvé la fontaine de Judith dans le ravin qui touche Safed au midi. » *Correspondance d'Orient*, lettre CLXXXIII. Cette lettre, au reste, donne sur Safed de nombreux et intéressants détails.

rent leur quartier livré au pillage et furent eux-mêmes, jusqu'à ces dernières années, soumis à toute sorte de vexations, sous toute sorte de prétextes.

Sur dix mille habitants, il n'y a qu'un petit nombre de chrétiens à Safed; presque tous professent la religion juive ou musulmane avec une antipathie réciproque qui se traduit souvent en scènes de violence et de sauvage barbarie. En 1834 comme en 1799, après les victoires d'Ibrahim comme après celles des Français, les Turcs se vengèrent de leurs défaites, en écrasant les Juifs. Les deux cultes se sont bâti des quartiers séparés sur le penchant de collines qui se regardent; les chrétiens occupent le fond de la vallée. Safed est moins une ville qu'un amas de villages n'ayant ni centre ni unité. La forteresse seule domine ce chaos de maisons dispersées sur trois montagnes; la hauteur opposée à la forteresse porte les ruines d'un ancien château, ou peut-être d'un kan bâti pour les caravanes, mais devenu inutile depuis qu'elles s'arrêtent à deux lieues de la ville, au puits de Joseph. Safed n'a pas de monument qui appelle l'attention; les deux mosquées sont petites et communes, les deux synagogues n'ont rien de remarquable; les maisons sont lourdes et d'une architecture primitive. Près de la citadelle, on voit de gros oliviers plantés en ligne sur une esplanade et rappelant ainsi les promenades en terrasse dont quelques villes d'Europe font volontiers les fières. Entre ce bois d'oliviers antérieurs aux croisades et la vieille citadelle se trouve l'endroit où Bibars a versé le sang des chevaliers chrétiens; c'est là que se tient aujourd'hui le bazar. Tous les vendredis, à Safed, comme tous les lundis au pied du mont Thabor, il y a un marché considérable, où le pêle-mêle des races, la confusion des cris, la diversité des costumes offrent un spectacle étrange. L'Occident s'y reflète au moyen des Juifs qui viennent mourir à Safed comme à Tibériade; l'Orient s'y trouve représenté par les caravanes de Damas; le tisserand turc avec ses produits blancs comme la neige, le teinturier juif avec ses toiles bleu-d'indigo, le marchand d'Acre, l'Arabe de la vallée du Jourdain, l'homme de race tartare coiffé d'un énorme turban aux cou-

Damas est célèbre dans l'histoire des origines chrétiennes, par la conversion de saint Paul. On croit que Saul, c'était d'abord le nom de cet apôtre, contribua plus que personne à faire lapider saint Étienne; au moins est-il constant qu'il se distingua par sa haine du nom chrétien et l'âpreté de son zèle à persécuter l'Église. Plein de menaces et respirant le sang, il obtint des lettres qui l'autorisaient à sévir avec plus de liberté, c'est-à-dire de cruauté contre les adorateurs de Jésus de Nazareth. Il était à ce degré de colère et dans cette fièvre, quand Dieu l'arrêta par un de ces coups que sa main seule sait frapper. Il allait à Damas pour y déployer sa fureur, il approchait déjà de la ville, lorsque tout à coup, au milieu du jour, une lumière vive et éblouissante éclata dans les cieux et jeta le voyageur à la renverse avec ses compagnons. Saul se leva, voulut marcher; mais le violent éclat de la lumière céleste l'avait aveuglé. Il fallut le prendre par la main et le conduire à Damas, où les yeux de son corps s'ouvrirent à la clarté du jour, et les yeux de son âme à la clarté de l'Évangile. L'endroit où le persécuteur de l'Église fut ainsi frappé du ciel se trouve à cent pas de Damas, près du cimetière chrétien, à l'orient de la ville; on y voit encore un massif de maçonnerie ayant appartenu sans doute à l'église bâtie en mémoire de ce grand événement. Du reste, la porte orientale de Damas a retenu le nom du grand apôtre, et elle est, en outre, le débris le plus remarquable de la vieille cité.

A peine les Sarrasins eurent-ils envahi la Palestine qu'ils s'abattirent sur Damas, où la dynastie des Ommiades établit le siége de l'empire musulman, tandis que les Abassides fondaient Bagdad. C'est Valid, surnommé le glaive de Dieu, qui ravit Damas à l'empire grec et y donna le spectacle du fanatisme le plus sauvage; le beau Barrady teignit de sang chrétien ses flots qui coulèrent sur des ruines. Au milieu des guerres civiles qui marquèrent les premiers pas de l'islam, la ville de Damas, objet de convoitise pour tous les princes arabes, fut exposée à de nombreuses attaques; l'empereur Zimiscès la reprit, puis elle retomba sous le joug des Sarrasins qui continuèrent

Néanmoins, la ville ne fut pas prise : la discorde, appelée par l'ambition des chefs, s'établit parmi les croisés, et après de molles et inutiles attaques, ils se retirèrent.

Saladin, et, après lui, son fils et son frère furent successivement couronnés sultans de Damas, au milieu des vicissitudes qui fatiguèrent cette capitale; du reste, elle fut ainsi disputée, durant deux siècles, par les princes musulmans que l'ambition tenait sans cesse armés l'un contre l'autre. Un tremblement de terre la détruisit à moitié, en 1202; puis, en 1401, un fléau plus terrible encore la visita : Timur ou Tamerlan releva dans le nord de l'Asie l'empire de Gengiskan et se précipita sur la Syrie, traînant derrière lui, comme il le disait, le vent destructeur de la désolation. Des flots de sang et des montagnes de cadavres marquaient partout le passage du conquérant tartare. Damas capitula pour ne pas l'irriter par une résistance qu'on jugeait inutile; mais il méprisa la foi jurée et pénétra dans la ville en donnant le signal du carnage. Le glaive n'épargna qu'une famille et les armuriers qui furent envoyés à Samarcande; l'incendie dévora tout, et quand les Mogols s'en allèrent vaincre Bajazet dans les plaines d'Ancyre, sur la place où ils avaient trouvé Damas, il ne resta plus qu'un monceau de cendres et de ruines.

La population de Damas est d'environ cent cinquante mille âmes; il y a dix mille Grecs unis, cinq mille Grecs schismatiques, deux mille juifs, et tout le reste est musulman. Les califes Ommiades ayant fixé leur séjour à Damas, cette ville devint sainte entre toutes, après la Mecque; aussi, jusqu'à ces derniers temps n'était-il pas permis aux Européens d'y paraître à cheval et en chapeau français : la violation de l'étiquette en ce point les eût fait lapider. Les victoires d'Ibrahim ont abattu l'ardeur intolérante des Damasquins; toutefois ils ont une vieille réputation de méchanceté fanatique dont ils ne se sont pas encore défaits. Damas a été longtemps célèbre par sa manufacture de sabres; ces armes étaient fabriquées, dit-on, avec des lames de fer et d'acier très-minces et placées alternativement l'une sur l'autre; d'une flexibilité extrême, elles coupaient néanmoins les corps les plus

soulevées à la hauteur de vingt-cinq ou trente pieds, portaient des colonnades proportionnées à une telle base.

Sur les cimes du Liban, inaccessibles aux armes, mais, hélas! point inaccessibles aux passions humaines, vivent deux peuplades qui se ressemblent par l'amour de l'indépendance, mais qui diffèrent de mœurs et de religion, et que les intrigues des pachas turcs, aidées par la diplomatie de l'Europe, arment de temps en temps l'une contre l'autre : ces deux peuplades sont les Maronites et les Druses, et chacune peut compter, dit-on, deux cent soixante mille âmes. Les Maronites sont catholiques et se couvrent du grand nom de la France; les Druses professent un déisme défiguré par des erreurs et des superstitions grossières. Tous les voyageurs ont loué les mœurs simples et pures, la religion sincère et la bonté hospitalière des Maronites; les Druses sont renommés par leur rude et farouche amour de la liberté, qui les porte souvent à des injustices et leur attire les sympathies turbulentes de la Grande-Bretagne. Au surplus, les prétentions rivales des deux peuplades se sont compliquées par ce qu'on a nommé la question d'Orient et qui a failli être celle de l'Occident tout entier, au mois de juillet 1840. Lorsque la victoire de Koniah, en amenant le traité de Kutayé, eut remis le gouvernement de la Syrie aux mains du vice-roi d'Égypte, Ibrahim adopta des mesures sévères pour prévenir les séditions que fomentaient les partisans de la Porte. Malgré ces mesures et peut-être à cause d'elles, une insurrection éclata parmi les habitants du Haouran, en 1838. Les Maronites, à qui précédemment l'on avait enlevé tout moyen de résistance, reçurent seize mille fusils pour venir en aide au pouvoir menacé et combattre la révolte; mais il leur sembla bientôt après que, le péril passé, on leur appliquait le douloureux système qu'ils avaient fait triompher dans le Haouran, et à leur tour ils prirent les armes avec les Druses et les Métoualis. Des mains habiles semèrent la division dans tous ces rangs mal disciplinés, et les Maronites, trahis par les Druses, expièrent seuls la tentative de tout le monde. Les choses étaient arrivées à ce point lorsque le canon anglais tonna sur Bey-

couverts de housses éclatantes. L'émir Beschir a quitté son beau palais il y a seulement douze ans, et déjà la main du temps y fait des ruines ; bientôt sans doute il n'en restera rien d'aussi brillant que la description des voyageurs [1].

Après avoir franchi le Tamyras des anciens, aujourd'hui le Tamour, on laisse à droite le cap où Jonas vint aborder, en sortant des flots, à gauche le village de Djoun, célèbre par le séjour de lady Stanhope, et l'on atteint Seyde, l'antique Sidon, capitale des Phéniciens. Cette ville si grande dans les annales du monde, qui a découvert ou du moins perfectionné la navigation et l'écriture, ces puissants instruments de civilisation ; qui appelait dans ses murs les richesses de l'Orient et de l'Occident ; qui revêtait les reines asiatiques de ses tissus splendides, qui brillait au loin sous le marbre et attachait l'or et les rubis à son front, cette ville a perdu depuis longtemps son importance et sa gloire. Bâtie sur le penchant d'une colline au bord des flots, entourée de vergers fleuris et de jardins qui rappellent Abdalonyme échangeant la bêche contre un sceptre, la ville ne serait pas sans beauté, si elle avait des maisons élégamment construites et des rues larges et propres ; mais il n'y a que de petites maisons aplaties et mal percées, des rues obscures, étroites et sales. Presque pas de mouvement, ni de vie, si ce n'est dans le quartier où se trouve le khan français, vaste bâtiment qui était autrefois le centre du commerce français en Syrie, et qui est devenu le quartier de tous les Européens habitant Seyde. Au reste, depuis que sa primitive grandeur s'est éclipsée, Sidon a subi de perpétuelles vicissitudes. Les croisés s'en emparèrent après six semaines de siége, au commencement du douzième siècle ; les Sarrasins, l'ayant reprise, en abattirent les remparts ; saint Louis les releva en 1252, et les chrétiens durent les abandonner trente ans après. Sous les premiers pachas, Seyde eut vingt mille habitants ; mais le fameux Djezzar lui porta, dans le siècle dernier, un coup mortel, en l'abandonnant pour transférer le pa-

---

[1] Voir, entre tous les autres, M. de Lamartine, qui a visité l'émir Beschir, dans ses beaux jours et Deir-el-Kamar dans sa magnificence. *Voyage en Orient*, tome I, édit. citée.

commerce considérable; il y avait des bains, des mosquées, des églises. Les croisés donnèrent plusieurs tournois où les musulmans furent invités, et il se fit de communes réjouissances où les armées accordèrent leurs chants et leurs instruments de musique. Les combats véritables vinrent ensuite, et la plaine, foulée par deux cent mille guerriers, ne présenta plus que des scènes de carnage. Les assiégés durent enfin se rendre; ils promirent de faire restituer aux Francs le bois de la vraie croix, de briser les chaînes de seize cents captifs, de payer deux cent mille pièces d'or aux chefs de l'armée chrétienne. Des otages musulmans et tout le peuple enfermé dans Ptolémaïs devaient rester au pouvoir des vainqueurs jusqu'à l'entière exécution du traité. Mais Saladin refusa de remplir les conditions stipulées; et ce siége long et sanglant qui tint, vingt-cinq mois, l'Asie et l'Europe attentives, qui fit périr cent mille hommes, n'aboutit qu'à mettre les croisés en possession de tours et de murailles renversées.

Les chevaliers de Saint-Jean s'étant alors établis à Ptolémaïs, de leur nom et de son ancien nom, elle s'appela Saint-Jean-d'Acre. Saint Louis la fortifia dans le treizième siècle, et elle devint pour quelque temps l'asile et l'espérance des chrétiens en Palestine. Elle s'accrut d'une manière rapide : les principales nations de l'Occident y avaient des comptoirs et l'on y voyait réunis les plus riches marchands des deux mondes. Là, princes et barons de la Terre-Sainte, chassés de leur domaine féodal, s'étaient fait des châteaux, en attendant qu'ils pussent reconquérir Jérusalem, Jaffa, Beyrouth, Tibériade, Ibelim, Arsuf et Sidon. Ils se promenaient sur les places publiques, leur couronne sur la tête, et avec une suite nombreuse qui portait des vêtements où ruisselaient l'or et les pierreries. La ville était construite en pierres de taille carrées; toutes les maisons avaient une égale hauteur; beaucoup étaient couronnées d'une élégante terrasse, plusieurs étalaient de belles peintures et tous les produits d'un luxe raffiné.

Un jour, le sultan du Caire vint s'abattre avec une armée formi-

et ses palmiers, dans ses maisons lourdes et ses rues étroites, étale une misère et une saleté toutes musulmanes.

IX

En côtoyant la baie que la mer s'est creusée entre Saint-Jean-d'Acre et le Carmel, on arrive, après quatre heures de marche, au pied de cette montagne que son école de prophètes a rendue célèbre. La mer qui se balance à la droite du voyageur et vient mourir à ses pieds est la plus belle qu'on puisse voir. Sur les flots laissés à leur couleur d'émeraude ou frappés des chauds rayons du soleil, le Carmel projette l'ombre sévère de ses crêtes gigantesques. Nul bruit que celui de la vague lointaine n'interrompt le silence de ses collines paisibles. Sa tête est couverte de quelques arbres qui, de loin en loin, percent la roche et étendent leur feuillage sur des fleurs parfumées et sur des plantes d'un vert sombre. C'est là que se retirèrent Élie et Élisée avec leurs disciples, pour inaugurer dans le monde la vie religieuse et affirmer ainsi par un exemple illustre les doctrines du spiritualisme, qui retire la vie du dehors pour la ramener au dedans, qui fait envisager la terre comme une sorte d'exil, le ciel comme une patrie, qui remplit l'âme d'une grave mélancolie et la nourrit d'une espérance immortelle. Tels furent les vieux prophètes qui suivirent Élie sur le Carmel, tels les anachorètes qui leur succédèrent dans les premiers siècles de l'Église.

Chez les Hébreux, le nom de prophète n'avait pas toujours la signification exclusive et restreinte qu'il garde dans notre langue : il indiquait le caractère complexe d'une vie et d'un ministère singuliers. Ordinairement, dans le prophète, il y avait trois hommes : le sage menant une vie plus retirée et plus religieuse que le vulgaire; le patriote rappelant le texte de la loi et prêchant le respect des institutions nationales; enfin l'envoyé de Dieu annonçant les gloires ou les malheurs de l'avenir et protestant contre l'impiété et les crimes de ses contemporains. Leur vie était simple, laborieuse et frugale. Ils

aujourd'hui les cavernes qui furent habitées par ces hommes, aïeux des solitaires chrétiens : sur quelques-unes d'entre elles on a bâti des couvents dont trois ou quatre subsistent encore : un santon turc veille à l'entrée des uns, le drapeau de la France garde les autres. Ils sont jetés comme des îles sur une nappe de verdure foncée, au sein d'une végétation forte et sévère, sous un ciel profond et pur, quelquefois en face de la mer immense qui vient battre à l'occident les pieds du Carmel. La grotte principale porte encore aujourd'hui le nom d'Élie. Taillée de main d'homme en forme de salle carrée, haute et vaste, elle regarde la mer qui fait entendre au loin le mugissement de ses flots : c'est le seul bruit qui résonne dans cet austère séjour. Près de là, sur la pente embaumée de la montagne, entre des arbustes odorants coule une fontaine qui s'est creusé, çà et là, des bassins dans le roc vif. Ces retraites, véritables demeures des âmes, refuge des graves méditations, témoignent du vif et impérissable sentiment qui détache l'homme des réalités grossières et le porte vers l'infini, quelle que soit l'atmosphère du siècle où il vit, et quelle que soit la croyance qui lui prête des ailes. On dirait qu'il étouffe dans le cercle étroit de la vie présente et au milieu des œuvres de ses mains, et qu'il ne se sente à l'aise que parmi les grands spectacles de la nature et les longs horizons, symboles de ces espaces illimités où il pousse les puissants désirs qui sont la respiration de son âme : les bornes de l'être semblent reculer indéfiniment devant ce Titan immortel.

Les ruines de Castel-Pelegrino, maintenant Athlit; celles de l'antique Dor, aujourd'hui Tantoura; d'autres ruines qui n'ont pas même de nom, et d'autres villes qui n'ont pas même laissé de ruines; des édifices et des murs où le temps fait, la veille, des ravages que rien ne l'empêchera de continuer le lendemain; un vaste étang auprès de l'endroit où fut Césarée, et quelques rivières qui gardent une eau croupissante; des cabanes misérables sur un rivage où la civilisation européenne ferait fleurir plusieurs cités; quelques Arabes en guenilles sur un sol qui pourrait nourrir cinq cent mille hommes;

TABLE DES CHAPITRES

PAGES

CHAPITRE I. LES VOYAGES EN ORIENT. — Autrefois et aujourd'hui. — La Terre-Sainte avec ses attraits. — Les nombreuses esquisses du vieil Orient. — Relations des pèlerinages : sainte Paule. — Arculphe, le moine Bernard, Frotmond, Foulques d'Anjou, Lietbert. — La France dans les expéditions d'outre-mer. — Godefroy et ses compagnons au Saint-Sépulcre. — Louis VII et l'empereur Conrad en Palestine. — Philippe-Auguste et Richard Cœur-de-Lion. — Les pèlerins armés de la quatrième croisade. — Frédéric II à Jérusalem. — Saint Louis et le bon sire de Joinville. — Les voyageurs modernes. 1

CHAPITRE II. DE JAFFA A JÉRUSALEM. — L'antique Jaffa, sa célébrité mythologique, son port ; résurrection de Tabithe. — Jaffa au temps des croisades ; le roi Baudouin, les exploits de Richard ; le comte Gauthier de Brienne. — Jaffa moderne avec ses ruines. — Bonaparte et les pestiférés. — Le départ de Jaffa, la plaine de Saron, la tour des Martyrs, Lydda. — Ramla, Baudouin IV, le drapeau français. — Le château du bon larron et les mauvais larrons ; Nicopolis. — Aspect désolé et fertilité réelle de la Terre-Sainte. — Le village de Saint-Jérémie, le prophète des Lamentations, le cheick Abou-Gosh. — Modin et les Machabées. — Gabaon ; Ramatha et le prophète Samuel. — Les disciples d'Emmaüs. — La vallée du Térébinthe, David et Goliath. 53

CHAPITRE III. LA JÉRUSALEM DES JUIFS. — Les commencements de Jérusalem ; sa gloire sous David. — Le règne de Salomon avec ses splendeurs ; construction et dédicace du temple ; la reine de Saba visite Jérusalem. — Vicissitudes de la ville sainte après le schisme des dix tribus ; prédictions d'Isaïe. — Malheurs réitérés

tême du Seigneur, Marie d'Égypte, la prise de Jéricho; Rihha. — La fontaine
d'Élisée, le désert et la montagne de la Quarantaine, Béthanie. 263

CHAPITRE VII. DE JÉRUSALEM A NAZARETH. — Gloire et misère de la Judée, la route
de Naplouse, l'honneur d'une femme. — La vision de Jacob, le cantique d'une
mère, le tombeau de Joseph. — Jésus et la Samaritaine, les monts Hébal et
Garizim, Naplouse. — Samarie, le tombeau de saint Jean, la campagne d'Ésdre-
lon. — Le Thabor, la Transfiguration, Saül à Gelboé, l'élégie de David. — La
mort d'un général et l'hymne de Débora, la vigne de Naboth et le châtiment de
Jézabel. — Le mont Hittin et le désastre des croisés, Junot et Kléber à Loubi,
bataille du mont Thabor. — Nazareth, le monde romain, l'église de l'Annonciation, la réhabilitation du travail. — Nul n'est prophète en son pays, la véritable
beauté de la femme, Jacques de Maillé dans la campagne de Nazareth. 319

CHAPITRE VIII. DAMAS ET SAINT-JEAN-D'ACRE. — La Galilée, le bourg de Madeleine,
un batelier galiléen dans Rome. — Tibériade ancienne et moderne, les bains
d'Ibrahim, le lac de Génézareth. — La terre des miracles, vue générale du
christianisme, la haute et calme figure de Jésus. — La mort des chevaliers
francs, Safed et son aspect pittoresque, les sources du Jourdain. — Damas et
ses vicissitudes, Saul, Conrad et Tamerlan à Damas; physionomie de la ville.
— Coup d'œil sur la Syrie; les populations du Liban, Balbek, Druses et Maronites, Éden et les cèdres. — Beyrouth, Deir-el-Kamar, Sidon et Tyr. — Saint-
Jean-d'Acre et ses destinées, le mont Carmel et la mission des prophètes, les
ruines. 356

FIN DE LA TABLE DES CHAPITRES.

Paris. — Imprimerie de P.-A. BOURDIER et C⁰, 6, rue des Poitevins.

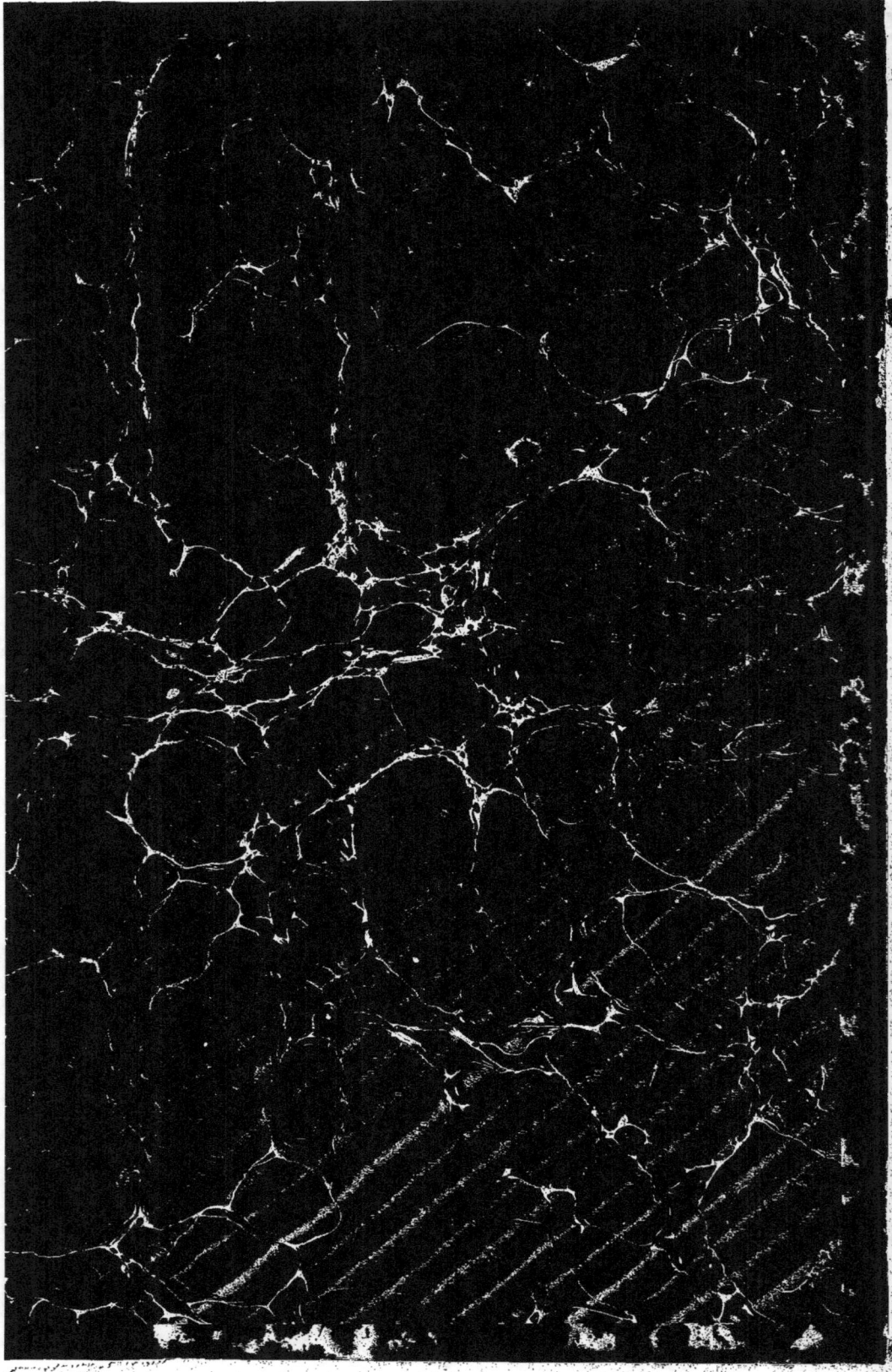

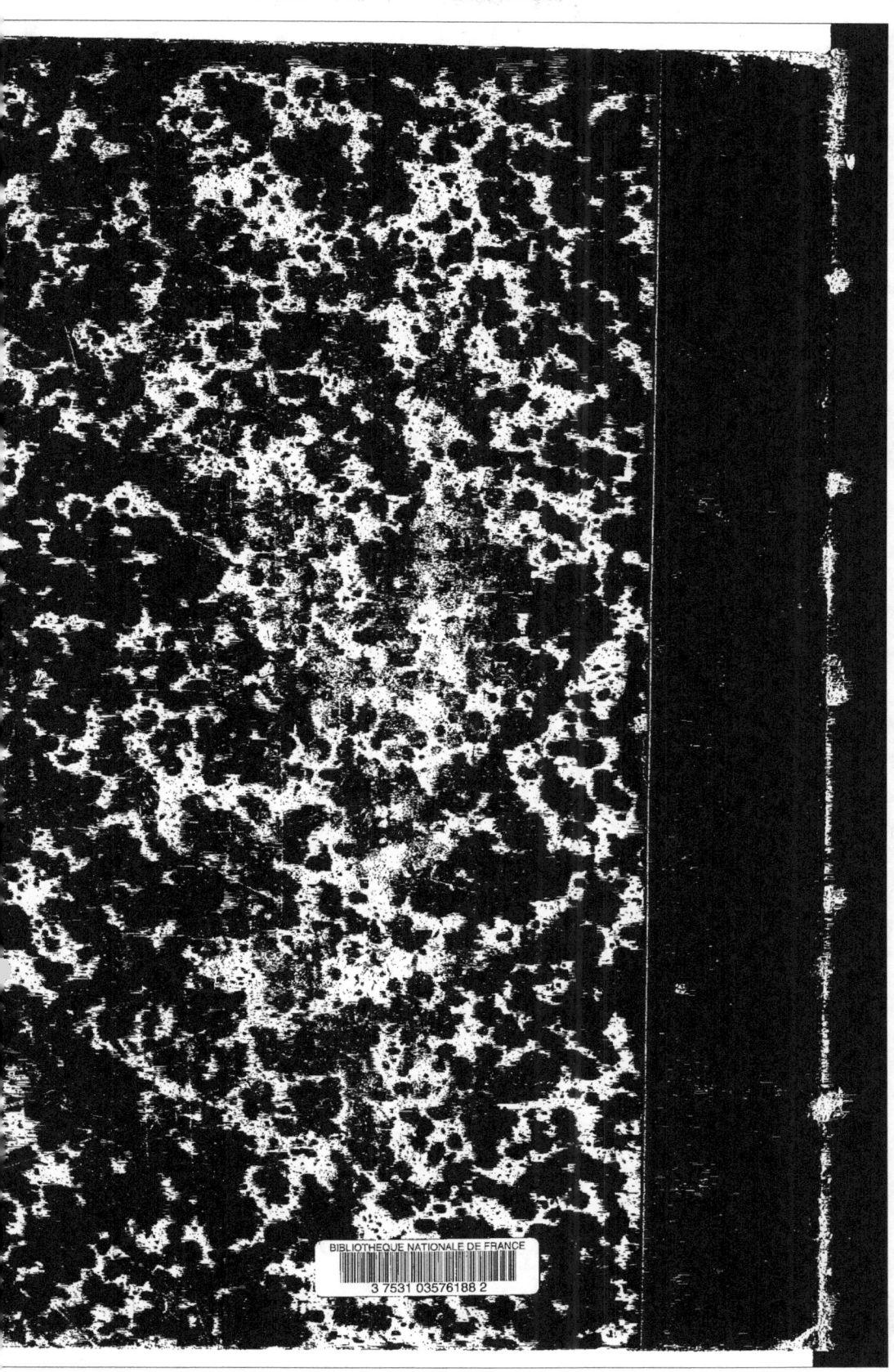

www.ingramcontent.com/pod-product-compliance
Lightning Source LLC
Chambersburg PA
CBHW060517230426
43665CB00013B/1545